大夏书系 | 全国中小学班主任培训用书

班主任基本功
实战案例解析与指导

卓月琴 ———————— 编著

华东师范大学出版社
·上海·

图书在版编目（CIP）数据

班主任基本功实战案例解析与指导/卓月琴编著.
—上海：华东师范大学出版社，2024
ISBN 978-7-5760-4863-6

I.①班… II.①卓… III.①中小学-班主任工作-案例 IV.① G635.16

中国国家版本馆 CIP 数据核字（2024）第 060427 号

大夏书系 | 全国中小学班主任培训用书

班主任基本功实战案例解析与指导

编　　著	卓月琴
策划编辑	杨　坤
责任编辑	万丽丽
责任校对	杨　坤
装帧设计	奇文云海·设计顾问

出版发行	华东师范大学出版社
社　　址	上海市中山北路 3663 号　邮编 200062
网　　址	www.ecnupress.com.cn
电　　话	021-60821666　行政传真 021-62572105
客服电话	021-62865537
邮购电话	021-62869887
地　　址	上海市中山北路 3663 号华东师范大学校内先锋路口
网　　店	http://hdsdcbs.tmall.com/

印　刷　者	北京密兴印刷有限公司
开　　本	700×1000　16 开
印　　张	19
字　　数	280 千字
版　　次	2024 年 4 月第一版
印　　次	2025 年 3 月第三次
印　　数	7 101-8 100
书　　号	ISBN 978-7-5760-4863-6
定　　价	69.80 元

出 版 人　　王　焰

（如发现本版图书有印订质量问题，请寄回本社市场部调换或电话 021-62865537 联系）

目录
contents

001　序　班主任基本功修炼探析

第一编　德育叙事
——说好育人故事

专业指导

003　德育叙事：班主任专业发展新视界

案例及解析

012　一根爱心接力棒

016　小岗位也可以有大作为

021　点亮熹微星火，汇聚璀璨星河

026　怎样避免课间伤害事故发生

031　拿什么奖励学生

037　她交上了网友
　　　——小玲的故事

044　男生腕上的粉色头绳

049　走出对"手游"的依赖

054 有心等待

　　——另一种形式催人前行

059 用"心"沟通

　　——青春期学生的情感教育

065 "小打卡"呈现家的美好

070 一个好"玩"的班级

075 做好沟通桥梁，解决"物理"危机

第二编　主题教育
　　　　——上好主题班会课

专业指导

081 让主题班会焕发活力与魅力

案例及解析

090 小巧手"慧"叠衣

　　——一年级"劳动教育"主题班会

098 勤劳小手，爱上整理

　　——一年级"劳动教育"主题班会

105 小议"说谎"

　　——四年级"诚信教育"主题班会

112 "慧"合作，乐成长

　　——三年级"学会合作"主题班会

119 北斗耀天，科技强国
　　——四年级"爱国主义教育"主题班会

127 舌尖上的浪费
　　——六年级"勤俭节约教育"主题班会

136 "职"为国家做贡献
　　——八年级"职业规划教育"主题班会

145 共护一面旗，共爱一个家
　　——六年级"爱国主义教育"主题班会

152 茭白绿叶编经典，青浦文化润少年
　　——八年级"传承非遗文化教育"主题班会

159 薪火相传，弘扬奋斗精神
　　——八年级"学习二十大精神，开展理想信念教育"主题班会

168 人生的支点
　　——高三年级"理想信念教育"主题班会

第三编　带班方略
——基于学生立场的班集体建设

专业指导

179 班集体特色创建丛谈

案例及解析

194 "毓见"最美自己，创建自信班级

204　建书香致远班级，育气质鹤美少年
212　用"美"为青春扬起翅膀
220　创建星光璀璨的班集体，让每个学生都发光
229　让戏剧照亮人生
239　建"尚善"之班，育"上善"少年
252　扬生态素养之帆，做上善美少年
261　相亲相爱一家人
　　　——基于随迁子女生源的"家文化"建设带班育人方略
270　让小荷露出尖尖角
　　　——"青荷班"带班育人方略
279　建"三立"集体，助"禾苗"成长
　　　——职业学校"禾穗班"建设方略

序
一

班主任基本功修炼探析

上海市青浦区教师进修学院　卓月琴

一、问题的提出

近年来，各地都很重视中小学班主任队伍的专业化建设。全国每年也都组织优秀班主任工作经验交流活动，有的地区还举办中小学班主任基本功大赛。一批优秀班主任通过比赛脱颖而出，逐渐成长为当地的"名、特、优"班主任。为此，引导班主任练好基本功也成了我区推进班主任队伍专业化建设、提升班主任建班育人能力的奠基性工作。

班级工作是一项复杂的、专业性很强的工作，班主任岗位的特殊性对教师的专业素养提出了高要求。班主任工作不仅需要先进教育理念的引导和自身人格力量的支撑，而且需要拥有丰富的教育智慧和扎实的专业基本功。但在现实中，不少班主任对自己的角色特质认识不够，只是停留在日常事务处理、常规工作开展上，满足于"管好班级不出事"。他们常常被班级中的繁杂琐事困扰，整天疲于奔命、忙于应付。虽然工作干得很累，但究竟做了些什么连自己也不清楚。还有一些工作时间较长的班主任，管理班级靠的是"看住""盯紧"等强制方式，甚至采用"高压政策"，他们不懂得或不善于在班集体建设中激发学生的积极性、主动性。这些情况表明，班主任的专业素养需要提高，如不重视，长此以往，班主任会缺乏成就感，产生职业倦怠。

对于班主任的专业素养，国内有关教育专家采用多种方法进行研究。如北京教育科学研究院班主任研究中心针对新时代中小学班主任的专业素养，通过文献分析、政策文本解读、用德尔菲方法等进行调查，探究了班主任专业素养指标，构建了班主任专业素养框架。他们把教师应具备的素养称为班主任的"基础素养"，把班主任还应具备的超出普通教师的专业素养称为班主任的"核心素养"。"基础素养"共五项，即为人师表、教育责任感、关爱学生的能力、教育教学能力、专业发展；"核心素养"有三项，即班集体建设能力、学生发展指导能力、教育沟通协调能力。中国教育学会班主任专业委员会主任陈萍对班主任的核心素养进行研究，认为它指能够胜任新时代班主任专业角色所必须具备的价值认同、职业情感、必备品格与关键能力。

本书认为，班主任所从事的工作是以心育心、以德育德、以人格育人格的精神劳动，其专业素养主要体现在对待学生、对待教育工作、对待教师职业和自身发展的基本观念和基本态度上。作为重要的专业性岗位，班主任专业素养的形成又依赖于其岗位基本功的锤炼。由此可见，抓班主任基本功修炼，对于改善班主任工作状态、促进班主任专业素养提升具有现实意义。

夯实岗位基本功，既是班主任这一职务的要求，也是优秀班主任专业成长的发展路径。因而，本书基于一项行动研究的成果，在区内的培训实践中引导班主任加强基本功修炼，立足建班育人，运用现代教育思想和德育理念开展班级工作，通过大胆实践创新，自觉总结经验教训，逐步积淀教育智慧，不断提升班主任专业素养。

二、班主任基本功概念诠释

对"班主任基本功"这个概念，现有研究没有明确的统一定义。一些地方教育部门，如北京市从教育实践的角度出发，认为班主任基本功即班主任为履行岗位职责，在班级管理和教育工作中的应知（着重理论知识）、应会（着重实践技能），并将其概括为几种基本能力，如教育演说的能力、活动策划的能力、处理复杂教育问题的能力等。韩东才教授在主编的《班主任基本功——班级管理的基本技能》中概括了班主任的六大基本技能：班级常规管理、班会课和班级活动组织指导、班集体建设、学生品格教育、人际沟通协调、班级心理辅导。

笔者认为：在本义上，班主任基本功是因应专业化取向需要，为履行自身职责所必须具备的知识与能力和由此形成的专业素养。其构成如下。

1. 掌握基础理论知识的能力

班主任除了与任课教师一样要学习和掌握教育学、心理学、伦理学等社会科学的基础理论外，还需了解与懂得现代德育原理，以及与建班育人有关的班级社会学、班级文化学、集体行为学等基本知识。据此，班主任才能逐步将所学知识用于学生教育和班集体建设，正确认识班级组织的特性、功能与成长规律，了解、理解、掌握、尊重每个学生的个性和特长，疏导学生情绪，引导学生行为，帮助学生建立正确的价值观，并以恰当的评价方式激励学生。

2. 设计与组织班级活动的能力

班主任设计与组织班级活动的能力，主要体现在主题班会课的策划与实施上。班主任要基于新时代的热点问题确立教育主题，将教育目标聚焦于学生的认知、情感、行为三个方面；教育内容要从学生的生活实际出发，促使学生引发体悟，产生道德共鸣。通过主题班会课，教师把教育观念渗透到学生能体验、会操作、可反思、有长进的实践层面，将抽象的道德教化变成与学生生活密切相关的实例，让德育从灌输变成润物无声的感知、体验与启迪的过程。

3. 说与写带班育人故事的能力

所谓说与写带班育人的故事，就是通过对有意义的教育事件、教育生活的描述与分析，发掘、揭示其背后的教育思想、德育理念，进而彰显德育的本质、规律、价值和意义。班主任要结合新时代学生成长过程中出现的新情况、新变化，以讲故事、写故事的形式，呈现发生在自己教育实践中的真实事件、鲜活情景，以此表述个人的亲身经历，表达内心体验和对德育工作的理解与感悟。

4. 开拓创新建设班集体的能力

所谓开拓创新建设班集体的能力，是指班主任要运用管理科学理论与自身的实践经验，在管理班级和教育学生时，不落俗套地履行职责任务和进行复杂决策的能力。它包含多个方面，如研究学生、个别化教育、创建班集体、组织开展班队活动等。班主任要善于通过精细化、人性化、民主化的教育管理，维护班级秩序，形成友善、和谐的班级人际氛围。班主任还要善于总结教育过程中的理念、思路、做法和效果，形成自己的带班特色。

5. 应对与处理复杂问题的能力

在班级管理中，班主任总会遇到一些猝不及防的问题，有的比较棘手，有的还会产生不良影响。如何正确处理因矛盾激化而形成的突发事件，最能考验班主任的专业素养。处理得好，矛盾化解，问题解决，教育危机化为教育契机。反之，一旦处理不好，极易使矛盾升级，事态恶化，以致带来无法挽回的负面影响。因此，班主任在面临各种复杂多变的教育问题时，要随机应变，基于具体情境，因势利导，采取恰当的方式进行处理。

三、班主任基本功修炼攻略

班主任修炼基本功，既要注重用现代教育思想和德育理念指导班级工作，又要注重培育与发展自身的专业素养。据此，本书基于实践研究成果，设计了如下六条班主任基本功修炼攻略。只要坚持不懈，就能久久为功。

1. 抓紧学习，拓宽视野

读书学习，在某种意义上可以说是基本功之基本。班主任坚持学习，主要体现在坚持学习理论、不断丰富知识上。班主任一要专心研读专业书籍，特别是与教育相关的理论著述，如行为主义、认知主义、建构主义的学习理论，多元智能理论，主体教育理论，创新教育理论等，通过反复阅读、反复领悟，取其精髓。二要研读古今中外的教育经典，包括中国教育家孔子、老子、孟子等人的学说，外国教育家苏格拉底、柏拉图、卢梭等人的著述，以此丰厚文化底蕴，提高自身学养。除此之外，班主任还要经常阅读报刊，关注网络，由此开阔视野，丰富阅历，增加新知，拓展与学生交流的广度。

2. 坚持实践，知行合一

教育实践，是检验班主任基本功的主要方式，这体现在班级各项主题活动的精致设计、精当组织中。纸上得来终觉浅，绝知此事要躬行。为此，班主任要认真、主动遵循知行合一的原则。一方面，通过实践强化对理论的认识，深入把握理论的精髓；另一方面，在实践过程中积极探索，大胆创新，积淀个人的教育智慧，再用智慧去指导实践。对班主任来说，只有坚持实践，才能把握学生思想的动态变化，把不断变化发展的学生思想归入学校要求的范围之内，用正确的思想引导学生，营造和谐、进取的班级学习氛围，让学生在班集体中快乐地成长，身心得到全面、健康发展，自己也能由此积淀更多的教育智慧。

3. 人际交往，重在沟通

班主任的日常工作离不开运用言语与人交往，它主要体现在对学生的教育性谈话中。面对性格迥异的学生，班主任要用真挚的话语与其交谈，使学生感到可亲可近，从而起到警策、激励、鼓舞、教育的作用。即使与学生家长、任课教师沟通，班主任的言语也要体现尊重理解与真诚合作。教育心理学研究表明，情感性的语言比单纯的理论性话语更能收到好的教育效果。因此，班主任需要掌握沟通技巧，发挥语言的魅力，把情和理结合起来：既讲道理，又讲人之常情；既坚持原则，又具体分析；既达理，又通情。只有情理结合，理中含情，情中蕴理，大道理才能被学生心悦诚服地接受。

4. 合作协同，赋能团队

协同教育，是班主任工作取得成功的重要保证，它主要体现在与任课教师、学生家长和学生的合作方面。无论是与任课教师交流、与学生家长对话，还是与社会单位接洽，班主任都应主动上门、积极沟通。班主任以真诚合作赋能教育团队，一要带动任课教师积极开展团队建设，创造和谐交往的氛围，合作探索提高教育教学绩效的策略；二要利用家长资源，构建多种家校联系通道，引领家长走进校园、教室，鼓励家长参与班级活动，从而推进家班共育；三要重视学生资源的开发，使学生充分参与班级管理，人人都能感受到自身存在的价值，认识到个人发展与班集体发展是息息相关的，从而为班集体建设提供源源不断的动力。

5. 科研发力，研究教育

班主任的科研基本功，主要体现在对学生和对自己的实践进行深入细微的探究中。班主任在研究教育上发力，从学生的角度看，重点是研究学生身上出现的各种问题，并由表及里地探究其中隐藏着的思想动机和心理因素；研究学生的学习生活环境，并由此及彼地深究影响学生行为的原因及其渊源；研究学生的认知规律、身心发展规律，并全面、立体地寻究学生性格和品质的特征。从班主任自身的角度看，重点是研究社会发展的新形势、新动向及其给学生发展带来的影响和自己应采取的教育对策；审视自己在提升建班育人质量上的成功经验和失败教训，通过深入研究，促使班级工作提质增效。

6. 勤于笔耕，积淀智慧

班主任的专业写作，主要体现在对教育规律的探索上。它是班主任自身成长的真实记录，也是专业发展的必经途径。专业写作还是一种教育反思，包括两个层面：其一，指向专业行为与活动，即在教育教学实践中，批判地考察本身的主体行为及行为依据，通过回顾、诊断、自我监控等方式，或给予肯定、支持与强化，或给予否定、思索与修正，从而不断提高专业能力；其二，指向自身的专业成长过程，即以专业发展目标为反思依据，对本人当下的工作状况和水平进行思考，促使自己更加明晰今后的专业发展方向。班主任坚持写作，重视自身经验的积累与运用，进而形成个人的教育风格，提升个人专业素养。

总之，班主任通过这样的修炼，不断提升自己的专业基本功——表现为先进的教育理念、扎实的专业知识、过硬的组织能力、高超的教育艺术，体现于爱岗敬业、无私奉献、从善如流、勇于改过、坚持诚信、公正廉洁。班主任通过加强自身修炼，以良好的心理品质和充满正能量的思维方式，去开展班级工作，应对各种问题，以自己的人格魅力感染学生，为学生打造一个充满爱心、团结、和谐的班集体，让学生愉悦学习、快乐成长。

四、初步结论

经过实践探索，我区在加强班主任基本功修炼方面形成了"三课"与"一赛"相结合的行动模式。

1. "三课"联动的班主任基本功修炼基本思路

基于区本培训实践，我们研究总结出了由课题、课程、课堂构成的"三课"联动班主任基本功修炼基本思路。

一是以课题研究为抓手，夯实理论底蕴。在引领班主任参与课题研究的过程中，通过对基本功内涵的精准分析解读、对训练策略的全面深入探究，由此积累典型个案，形成初步经验，以促进理论把握与实践检验的结合，为班主任练好专业基本功提供了实证依据，夯实了理论底蕴。

二是以课程建设为扶手，保障培训实效。课题研究的成果要及时转化为培训课程，为全区班主任共享。如"班主任如何撰写育人故事""主题班会的设计与实施""基于学生立场的班集体特色创建""基于教育机智的班主任应变能力修炼""班主任基本功修炼：情景模拟58例解析"等课程，已成为本区班主任专业培训的核心课程。

三是以课堂观察为帮手，加强岗位练兵。对班主任来说，主题班会从设计到实施，涉及多项专业素养，因此，上好一节主题班会课是修炼基本功的一次现场练兵。其效果检验则可以通过课堂现场的观察，考察班主任在设计与实施中能否将学到的专业知识、专业技能用于教育实践。

2. 以赛促训的班主任基本功修炼推进机制

班主任基本功的增强，必然会促进班主任专业素养的发展，基本功大赛则能推动班主任练好基本功。有识于此，我区以基本功大赛为抓手，建立"赛训一体、以赛促训"的班主任基本功修炼推进机制，为培养班主任专业成长搭建活动平台，期望达到营造氛围、锤炼骨干、打造优秀、树立典范的目的。

班主任在积极参与中，加强实践探索，修炼专业技能，进一步提升建班育人的能力。在历年的上海市、长三角地区班主任基本功竞赛中，我区有70多人获市级奖（其中9人得一等奖），有8人分获长三角地区一、二、三等奖。为扩大辐射效应，区内还会举办总结表彰活动，通过青浦教育各类媒体，展示优秀班主任的先进事迹。他们的特色经验被汇编成案例集，优秀论文被推荐到《青浦教育》《青浦实验》等刊物上发表。获奖班主任的主题班会也被纳入区精品课的资源库，通过相应的网络平台，分享给更多的班主任。与此相应，研究成果汇编成本书稿《班主任基本功实战案例解析与指导》。该书围绕育人故事、主题班会、带班方略三个领域（即基本功"三件套"），选编了34个案例，是优秀班主任实践性智慧的结晶。

总之，紧抓班主任基本功修炼，提高班主任的专业素养，已成为我区班主任队伍专业化建设的品牌项目。通过举办班主任培训班、组织专题研讨、开展基本功竞赛等举措，我们有效地促进了班主任队伍建设，推动了班主任专业化发展进程，壮大了优秀班主任团队。

第 一 编

德育叙事
——说好育人故事

专业指导

德育叙事：
班主任专业发展新视界

班主任是学校教育工作的重要岗位，班主任工作既是一门科学，又是一门艺术。教师担任班主任，需要具备一定的知识和技能。做一名好的班主任，更需要有教育智慧。来自教育实践中的育人智慧，是教师的一种专业品质。班主任在工作实践中生成的教育智慧，既有对教育理论的观照，也有自身经验的提炼，它是班主任专业成长中不可多得的精神财富。将理论与经验内化，德育叙事是一条有效路径。

一、德育叙事本义探视

叙事，进入教育研究方法领域，让人因事识理、以事明理、循事探理，所以班主任应充分把握德育叙事的真谛。

1. 内涵解读

德育叙事是通过对有意义的教育事件、教育生活的描述与分析，发掘、揭示其背后的教育思想、德育理念，进而彰显德育的本质、规律、价值和意义。引导班主任开展德育叙事，就是让教师以讲故事的形式，呈示发生在自己教育实践中真实的事件、鲜活的故事，以此表述个人的亲身经历，表达内心体验和对德育工作的理解与感悟。

班主任专业发展的核心是提升个人的实践智慧，扩展与积累融于感觉、情绪、经验、心智中的隐性知识。这种"实践智慧"或"隐性知识"往往是高度个性化、情境化的,是镶嵌于实践活动之中且难于以正规形式言传的。叙事研究,就是通过关注真实存在的教育事件,关注在千变万化的教育场景中教师表现出来的知识能力和个人智慧,为班主任的专业发展提供一个新的研究平台。

有学者说,叙事研究不仅是讲故事和写故事,还是"以叙事的方式反思并改变教师自己的教育生活"。因此,班主任叙述自己故事的意义,并不在于这个故事有多么精彩,而在于讲述故事已经成为教师思考自己教育生活的一种形式。从教育研究方法来看,教师讲述自己的故事显示为教育的"经验总结"(或"行动研究"),经验总结对教师专业发展有多大意义,教师讲述自己的教育故事就有多大意义。

2. 叙事类别

德育叙事按所记载的内容,大致可分为班集体生活类叙事和自传类叙事两大类。

班集体生活类叙事,记载的是班集体建设中发生的故事。如对一名学习困难学生的个别辅导,对一次教室失物事件的现场应对,对一次失败或成功的班干部选举的过程反思,对一个犯错误学生处理失误的场景追忆,等等。班主任将这些故事叙述出来,并写出自己的感想与反思。如能再对此做一些追踪研究,这种班集体生活类叙事会更有价值。

自传类叙事,即班主任在叙写学生之事时,也包含了对自己教育经历、教育信仰的回顾。这类"教育自传"除了便于研究教师、理解教师之外,还有更重要的价值,那就是促使班主任学会以这种说话的方式进行自我评价、自我反思,由此获得"自我发展的自觉意识"。

这一个个故事,看起来是一颗颗孤零零的"珠子",但班主任如能坚持不懈地以德育叙事的方式,写下自己工作实践中的所感、所思,并对此进行研究,那么它们将会变成一串闪光的"珍珠链",从中折射出教师从幼稚到成熟、从肤浅到深刻的成长光彩。

二、德育叙事效用扫视

德育叙事的基本要求是，引导班主任"面向教育事实本身"或"面向教育日常生活"，以"故事"为载体，通过写故事、读故事、讲故事和听故事，体验与反思整个过程，从而准确把握故事背后的经验和意义。对于中小学班主任来说，源于真实教育生活的德育叙事更具现实意义，更有助于自身专业成长。

1. 德育叙事关注真实事件中的德育思维，使班主任走进教育科研

德育叙事，关注的是班主任在真实生活事件中的德育思维。班主任在处理一次冲突、解决一个矛盾、沟通一种思想的过程中，也许并不很清楚自己的理念是什么，又为什么要这么做，但却以个人独特的方式有效解决了面临的问题。其实，班主任自己已经进入了研究状态，此时的研究主体是班主任本人，研究对象是自己的教育经验和教育现象。叙事，是班主任与德育研究的一种零距离亲密接触，它使教师真正走进了教育科研。

2. 德育叙事提供一种表达个体经验的方式，使班主任的声音被人听到

德育叙事，是班主任以讲故事的方式表达和诠释自己对教育的理解。它接近教育现象的真相，传达藏匿于教师心中的声音。班主任一次声情并茂的集体谈话、一项别出心裁的活动设计，以及与学生展开的一段扣人心弦的对话、写给学生的一封进行心灵沟通的书信等，都可以看成班主任对德育理论和教育规律的生动表述。这些真实的记录、真切的体验，也是教师职业道德情感的流露、个人德育理念的表述。

3. 德育叙事鼓励教师转换一种说话方式，使班主任成为研究者

中小学教师中有这么一种现象：当研讨会上需要用教育概念、学术语言来探讨教育问题时，很多人往往无话可说；而当大家谈论工作中遇到的教育事件时，教师的语言不仅变得鲜活、生动起来，而且常常有教育理念闪烁其

中。可以说，德育叙事为班主任转换说话方式打开了一扇门。在这里，班主任讲的是自己教育生涯中的故事，因而有话可说、有感可发、有情可抒。班主任在叙事时如能深化对问题的认识，探寻事件背后的因由或隐含的理念，那就可据此修正自己的工作策略或提升原有的经验。这一过程中，班主任会自觉或不自觉地以研究者的意识、眼光、心态，来叙述自己是如何做的和为什么要这么做，这样就在无形中增强了个人的科研意识。

4. 德育叙事是对教育行为的一种反思，使班主任得到更好的专业发展

德育叙事，是将班主任的目光引向日常教育生活，直面教育事实本身。这无疑会增强班主任对教育实践的观察力和敏感性。这不仅是对已发生的教育事件的简单追述，而且是让班主任在反思教育行为的过程中唤醒主体意识，重温教育经验，体悟教育思想，改进今后的教育实践。班主任将故事写下来，需要分析与比较、概括与提炼。这个过程会让班主任觉得心有余而力不足，于是就有了前进的动力——提升自己的教育观念，逐步养成批判性思维的习惯。这正是班主任专业成长的关键所在。因此，德育叙事为班主任的专业化发展开辟了一条可行道路。

5. 德育叙事是一种教育文本，使班主任的教育经验以独特的方式呈现出来

德育叙事记载的是班主任和学生之间的互动，或是矛盾对立和冲突的激化，或是其化解后的冰消雪融。它展现了德育过程的复杂性、丰富性和多样性，为不同层次的读者提供了一种亲切的、充满生活气息而又不乏现实意义的教育文本，使叙事者和阅读者对人们看到的德育时空中的具体事件、具体人物及其行为方式，乃至他们之间的内在关联，有了真切的感受和发自内心的领悟。同事之间阅读教育故事，可以促进相互交流。别人阅读教育故事，可以更好地理解教师的教育。这种叙事通过细腻的笔触，穿透时空的阻隔，以独特的方式将班主任的教育经验呈现在读者面前，那就是德育叙事的意义所在。

三、德育叙事框架环视

一篇优秀的教育叙事可以表述为：好的叙事＝生动的故事＋精彩的内心活动。具体来说，一是事件真实；二是描述的情境有意义，展现出独到的思考；三是叙述清晰，细节描写生动，能细腻刻画冲突情节，从而揭示人物的心理；四是所揭示的问题对他人有启发意义和思考价值。德育叙事的写作没有统一的格式，比较多的文本是先交代时间、地点、人物，再逐步写出起因、经过、结果。其框架大致如下。

1. 一个含义比较深刻的主题

一般来说，可提炼出故事主题的问题应具有这些特点：能揭示矛盾，即在教育教学实践中产生的、困扰教师自己而不容易解决的问题；能据此阐述自己所信守的某种教育思想；能由此提炼个人的教育理念。通常，还可以将事件或主题定为标题。作为标题，要紧扣主题、提示内容，而且视角新颖。

2. 简洁交代问题产生的背景

这里的背景包括故事发生的时间、地点、人物、起因，以及学生的家庭背景等。背景介绍不要求面面俱到，主要说明故事的发生有没有什么特别的原因，或是在什么条件下发生的，介绍要起到"引线"的作用。

3. 问题情境的细节描述（即解决问题过程的描写）

每一篇德育叙事都需有一个明确的问题或矛盾。这个问题或矛盾不能杜撰，但对其实际情节可以选择。撰写中要注意全面、详尽、细致地展现问题解决的过程，包括问题解决中出现的反复、遇到的挫折等，重点是班主任如何进行干预的。这部分内容应通过对关键细节的描写，或错综复杂情境的再现，或生动形象的表述，以充分展现教育干预的过程及其效应。它包括揭示人物的内心世界（困惑、焦虑、渴望等），以及人物面部表情、心理活动等细微变化的描述；包括当事人的内心感受，以展示事件演进的过程，揭示教育工作的复杂性。它可通过具体、生动的情境描写，使阅读者有身临其境之感，而不宜笼统概述，更不宜采用抽象化、概念化的文字表述。

4. 问题解决结果或效果的描述（提供可借鉴的教育反思）

这可以从一个侧面着眼，根据实事求是的原则，对撰写的故事做理论联系实际、由表及里的深入分析，或进行深层反思，揭示故事背后隐藏着的班主任工作的专业知识、基本原理或规律，并反映班主任个人所拥有的实践智慧和人格魅力。

以上是常用的写作格式。班主任写作时可以根据具体情况有所变化，但都以"叙述"为主，不必拘泥于某种程式，可夹叙夹议，以真实、深入地反映教育过程和班主任当时的心理活动及思考过程。

四、德育叙事写作巡视

德育叙事，所叙述的故事全是过去式的，必须注重其内容的真实性和感染性。班主任在写作德育叙事时，应把握以下几方面。

1. 在写作过程中，要抓住四个"性"

一是真实性。德育叙事所记述和阐发的必须是已经发生了的教育事件，即真实可信的教育故事，不能是事先设计的场景。因为只有"原汁原味"的教育事件，才有其特定的、不寻常的教育意义。

二是人物性。在叙事中，叙述者既是说故事的人，也是自己故事里或别人故事中的某个角色。叙述者将自己放到故事中，用本人亲历去观察和体验，对事件中的某个对象（学生等）的行为和心理做出较为科学与合理的"假想"，从而使故事中的人物角色更饱满。

三是情境性。叙事所指的应是特别的人物和特别的冲突、问题，或使当事人的生活变得复杂的任何主客观因素。所以，叙事不是记流水账，而是记述有情节、有意义的、相对完整的故事，从而归纳出某种教育理念或教育信念。

四是感悟性。聆听者可以从故事情节中看到教育的影像，清楚地把握教育中出现的问题，并用内省、比较的方法去解释故事中的问题解决方法。影像化的故事情节，能给聆听者如身临其境的感受，这种感受能使聆听者获得某种教育理论或教育信念。

2. 在写作内容上，叙事的切口要小

所叙之事，要着眼于学生平时的思想行为、教师日常的教育行为，着力于一事一得，做到于平常中见精神，于细微处见深刻。班主任通过叙述一些细小的事，促使自己积极反思与深入体悟，从而提高自身专业素养。

3. 在写作手法上，叙事要以说为主

德育叙事与教育案例、教育随笔等文体有区别，它不同于教育案例先陈述具体事例再进行理性分析，也不同于一般的随笔因一事而广发议论。德育叙事要有一个从开始到结束的完整情节，以揭示故事中人物的内心世界。它在叙述故事情节时，常常夹杂一些对细节的感悟及反思，用夹叙夹议的杂文笔调和散文化手法进行写作。为尽可能地"描写"班主任本人在教育教学事件发生时的心理状态，它往往用"我想……""我估计……"等句式，呈现教师在反思某个教育事件时显露出的教育理念、教育思想。

4. 撰写德育叙事，也可让学生参与

原生态的东西，才是最有价值的。比如，写某一天班级里发生了什么事、谁谁遇到了什么事、班主任又做了哪些事等，即使寥寥数语，也是很有意思的。对此，可以采用一些优秀班主任的做法，在班级里设立记录员岗位，安排专人记载班级生活的点点滴滴。学生作为教育事件的亲历者，有他自己的视角、有他个人的想法，学生的记录也有其自身的价值。而且，这对班主任教育思想的形成和丰富，是一个重要的补充；师生共同完成德育叙事

的写作，是一件很有意义的事。

5. 写好德育叙事，要重视资料积累

班主任写德育叙事，面对的是教育生活的方方面面，所以要善于捕捉其中的闪光点，发现有教育价值的内容。特别是那种稍纵即逝的亮点，更要及时把它们记载下来，让瞬间成为永恒。为此，班主任首先要留心那些看似不起眼的细节，如学生的周记、自己和学生及其家长的谈话、在班级里听到或看到的有趣事件、和学生家长联系的短信等。其次，要关注工作中接触到的各类个性迥异的学生，自己是怎样对症下药进行教育的，班集体建设中有哪些成功的经验和失败的教训等。这些都是珍贵的研究资料，平时勤于积累，到写作时才能做成"有米之炊"。

6. 写出精彩故事，要有情感、有思想

以情动人，是德育叙事的重要功能，也是班主任让自己的教育故事出彩的重要因素。好的故事，不仅自己被感动，而且可以感动学生、感动别人，使教育的力量更强大。所以，班主任在写作时，一定要融入自己的情感，用情、用心去写。在直叙自己的教育活动时，能加入一些理性思考更好，如再往理论上靠一靠则最好。这样一来，故事的立意高了，价值也更高了。此外，借鉴名家名言也是一种比较讨巧的方法。当然，这种方法只能做点睛之用，不可大段地引用他人之说而没有自己的想法。还有，班主任要多读书，这对写作肯定是有好处的。

本编采撷了13篇育人故事，以展现当代班主任的专业共性：爱岗敬业、心系学生的职业操守，耐心教育、宽容待人的人文情怀，以理服人、以情动人的育人智慧，把握契机、对症下药的教育策略。这些看似平凡的故事，常常让阅读者不由自主地被感动着。

参考文献：

1. 孙燕.德育叙事：关注德育事件的真实［J］.思想理论教育，2004（1）.

2. 傅敏，田慧生.教育叙事研究：本质、特征与方法［J］.教育研究，2008（5）.

3. 周勇，丁钢.教育叙事研究的理论追求［J］.教育发展研究，2004（9）.

4. 刘良华.教育叙事研究：是什么与怎么做［J］.教育研究，2007（7）.

5. 丁钢.教育叙事：接近日常教育"真相"［N］.中国教育报，2004-2-19.

（注：本文系2014年上海学校德育"德尚"系列研究课题"开展德育叙事，提高班主任专业发展自觉的实践与研究"的主要成果。）

案例及解析 一

一根爱心接力棒

"加油,加油!"校运动会接力赛中,我班学生啦啦队的呼声此起彼伏。突然,"啪"的一声,接第三棒的小浩一个踉跄,摔倒了。接第四棒的小悦见状,眼疾手快地冲过去扶起他。此时,观赛的啦啦队里一阵唏嘘:"我们输了,太倒霉了""为什么去扶他,应该拿起接力棒马上跑呀""都怪小浩,他不掉棒,我们赢定了"……

传递友爱的比赛接力棒

面对赛场上出现的各种声音,我想有必要及时召开一次比赛总结会。回到教室后,我提出"同学摔跤了,该不该去扶"这个问题让大家讨论。有的说"不要扶,比赛重要",有的说"不扶的话,我班还可能得奖",有的说"不扶,是他自己摔倒的",等等。

此时,小浩很自责地低下了头,说:"我也想赢得比赛,所以就要求自己跑得快一点,但不小心摔跤了。"扶他的小悦,则站起来说:"我选择扶,因为小浩当时确实摔疼了,站都站不起来。"

我也加入了学生的讨论,说:"大家希望我班能赢得比赛,这种心情我理解,难道小浩、小悦就不希望赢吗?我们再想一想,现在最难过的人会是谁?"看着学生若有所思的样子,我想教育的契机来了,于是让学生继续各抒己见。

"老师,最难过的是小浩,他不仅腿摔疼了,还被我们责怪。"

"老师,小悦肯定也很难过,其实他帮助小浩是对的。"

…………

听着学生的发言,我很欣慰,说道:"其实,我班每个同学都有非常强烈的集体荣誉感,只是在碰到两难问题时,要懂得如何选择。运动会提倡友谊第一,比赛第二。在接力跑比赛中,接力棒传递的是一种团结友爱的精神。全班同学现在这么团结,我相信下一次比赛我们肯定能赢!"听我这么说,学生信心满满地点了点头,教室里还响起了热烈的掌声。

这次接力赛,虽然我班没拿到名次,但收获的是一块爱心接力的奖牌。一根小小的比赛接力棒,传递了同学之间的团结友爱。我决心将爱心接力棒,在班级里传递下去。

传递友善的欣赏接力棒

虽然这次接力赛中发生的事让学生有所启示,但平时同学之间还是有磕磕碰碰、得理不饶人的事情发生。如因急于排队而撞到了人、课桌椅摆放时你推我挤互不相让等,这些问题大多出现在同伴交往中。我想,学生到了这个年龄段,大都比较关注他人对自己的评价,更希望得到别人的认可和赞赏。由此,根据班级实际情况,我设计了主题班会"一起赞、赞、赞",目的是从感受赞美、学习赞美、送出赞美和传递赞美这四方面入手,引导学生在交流和分享中学会发现他人的优点,学习赞美他人的方法,并用恰当的方式赞美他人,感受赞美在同伴交往中的魅力。

课上的道具是欣赏接力棒,学生对它的传递特别感兴趣。小陈拿过接力棒大声说:"我力气小,轮到我搬盛汤椅时,小悦会主动帮我搬。谢谢你,小悦!"小悦听了,有点惊喜地接过小陈手里的接力棒,说:"谢谢。我要赞美小宋,遇到不会做的题目,她总是耐心教我解题思路。谢谢你,小宋!"

就这样,欣赏接力棒在同伴之间传递,他们互相用言语表达对同伴的欣赏。当学生送出赞美、收获赞美时,他们的脸上无不洋溢着被赏识的欢悦。

一根小小的欣赏接力棒,传递了同伴之间的真诚友善,让彼此少了隔阂,多了理解、包容和感恩。

传递责任的值日接力棒

为了将爱心接力棒的传递能持续下去,在班级中营造友爱团结的氛围,让大家有更多的交流机会,我设计了值日班长制,即学生按学号排序,每天一人轮流当值日班长。这样,每个学生都有机会学做班级小主人,体验什么是责任。

一天,轮到学生小凡当值日班长。平日里让人操心的他,那天却一反常态:一下课,就去检查同学们是否文明休息;到了中午,就去看大家是否文明用餐;做眼保健操时,还检查大家是否认真做操;看到同学们一起玩游戏,则有模有样地提醒大家注意安全。小凡在他的值日笔记中这样写道:"今天,终于轮到我做值日班长了。我早早来到教室,让大家认真早读;课间,看到不文明休息的同学,我就一个个地提醒他们,还阻止了两个人吵架。看来,管好别人真不容易,一天下来很辛苦!"

每周五的午会课,是本周值日班长的述职会。那天,小丁站上讲台说:"我觉得当好值日班长,首先自己要守纪律,其次还要能管好同学。每到课间,我都去监督并劝阻同学不要在走廊里打闹、奔跑追逐。想想自己之前也是这样,真不应该。"

当天的值日班长还可以评价前一天值日班长的履职情况。瑶瑶这样留言:"我要向你学习,除了管好自己,还要多关心身边有困难的同学,及时帮助他。今天,在我的提醒下,全班同学都认真做眼保健操,我特别高兴。"

就这样,值日班长的接力棒在每个学生的手中传递,他们在班长岗位的锻炼中,学会了自律,懂得了换位思考,扛起了肩上的责任,我们这个班级也形成了团结友爱的氛围。渐渐地,我发现学生变了:课堂上,他们是勤学好问的书山少年;课间、午间,他们是文明休息的阳光少年;运动场上,他们是团结友爱的活力少年；实践活动中，他们则是"红领巾"少年——美化社区环境、探访红色足迹、学雷锋奉献爱心……

一根小小的比赛接力棒，传递的是同伴之间的团结友爱；一根小小的欣赏接力棒，传递的是同伴之间的真诚友善；一根小小的值日接力棒，传递的是一份责任。这根小小的爱心接力棒，在每个学生手中传递，让班级充满了爱。我相信，同学们也一定会握住这根爱心接力棒，在成长道路上"跑"出优异的成绩。

（作者：上海市青浦区御澜湾学校　陆海洁）

评析

由运动会上的一个意外事故引发出三段故事，阐述班主任要善于抓住教育契机，叙事中显示出了一定的实践智慧。本文写了教师在这个过程中的一些思考与举措，但对此还可以进一步开掘与深挖。如教师处理这一偶发事件的策略取向，应该是"将坏事变为好事"。如突发事件出现后，学生小悦所选择行为的价值取向，应成为后续故事的主旨。还有，接力棒原是体育比赛集体项目的普通用具，作为赋予某种意义的中介物，它"传递"的信息，首先或主要是一种责任。这个"责任"的内涵应该很丰富，就这件事来说，包括学生对班集体以及对自己同学的责任。以"担当责任"来链接相应的几个故事片段，才更有内在的逻辑性。如果班主任还要由此反思自身平时工作中的不足，也可以将"责任"作为一个链接点。

小岗位也可以有大作为

一天中午,我在教室里准备批改学生的作业,突然发现第五小组的过道里有一个纸团,正要提醒一旁的学生注意环境卫生,把它捡起来扔到垃圾箱,恰见学生小A往那边走去。我想,那纸团不一定是他丢的,但他看到后应该会捡起来的。没想到接下来的一幕却出乎我的意料,他低头看了一眼纸团,抬脚跨了过去。

一个纸团,萌发岗位意识

我立马叫住他,问:"小A,你看到地上的纸团了吗?"

"看到了。"

"既然看到了,你为什么不把它捡起来扔到垃圾箱里呢?"

"这不是我丢的,纸团那么脏,我捡了还要去洗手。"

听到他这样回答,我眉头紧锁。作为班集体的一员,关心班级、为集体服务是每个学生都应该做的,怎么能怕脏呢?

我叹了一口气,走过去,蹲下身把纸团捡起来,然后对全班同学说:"同学们,地上那个脏兮兮的纸团,大概是有人不小心落下的。我们作为班级一员,即使不是自己丢的垃圾,也应主动把它捡起来扔到垃圾箱里,希望大家今后都要这样做。"

此时,全班反应平平,只有几个人点了点头。这情景让我意识到,一次口头教育肯定没法深入人心，那么，怎样才能让每个学生都主动关心班集体，用实际行动为班级服务呢？

看到正在教室里忙碌着收作业本的课代表，我突然想要不要试设一个新岗位，专门管这类事？我又想，要是班级里每个人都有自己的小岗位，大家就可以在各自岗位上对班级负责，慢慢养成为班级服务的意识。

一人一岗，承担岗位责任

下午，我打开电脑，搜索并思考有哪些事可以交给学生去做。当然，这些事情必须是他们力所能及的，又能培养他们吃苦耐劳的精神。还有，每个新岗位的具体职责是什么？叫什么名称才能吸引学生参与？一个岗位配备多少人比较合理？一个小时后，我终于把这些问题思考好，并将所有岗位的名称定了下来。看着打印好的"餐盒管理员、纸巾管理员、工具箱整理员"等字样，我对明天的活动有点期待了。

选岗应聘的过程没有我想象的那么顺利，大家竞争得有点激烈。光是一个餐盒管理员，就有五人举手参选。由于大家热情高涨，岗位竞选花了整整一节班会课的时间。学生的岗位确定后，我宣布每天中午劳动十分钟时间里，大家上岗执行各自的任务。

午饭过后，教室里响起了"十分钟劳动"的音乐。我忙着收拾自己的餐盘，准备把讲台清理干净。昨天刚"跨过纸团"的小A同学，突然走到我身边，满怀期待地问："彭老师，我们可以上岗了吗？"我微笑点头。看来，这个小岗位很有用，学生都主动关心起来了，这可是个好苗头。我接着大声说："大家注意，'十分钟劳动'开始了，各就各位吧！"我刚说完，小A直呼"欧耶"，并且一把拿走我手中的餐具。我愣了一下，忙问："你干吗拿我的餐具？"小A转头嘿嘿一笑："老师，你忘了，我是餐盒管理员啊！食堂阿姨来收餐盒了，我帮你整理，这样可以快一点。"我跟着他的脚步走到教室外，只见他把胡乱堆放的餐盒叠得整整齐齐，并把汤碗放在另一边。我眼睛一瞥，发觉一箱餐盒叠得太高，箱门肯定关不上，刚想伸出援手，小A

就把叠高了的餐盒重新摆放。一旁的食堂阿姨微笑着等待，也不催促，直到小A把所有餐盒都摆放好。看到他额头上沁出的汗珠，我笑着竖起大拇指："谢谢你为班级服务，那些摆乱的餐盒被你整理得特别整齐，方便了来收餐盒的阿姨，我为你骄傲！"听我这样说，他郑重地向我点了点头。

我走进教室，看到大家此时都在热火朝天地忙着。卷笔小助手那边排了很长的队伍，好多人在等待着卷笔；纸巾管理员在仔细检查教室里每一处的纸巾盒，看里面是不是还有纸巾，如果没有了则及时补上；工具箱整理员正俯身半跪在地上，按学号帮大家摆放美术工具箱……更令我讶异的是，平日吃完饭就喜欢在教室里追逐打闹的那几个"重点对象"，现在都在自己的岗位上严阵以待。

音乐结束了，我清了清嗓子，对学生刚才的表现给予肯定："大家都在自己的岗位上为班级服务。在同学们的努力下，我班变得更加干净整洁、井井有条。"随后，我表扬了刚才观察到的几名学生，并希望大家能长期坚持，发扬服务精神。当晚，我美滋滋地回想白天发生的一切：原本认为别人的事和自己无关的小A，竟然会主动找我说上岗的事；一向爱玩爱闹的学生，也能在这段时间里严格履行自己的岗位职责。这足以说明小岗位赋予了学生一种责任，而责任感带动了学生的行为，促进大家更加主动地为班级服务。因此，我下定决心要让这一岗位责任制延续下去。

集体致谢，升华岗位意义

第二天中午，我原以为所有的人都会像昨天那样热情上岗，做好岗位服务，谁想竟然只有被我表扬的那些学生还在岗位上履行职责。对此，我感到奇怪，就悄悄叫来没被表扬到的小B，问他："昨天我看到你在卖力地整理公共图书角，而且整理得可好了，今天怎么没有去呀？"小B愣了一下，刚刚还乌云密布的脸上转而雨过天晴："彭老师，你真的觉得我整理得很好吗？"我用力地点了一下头。小B见此马上说："那我现在就去整理！"他一转身，离开了我的视线。

此时的我，陷入了沉思：一些学生在岗位劳动中默默付出，我却没有及时给予肯定，这会让他们觉得自己做的事是无意义的，既没有人注意到他们，也没有人去感谢他们。履行职责所带来的成就感一旦被忽略，学生就会慢慢失去坚持为班级服务的意愿。对此，我应该怎么做呢？

想到这里，我直起了身子，来到每个学生身边，悄悄地说了一些话。大家听了之后，干得更卖力了。劳动音乐结束，这次我没有直接点评，而是让每人说说自己刚才看到的，说说自己想感谢的同学。学生小C说："小D帮我卷了好几支笔，我下午写字就很方便了，我要感谢她。"小E说："我要感谢小F和小G，是他们捡起了教室里的垃圾，现在我们的班级很干净。"小H说："我要感谢小J帮我们整理文件区域，现在那里看上去更整齐了。"如此等等，大家说出了一句又一句感谢的话，互相赞扬着彼此的付出。其乐融融的氛围，让人明显感觉到全班同学的劲儿在往一处使，这就是班集体的意义所在啊！

这天过后，每次"十分钟劳动"时间，全班学生各司其职，互相帮忙，彼此感谢。后来某一天，我又看到教室地上有纸团，还没等我开口，眼尖的学生就捡了起来，因为大家都希望班级能越来越好。学期末，我班被评为文明行为示范班，每个学生的脸上都是满满的自豪与欣慰！

小岗位也可以有大作为，它让每个学生找到了自己在班级中可以做的事，以此实现自我价值，更让整个班级因此而凝聚在一起，向着美好的未来前行！

（作者：上海市青浦区世外学校　彭嘉玲）

评析

看来是一件微不足道的小事，居然能引出一系列有成效的教育措施，这反映了班主任观察班级日常现象的思维特点——由小见大、从点思面，以及处理随机事件应有的机敏、灵活。故事叙述中，有对学生行为的判断与分析，有班主任对自己内心思考的表露，以此展现整个过程的顺理成章。由一件事（发现地上有纸团）而建立一种机制（班级的"小岗位"），让每个人明确自己的职责，是引导学生自我教育和实行班级民主治理的一种因应策略。当然，在这方面还可以做进一步思考，如对班级中一些司空见惯的现象——地上的纸片、乱放的餐盘等，还需要加强学生自律。从没人管到有人管再到自己管，从强化某些岗位的职能到有些岗位的自然退出，班主任这样去思考，"大作为"也许更大了。

点亮熹微星火，汇聚璀璨星河

班会课上，学生小李站在讲台上讲述他这段时间进步的经历，同学们报以热烈的掌声。看着高兴又略带害羞的小李，我很欣慰，因为他找到了自信，点亮了闪光点。记得我刚接这个班的时候，小李在众人嘴里还是个特殊学生，情绪时常失控，哭闹不已，甚至做出过激的举动。那时，我曾隐隐担心，自己该怎样面对这样一名行为不寻常的学生？

点火：亲近他，以心换心

初次接触，我已发现了小李的"特殊"之处：他总是不在状态，时而发呆，时而做与课堂学习无关的事。

课后，我让他交作业，他露出一副痛苦的表情，好像随时要哭的样子，还大喊："我不要做！"那尖锐的抗拒声把我弄得慌乱，不由得脱口而出："小李，别哭！"没想到小李反而越哭越厉害。我立马走上前，蹲下来对他说："小李，你怎么了？作业可以先放一放。"边说边用手轻抚他的后背，希望这样可以让他的情绪平稳下来，可他却躲闪掉我的手。难道他讨厌我？这时候，小李的同桌小尹凑上前，对他说："小李最乖了，乖孩子是不会哭鼻子的。"慢慢地，小李的啜泣声轻了下来。

经过这一回交锋，我见识到了小李的与众不同。进而，我向其他老师讨教与小李沟通的经验。前任班主任沈老师告诉我："对小李不能强压命令，否则他的情绪会失控。一旦失控，他就可能有过激行为。所以，对他还是要'哄'。"怪不得我叫他别哭时，他的反应会那么激烈。除此之外，我还认识到要先和小李建立起情感基础，也就是说要先让他信任我，我的话才管用。

于是，下课后，我会时不时地走到他的座位旁，和他交流谈心。一开始，他不愿多搭理我，到后来，彼此的距离拉近了，小李对我也不再抵触了。

看来，班主任给学生以关心，并伴以耐心，学生自然会以信任回报。心与心应是情感的维系，师生能走进彼此心灵是一切改变的开始。

闪光：引领他，融入集体

有一段时间，我发现小李在体锻课上总是一个人玩耍；班级值日表上有他名字，可其他同学从不叫他值日；同学们在谈笑时，他总是一个人待着。似乎，在这个班集体里，小李是可有可无的。

一次和他谈心聊天，说到体锻课做游戏时，我话锋一转："小李，最近你在班级里开心吗？"他一开始低着头支支吾吾，后来则委屈地说："还好吧，就是……没人跟我玩……""那我帮你找朋友，好吗？""嗯。"他看着我真挚地点了点头。

几天后，我召开了一次主题班会，让大家围绕"一个不能少"这个话题说说自己的看法。创设的情境是：假如没有一个同学愿意和你玩，你会有什么感受？学生换位思考后，有感而发：班级是一个集体，每个人都是其中一员，所以集体活动一个也不能少。由此，我顺势将话题引到小李身上："可是我发现，我班有个同学总是孤零零地被晾在一旁。"这时，大家将目光齐刷刷地投向了小李。

接着，我趁机引导学生找一找他的优点："我发现小李很乐于助人，上次他就主动帮我发抄写本。你们还发现他有哪些优点吗？"寂静了几秒钟后，小A举手说："小李他很诚实。"小B说："小李不浪费粮食。"小C说："小李画画很厉害。"在大家你一言我一语中，我发现同学们的眼神中渐渐露出了对小李的友好和敬佩。这时，我问："那么，大家愿意和他做朋友吗？"没想到全班学生异口同声地回答道："愿意！"

这次班会课给学生带来了很大触动。在接下来的日子里，大家和小李相处多了，小李的笑容也多了。渐渐地，小李融入了班集体，同学会带着他一起玩游戏，他也开始主动做值日。

给学生以期待，发现他的闪光点，并辅以赞美，那么这个学生会慢慢地向着被期待的目标努力。班主任要引导全班学生学会接纳每一个成员，并用积极的鼓励引领他，试着打开他封闭的内心，让他逐渐融入集体，这是一切向好的开始。

普照：结同盟，建生态圈

可是，有时小李仍然管不住自己。下课时，他会把桌面弄得乱七八糟；上课时，他又会突然喝水。对此，我除了耐心劝诫他、教育他，还关照其他学生要友善地多多提醒他，并且将他的在校表现及时向其母亲反馈。我相信，小李在往好的方向发展，我始终没有放弃他。

然而，还是出事了。那次家校开放日的英语课上，小李因为跟不上上课的节奏，哭闹不止。对此，班级学生家长微信群里炸开了锅。有家长竟表示会向校方反映，还获得了群里大多数人的支持。

面对家长的强硬态度，我一下子懵了。怎么办？不能任由事态发展！我给带头的家长打电话，首先表示理解他的心情，接着指出小李这次哭闹是开学以来的第二次，平时上课他不会影响班级里的其他同学。同时，我又举例说明小李与同学相处友好，与大家关系都不错。了解到小李的情况后，这位家长承认自己太冲动，说他主要是担心自己的孩子会身处不好的学习环境。对此，我表示理解并告诉他，有些事可以私下沟通，不宜在群里讨论。最后，他表示愿意在群里就发表的不当言论道歉。出乎我意料的是，小李的父亲也诚恳地向这位家长道歉，说明他们的出发点都是为了孩子。

几天后，为促使家长之间消除隔膜，统一认识，我组织了一场主题为

"孩子在校受挫，父母该怎么办"的家长沙龙。家长们围坐在一起，畅所欲言。有的说："希望同学们能多多帮助和关心我的孩子。"有的说："希望老师多鼓励下孩子。"还有的说："父母在家也要引导孩子勇敢地面对挫折。"小李的父亲不好意思地提出，希望大家能多包容小李。我借机启发家长，孩子在校交往不顺可能会引起家长之间的误会，化解矛盾的办法是，彼此之间要多一点包容、理解和支持。

班主任和学生家长沟通，将心比心，是会得到他们的理解与支持的。家校只有结成同盟，才能建造一个阳光普照的教育生态圈，为学生的茁壮成长提供好的环境。

汇聚：显亮点，群星璀璨

为了让每个学生都能成为自己心中最亮的星，我给每个学生发了一份学期个人进步目标表，要求每个人认真填写。其中，要发掘自己的一个闪光点，在心中树立一个学习的榜样，以一句个人信奉的名言（格言）引领、激励自己，为自己定下一项学习目标，以及培养一个好习惯和改掉一个坏习惯。

制定好个人进步目标后，师生将定期复盘，并以"星"（☆）的数量评定目标达成情况。这个展示亮点的过程，很能驱使学生增强自主发展的意识和动力，激励他们自我教育、自主成长。经过一段时间，小李已能逐渐学会控制自己的情绪，能完成学习任务；小崔改掉了作业拖拉的毛病；小石在下课后，能做到文明休息……每个学生都在原有基础上得到发展，逐渐进步。

做教育、带班级，班主任要有一双善于发现学生闪光点的眼睛，一种善于点燃每个学生心中火种的智慧和热情，这样才能"点亮熹微星火，汇聚璀璨星河"。

（作者：上海市青浦区白鹤小学　金怡雯）

评析

　　故事从一名心理与行为有偏差的学生在班级里怎么惹是生非说起，叙述了班主任是如何接纳与教育这名学生的。全文四个片段都是夹叙夹议，每段最后的议论则是关于教育理念的某种思考与认知，如对待"特殊学生"应予以关心、期待、发现等。其实，这个教育过程还有可以进一步挖掘的内涵，或值得诠释的深邃意蕴。如班主任既不可对这类学生"另眼相看"，应基于平等的立场"一视同仁"；又要对这类学生"另眼相看"，采取一些特别的措施，给予他更多的关爱。至于举办家长沙龙的主旨，除了解释英语课上突发事件的来龙去脉，让其他家长宽心之外，更可以探讨家长对孩子的家庭教育。因为这些独生子女或多或少、或这或那地都有他们的"特殊性"，由此发挥家校同盟的作用，给予小李同学更实在的帮助。

怎样避免课间伤害事故发生

小学生活泼好动,爱玩是他们的天性。尤其是低年级学生,年龄相对较小,自己解决问题的能力偏弱,玩耍时不知轻重,容易惹事,由此引起的课间偶发伤害事故也频频发生。

事故回放

一天中午,班上几名学生急匆匆走进办公室,向我报告:陈涛(化名)的牙齿被喻超(化名)不小心踢断了,现在他满口是血。我马上赶到事发现场,只见陈涛哭丧着脸,右手捂着嘴巴,指缝间是殷红的血迹,脸上还淌着泪花。我急忙查看他的伤势,只见一颗门牙悬在口中,和牙肉仅有一点点粘连。"啊!"见此情景我真后怕,马上带着陈涛去医院诊治。幸运的是,他正处在换牙期,掉的那颗门牙是乳牙,恒牙以后会长出来,不会影响他将来的形象。听医生这么说,我终于松了口气。

回校后,我找到事故的"罪魁祸首"——喻超,开始调查事情的来龙去脉。原来,陈涛和喻超吃了午饭后,就在走廊里玩耍。玩着玩着,两人坐到了地上,开始用脚互相踹来踹去。喻超一不小心,踢到了陈涛的嘴巴,而且真就那么巧,把陈涛的一颗门牙踢断了。

"断牙事件"虽然告一段落,可我的心情却变得越来越沉重。小学低年级班主任都有这样的体验,一到下课,来办公室告状的学生络绎不绝。其实，他们所说的并非什么大事，不是你打他，就是他骂你，或者有人做出违反校规、班规的事。面对这些层出不穷的"案件"，班主任仿佛成了民事法官，常常得当场判案。这确实令我们头疼不已。

那么，为什么下课后学生会如此活跃，班主任又该如何应对课间吵闹现象？我想，有必要对此好好思考和研究一下，便开展了一项微调查。

调查所知

"同学们下课后在议论些什么啊，为什么如此热闹？"也许学生还在低年级，他们的回答五花八门。有的说，讨论课上老师讲的题目；有的说，交流昨晚精彩的电视节目；有的说，跟要好的朋友说说话；有的说，去上厕所；还有的说，感觉上课有点累，下课了就想放松一下……

为了确认调查得到的信息，我也暗中仔细观察学生的课间十分钟生活，看到了这样的情景：下课铃一响，学生像火山爆发般地涌出教室门口。一瞬间，走廊里变得喧嚣而拥挤，追跑、疯打、大呼小叫，让穿行其中的人还真有点置身"枪林弹雨"的感觉；操场上，学生互相追逐，动作纷杂；即使气味特别的厕所，也成了一些人交谈的地方。教室里，仍然有一些学生在"埋头苦干"——做作业、看书，并没有好好休息。仔细琢磨学生说的话和他们的行为，我能理解他们为什么这样做。

玩，是孩子的天性。俗话说，不会玩的人也不会学。而且，适当地玩就是一种休息，是有效学习的必要保证。关键是如何引导学生合理地玩、文明地玩，这是摆在班主任面前的棘手问题，值得我们好好深思。

小学三年级学生大都是十岁不到的孩子，正处于活泼好动的年龄阶段，如果一味地让他们待在教室里听教师讲课，他们怎么受得了？课间十分钟，正是学生休整、放松的大好时光。这时候的他们，很容易如脱缰的野马，玩起来肆无忌惮，疯起来没完没了。记得我们小时候，课间活动是丰富多彩的，大家玩的游戏有踢毽子、跳橡皮筋、造房子等。可如今的小学生，确实少了许多我们儿时的快乐时光。

班会讨论

那么，短短的课间十分钟能让学生做些什么？如何化解互相吵闹现象？如何防止发生可能的冲突？怎样让学生有一个精彩的课间生活？针对这些问题，我专门利用班会课时间组织全班讨论，征集大家建议。

班会课上，我先向学生讲了课间不文明行为的危害性和合理安排十分钟休息时间的益处，然后组织全班学生就"课间十分钟我们可以做什么"这个问题开展讨论。一下子，大家七嘴八舌地议论开了。

班长首先发言："我觉得课间休息，应该讲文明，不应去玩那些动作剧烈的游戏。如果玩得满头大汗，就会影响下一节课的学习。"对班长的观点，绝大部分学生表示赞同。后来吴浩说："我觉得下课后除了上厕所和交作业之外，大家尽量不要走出教室，就待在自己的座位上休息。"他的话遭到众多同学反对。杨琳反驳道："课间休息就是要有适当活动，适当的活动有助于我们放松身心，更好地去上下一节课。"平时很有主见的刘聪说："我们要文明休息，要玩文明的游戏。"

我顺着他的话，问道："那么，课间怎么休息才是文明、安全的呢？"话音刚落，大家打开了话匣子，纷纷说道：可以看一些好书，丰富自己的知识；可以唱自己喜欢的歌；可以对同学说说自己喜欢的故事；还可以和同学们一起踢毽子、拍皮球，做一些运动量小的游戏。还有学生提出，让爱追赶嬉闹的同学玩"石头剪子布"等游戏。

全班学生动足脑筋，想出了许多他们所期望的活动。更让我欣慰的是，在热烈讨论中，文明休息的认知已开始植入学生的潜意识，这比我"一言堂"的教育效果要好得多。

在学生提议的基础上，我也谈了自己的想法。最后，大家一致确定推出课间休息"特色五活动"：（1）制作道具玩"东西南北"；（2）玩"溜溜球"；（3）玩"石头剪子布"；（4）玩五子棋；（5）玩成语接龙。这些活动既能有效利用课间十分钟，又对学生的身心健康有好处。同时，我对课间活动的开展还提出了具体要求：适量、轻松、愉快，不能累得满头大汗；遵守纪律，不打人、骂人，不大声喧哗、奔跑、追逐，不做危险动作。

活动推进

从去年 9 月开始，我班的课间特色活动就拉开了帷幕。作为班主任，我自然也参与其中，并协同推进。下列这些活动是师生一起讨论出来的，是学生喜欢的，因而受到大伙儿的认同。

活动一：成语接龙。活动开始时，几个爱看书的学生就聚在一起。游戏从"五彩缤纷"开始玩起，小彤第一个举起手，大声地说："纷纷扬扬。"其他学生都不甘示弱——洋洋得意、意犹未尽、尽心尽力、力大无穷……一个个接得很顺利。突然，他们遇到了一个谁都接不上的成语，只好拿起《成语词典》认真查了起来。

活动二：下五子棋。玩这个游戏的人好像每走一步都是那么深思熟虑。小宇的嘴角总是向上翘起，一边习惯性地用手摸摸头，似乎很有把握赢棋，一边还不停地催促小敏："快点，快点！"小敏的棋刚一落下，小宇就双手一拍，大喊："我赢了！"

活动三：玩溜溜球。那个看似普通的溜溜球，被四个小男生玩出了很多花样。只见他们一放一收，动作非常连贯，溜溜球也随着他们的收放而上下舞动着。

看着学生玩得那么有滋有味，我也不时表扬他们。看来，课间十分钟时间虽然短暂，却也能给学生带来不少乐趣。游戏不仅融洽了同学之间的关系，还增强了班级的凝聚力。

在组织学生开展课间活动时，我意识到还可以据此促使他们养成良好的行为习惯。于是，我又在班级里开展了一场"比一比，赛一赛，看谁课间玩得最文明"活动。每天，我给课间文明活动的学生发一枚小红星奖励，并在第二天午会上予以表扬。每月，根据小红星的获得数量，给一名学生颁发"课间文明休息"大拇指卡，以鼓励大家积极效仿。同时告诉学生，我每天会找一名最懂得文明休息、最会安排休息时间的同学，做我的"小眼睛"，由其负责提醒同学不做危险游戏、不吵闹。这名同学将担任班级的文明休息监督员，课间站在教室门口。在好胜心的驱使下，每名学生都想争当这个课间文明休息监督员，做我的"小眼睛"，把自己最好的一面积极表现出来。

课间休息特色活动经过一段时间的实施，我班的课间情况明显好转，不仅学生的行为表现既文明又安全，他们和我的心理距离也拉近了，情感更深了。近一年里，我班偶发事件的发生率为零，这个结果令人欣慰。在我班的带动下，其他班级也开展了各式各样有益于身心健康的课间活动。

总之，课间休息这个时间不能忽视。班主任只要引导得法，就可以放手让学生去做有意义的事，去文明地玩、规范地玩。这既可避免不必要的摩擦发生和意外事件的出现，又能开发学生的智力，增进伙伴之间的友谊，更能培养学生良好的行为习惯。只要持之以恒，就能最大限度降低课间伤害事故的发生。

（作者：上海市青浦区重固小学　王　星）

评析

在学生之间的一次意外伤害事故发生后，班主任并没有就事论事、简单处理了事，而是由此及彼、举一反三。故事即以此为背景，叙述了基于小学生的兴趣爱好，创建课间休息"特色五活动"的经过，从中又产生了一个班级管理机制，并在实施中取得了期待中的效果。《教育大辞典》中对"课间休息"的界定是：课间安排一定间隙时间作师生活动和休息，用以调节师生心理状态，松弛学习的紧张情绪，减轻疲劳，以利于激发新的学习热情。这篇德育叙事旨在说明，即使为避免学生发生意外，对有些事也应该"疏"而不是"堵"。只是本文提及的活动能否称为"特色活动"，或者说其中的每项活动都有与众不同的特色，尚需说清楚。

拿什么奖励学生

缘 起

一次班会课上,我兴致勃勃地表彰了学习成绩优秀或有较大进步的学生。我表扬这几名学生的努力,号召大家向他们学习,各自争取进步。接着,给他们发奖品——一个笔记本。这时候,不知谁说了一声"又是笔记本,多没意思啊"。顿时,教室里的气氛有点变化,又有学生插了一句:"有总比没有好,拿了再说。"这次,我听清楚了。说这话的不是别人,正是班长小丁。说完,她大步走到讲台前,从我手中拿走奖品,又若无其事地回到座位上。我顿时十分尴尬,虽然脸上没表现出来,但心里十分不悦,其他学生也完全没了刚才的兴致。在这一尴尬气氛中,受表彰的学生陆陆续续走上讲台,从我手中拿走了笔记本。

本想借此机会激励学生,没想到最后却草草收场。虽然这只是一个小插曲,但在我的心里掀起了不小的波澜,就像打翻了五味瓶一样,很不是滋味。回忆起参加区班主任培训时,上课老师曾强调:"教育无小事,处处皆教育,教育的艺术就体现在敏锐地捕捉具有教育价值的细节上。如果教育过程中有更多的细节被发觉、被关注,那么教育就一定会变得更有效。作为班主任,在工作中要关注教育细节,善于发现细节,更要抓住这些细节,采取学生喜闻乐见的形式,从小事做起,以此探寻教育真谛,创生教育智慧。"我在感到沮丧的时候,就用培训中的这段话促使自己思考:为什么学生对这个奖品如此不屑一顾，是我的思想观念落伍，还是现在的学生眼界太高，只知追求物质享受？虽然还有很多疑团，但有一点我深信不疑：要做好班主任工作，首先得全面了解学生。

调　查

有鉴于此，我决定做一次问卷调查。调查的问题有两个：（1）对班级现行的奖励措施，你是否满意？（2）对奖励措施，你有什么建议？

调查结果显示，对学校、班级用发奖状和奖品来激励的做法，59%的学生认为需要，26%的学生表示无所谓，还有15%的学生认为不需要；对班级现行的奖励措施，表示满意的有23%，不满意的则为77%。

单看调查结果，我还不能完全了解学生的真实想法。为了更好、更全面地了解学生的内心想法，我召开了部分学生座谈会，话题围绕"对班级实行的奖励办法的看法"展开。为引导学生敞开心扉，在大家发言之前，我先就这个话题讲述了自己在学生时代的看法和现在做教师的认识。随后，在我的发言引导下，学生纷纷说出了自己的看法及理由。

A生：我觉得还不错，因为自己每次都能得奖。

B生：我希望自己也能得到奖励，不管是什么奖品，总会有成就感。

C生：我不满意，因为老师只奖励学习成绩好的同学，我可从来没拿到过奖品。

D生：有奖品肯定是好事，可我学习成绩一般，和奖励没缘分。

E生：奖励也就是那么回事，有什么可高兴的？所以，我觉得没必要实行。

……

在学生你一言我一语中，我恍然大悟。其实，他们并非漠视奖品，而是在每个人的内心深处，都有一种被欣赏、被尊重的渴望。此时，我对"好学生是夸出来的"这句话有了进一步理解。

问 计

回头再静心想一想班级发奖品过程中出现的尴尬情景,我思考其主要原因是:奖励关注的往往是那些学习成绩突出的学生,大部分学生只能"望奖心叹";"好学生"因每次都能得奖,且奖品又比较单一(总是笔记本之类的学习用品),所以也渐渐对这种奖励兴趣不浓。班主任需要建立一种有效的激励机制,促使更多的学生积极上进。

为燃起学生内心的渴望,满足不同学生的心理需求,也为了更好地运用激励手段,我在全班开展了"我为班级献良策——我最喜爱的奖励方法"的金点子征集活动。学生的反馈五花八门:有喜欢奖状的,有喜欢学习用品的,也有喜欢食品的,甚至还有人提出"发喜报"。让我惊喜的是,有一些学生竟然"得寸进尺",提议设不同奖项。如:广播操做得好的同学奖以班级领操员,并且实行轮换制;字写得好的同学奖以板报编辑组组长;值日工作认真的同学奖以"爱劳动奖"。此外,还有礼仪奖、作业进步奖、纪律进步奖、勤奋奖、爱心奖,等等。其中一些意见和想法,很有创意,而且具有可行性。

这次金点子征集活动,让我了解了学生的内在需求,感受到学生积极向上的一面。我想,很多成人也有这种渴望心理,何况是心智尚未成熟的中学生呢!于是,我欣然接受了学生的所有建议。

行 动

接下来,我组织班干部一起分析、商量如何据此开展相应的活动。经过几次协商,我们决定启动"每周之星"评选活动,评选的原则是抓住闪光点,对其表示肯定。为了让更多的学生有机会获奖,我班设立了多个奖项,包括礼仪之星、服务之星、劳动之星、诚信之星、儒雅之星、学习之星、体育之星、孝敬之星等。另外,还设计了××小博士、学雷锋小标兵、××

活动积极分子的评选活动，并设立了见义勇为奖、拾金不昧奖、乐于助人奖等，使更多的学生在得到关注和鼓励中产生成就感，进而萌生集体荣誉感。评奖的时间定在每周五的班会课上，具体要求是只要有三名同学提名推荐，学生就能参与竞选，最后由全班学生以无记名投票的方式选出。

实施了一段时间后，我发现这一激励措施取得了良好的教育效果，班级的精神面貌有了很大改观，学风浓了，卫生质量提高了，学生的荣誉感增强了，日常行为也规范了。平时，同学之间能互相督促，自觉约束、自主管理、自我教育的意识也逐渐增强。

我想，"每周之星"的评选，旨在引导学生在自我评价的过程中加强道德行为实践，其要义是鼓励学生"以我行，塑我形"。为了增强学生的获奖荣誉感，我尝试加大对获奖人物事迹的宣传力度，并以"我行我秀"为标题，在教室里设置"星光灿烂"专栏，将获奖学生的名单和照片张贴在教室墙面上，再配以简短的文字说明，由此树立起可亲、可敬、可信、可学的榜样，激励学生全面发展、健康成长。

精　进

学期即将结束时，我又组织了一次以"星光闪烁"为主题的班会。课上，我先让学生说说这一学期的收获和感受，以及同学们的行动给自己带来的改变。学生小元说："以前，我从来没有想过自己能够成为一名升旗手，那是一项神圣、庄严的任务，我将铭记一辈子。而且，我还要骄傲地对别人说，我曾经是一名升旗手。"小婷说："以前，我总以为入团是好学生的事，怎么也轮不到自己。但是，这个学期我很荣幸地进入少年团校学习，我想自己一定会以好的表现争取早日成为一名共青团员。"同学们你一言、我一语，交流各自的收获和喜悦。那一刻，我感受着班集体的凝聚力和积极向上的团队精神，同时也享受着班主任工作带给自己的满足感。

本学期，学生升八年级了。为了让评价进一步激发学生的求知欲，调动学生的学习热情，促进学生全面发展，我召开了班干部会议，和大家一起商量对策。经过慎重考虑,我们决定在班级建立"兵帮兵"同伴互助机制,同时开展"兵帮兵"明星学生评选。同伴互助的意义,就是让结对双方在"观察学习"中,获得学业、情感、交往等方面的发展,从而促进各自得到最大的进步。同时,建立"兵帮兵"明星学生评价制度:每周一小结,评比"周明星";每月一总结,及时进行表彰。学生在评选过程中,通过自评、他评和综合评,推选出班级"兵帮兵"明星结对学生。我相信,这项激励措施一定会有惊喜的收获。

思 考

在一个人的成长过程中,激励有着重要作用。因为激励能使人始终处于一种兴奋状态,从而引起积极的行为,出色地实现既定目标。班级管理中如何有效运用激励手段,激发学生的活动动机,使之呈现奋发向上的心理状态,进而产生积极的行为,是班主任工作改进中的一项重要课题。关于奖励,不同教师会有不同的做法,但其最终目的只有一个,那就是想办法满足不同年龄阶段学生的心理需求,促进学生更好地成长。通过这次实践探索,我认识到运用激励机制应注意以下两点。

一是把握本质,灵活变通。实践中,班主任要根据班级具体情况,灵活变通地使用奖励方法。奖励要紧扣学生需求,形式可以多样,并积极利用现有资源,凸显奖励的教育价值。真正有价值的奖励,既要充分尊重学生的需要,又能让学生朝着教师预设的目标努力进步。

二是且行且思,注重长效。任何一种奖励手段都不可能十全十美,一种奖励的优势很可能也是它的劣势,关键在于班主任怎么看、如何用。所以,在奖励实施过程中,班主任要及时更新思路与方法。正如"教是为了不教"一样,"奖"其实也是为了"不奖"。在某种意义上,"不奖"是"奖"的终极目的。

(作者:上海市青浦区重固中学 王秋蕾)

评析

　　奖励应该是每所学校都在使用的常规教育手段，几乎每个班主任都在自己的班级管理中频频实施。本文所述故事的起因是一项曾经屡试不爽的发奖措施，在实行过程中居然遭遇"冷场"，由此引发班主任探索改进奖励方式方法的思考，并进行了实践探索。从文本介绍的实际结果看，这一尝试还是有成效的。奖品是班级激励机制的一个组成部分，发什么、发给谁、怎么发，是如何提升奖励效益的三个重要问题，故事对此要给予明确的回应。此外，故事叙述中，教师方面所思所为的篇幅相对多了一些，学生心理活动的描述（如班长领奖时的心态）却暂付阙如，从而使故事应有的感染力受到一定的影响。"奖是为了不奖"与"教是为了不教"两者恐怕没有逻辑一致性，奖励作为一种管理机制永远有存在的必要。

她交上了网友

——小玲的故事

事出有因

"李老师,这是你们班学生的快递!"一天中午,传达室师傅递给我一个邮包。

"我班学生的?"我心里嘀咕着。

这学期,我刚接任六(2)班班主任,对学生的情况还不熟悉。此时,我下意识地看了看收件人姓名,上面赫然写着"小玲"的名字,邮包发自广东。小玲是我班的一名女生,高高的个儿,白净的脸蛋,一双大眼睛忽闪忽闪的,见到老师总是礼貌地问好。应该说,我对她的印象不错。

"是谁寄来的邮包,家人还是朋友?"出于职业敏感,我想探个究竟,便把小玲叫到办公室。她看了看邮包,嘴角露出了一丝害羞的笑意。凭我直觉,这可不是一般的邮包。我连忙试探着问:"这是谁寄来的?""我哥。"她爽快地回应道。既然是她的哥哥,我也没有再说什么,反而暗暗责怪自己太神经质了。

可是,接下来的日子里,小玲总是有事没事地往传达室跑。对此,我非常纳闷,一个女生哪能有那么多快递?我不由得关注起她来。从与其他学生的交谈中我了解到,小玲有一个广东哥哥,两人经常在网上联系。为了深入了解情况,我决定找她的母亲谈谈。

家校沟通

那天上午,我请小玲母亲来校,与她当面沟通。相互寒暄了几句后,我直截了当地问:"你们家在广东有亲戚吗?""没有啊!"她说。"小玲是不是有个哥哥在广东?"听我这么一问,小玲母亲的脸色一下子变了。她紧皱眉头,叹了一口气,摇了摇头说:"唉,真拿她没办法。"由此,我得知小玲上小学五年级时,在网上认识了一个比她大五岁的男网友,两人经常在网上聊天。父母知道后,就阻止她上网。谁知这孩子像着了魔似的,家里不让上网,就逃学去网吧。后来,在老师和家长的反复劝说下,小玲保证不再和那个男孩联系了。但现在看来,小玲依然与他保持联系,而且行为变得更为隐蔽。

在与小玲母亲的交谈中,我冷静地为她分析了小玲在网络上寻求伙伴的原因。

第一,网络世界精彩、新奇,容易吸引好奇心重的青少年。上网交友、聊天、玩游戏,这些在现实生活中会受到家长限制的行为,孩子可以在网络世界中随意驰骋。

第二,现在的独生子女没有兄弟姐妹陪伴,家庭人际交往方面显得乏味,内心普遍存在孤独感,网上交友可以填补这个空缺,所以受到他们青睐。

第三,面对充满诱惑的网络世界,家长们都非常担心,因此禁止孩子上网,但孩子不可能因为家长的"堵"而远离电脑。有时越是"堵",结果就越适得其反。

寻找源头

显然,"堵"不明智,"导"才是上策。思考之后,我决定暂不"打草惊蛇"。既然小玲喜欢上网,我何不也趁机加上她的QQ,和她结为朋友呢?这样，一来能够了解她的上网次数，二来可以直接引导她慎重交友。

通过好友查找，我很快以"快乐姐姐"的身份成了小玲的好友，开始与她网上交谈。

"认识新朋友，真好！"（握手）

"嗯，我也一样。"（一个笑脸）

"你朋友多吗？"

"嗯，不过大多都是同学。"

"同学好呀，网上交流可以增进彼此友谊。"

一段时间里，我就这样客气地和她打打招呼。通过简要的交流，我能随时察觉小玲的情绪和情感。

一天晚上，我打开QQ，发现小玲的头像一闪一闪的。刚一点开，一大堆抱怨的话就冒了出来："大人怎么一直吵呀吵，真是烦透了，真不想回到这个家……"

我一下子意识到问题的严重性，决定赶快上门家访。与小玲母亲约定后，我来到她的家里。一套两室一厅的住房，屋里家电一应俱全，孩子也有自己的卧室，写字台上的一部台式电脑很是显眼。可以看得出，这个家庭的经济条件还算不错。在与小玲母亲的长谈中，我了解到他们夫妻俩来上海打拼多年，每天起早贪黑，生意终于越来越红火。但是日子好过了，夫妻之间的感情却出现了问题，家里经常争吵不断。看着她既气愤又痛苦的述说，我只能表示同情。这次家访，使我明白了小玲会找网友的深层次原因。父母之间的争吵，使小玲产生了逆反心理。为了逃避现实，网络成了她寻求内心平衡的绝佳之处。在与网友的交流中，她得到了精神上的慰藉，于是就在不知不觉中沉溺于虚拟世界。

双管齐下

要让小玲彻底摆脱对网络的迷恋，做好家长的工作是关键。于是，我非常诚恳地向小玲母亲指出："父母的言行对孩子成长有着潜移默化的影响，家长要对孩子负责，不能在孩子面前争吵。"同时，针对小玲与网友聊天的行为，我建议家长应做到以下几点：一是尽量不让孩子去营业性网吧；二是可以与孩子制定家庭公约，规定每周使用电脑的时间；三是要经常提醒孩子交友中不可暴露自己的真实身份，学会自我保护；四是家长不能以简单粗暴的方式干涉孩子上网，同时要了解孩子上网的基本情况和喜好；五是利用周末或假期，带孩子去郊游，让孩子在亲子活动中获得快乐与满足感。

这次谈话很顺利，小玲母亲答应积极配合。此后，我依然每天上 QQ，观察小玲的情绪变化，也不失时机地与她聊上几句："父母的婚姻到底会如何变化，做女儿的做不了主，也不要去做主，这个道理等你长大了自然会明白。你现在的任务就是好好学习，为自己有一个美好的未来而努力。"她回应道："是管不了，但是希望他们不要影响到我。"

打开天窗

我又想，让小玲不上网交友是一件很难的事，关键在于不去横加阻拦，而要引导她学会交友。于是，我决定当面和小玲好好谈一谈。

一天午后，我把她约到操场一角。

我直截了当地问她："你有一个广东网友，是吗？"

"嗯。"她一点也不避讳，大方地回应。

"你们见过面吗？"

"没有，只是见过照片。"

"每天都聊吗？"

"差不多吧。"

"都聊些什么呢？"

"什么都聊。"这个涉世未深的女生，眼睛里闪出兴奋的光芒。

在比较宽松的氛围中，我话锋一转，讲了很多上网成瘾的负面例子：有人因沉溺于网络游戏而离家出走，让父母心急如焚；有人千里迢迢去会网友，结果被骗、被抢，流落异乡街头；有人因为浏览不健康的网站，小小年纪便走向犯罪深渊而不能自拔等。在一个个惨痛的事例面前，小玲低下了头，不再说话了。我借机告诫她："网上信息良莠不齐，交友一定要慎重。"

趁热打铁

这次谈话之后，我依然密切关注小玲上QQ的情况，发现她变得沉默了，甚至有几天没上QQ，估计是自己的一席话触动了她。但我也清楚，要让小玲彻底明白道理，不是一两次谈话就有效果的，我等待着下一次教育契机。

开学一个月之后，临时班委会已完成使命，班级正式选举班干部。全班票选后，小玲和另一名学生的得票数相等。我抓住机会对他们说："你俩想一想，哪一个班干部岗位最适合自己，先准备两分钟，然后来一个即兴演讲。"结果，小玲以较强的口述能力和得体的肢体语言展现了自己想当文娱委员的信心和决心，赢得了同学们的阵阵掌声。此时，她的脸上洋溢着阳光般的灿烂笑容。终于，小玲如愿以偿当上了班级文娱委员。

这时候，我想该趁热打铁了。放学后，我一个一个地与新班委会成员面谈，当然小玲也不例外。我对她说："你是一个聪明的女孩，祝贺你当选班级文娱委员。"小玲略带害羞地微笑着。

"当上班干部，是同学们对你的信任，希望你不要辜负大家的信任。"

"嗯，我一定努力做好工作。"她用力地点了点头。

"班干部要以身作则，在班级里起带头作用。工作中遇到困难或有烦恼，要及时和我联系。"

我拿出事先准备好的一支笔和一个笔记本，递给她，说："这是送给你的，以后无论遇上烦恼事还是开心事，你都可以对这位朋友说，那里是最安全的。"

此时，我明显感到她接过笔的手微微颤动了一下。也许，我的话触动了她内心深处的那根弦吧。

小玲变了

从这以后,我发现小玲变了。她不再神神秘秘地跑传达室了,而是时不时地来我这儿汇报或询问:"李老师,今天英语课上老师表扬了我。""李老师,今天语文默写我得了 100 分。""李老师,我们班级什么时候搞活动呀?"小玲在文娱方面确实有一些特长。在一次辞旧迎新文艺汇演中,她的主持风采,以及她和几名同学的歌舞节目得到了在场老师的一致好评。

渐渐地,我发现小玲在成就感的驱动下对班级有了归属感,这让我很欣慰。每天回家,饭后打开电脑,上 QQ 聊天,也成了我的一节必修课。

在网上交流中得知,小玲的父母最终还是离婚了,父母的离异让小玲有诸多不愉快。每次看到小玲情绪低落时,我就及时给予安慰和鼓励:"父母之间的关系无论怎样,你要相信他们都是爱你的。如果你有委屈,可以找老师们说,老师们也都希望你天天开心。"我相信,只要耐心疏导,小玲一定会坦然面对这一切的。

一年来,在学校和家长的配合教育下,小玲的进步非常明显。课堂上,能听到她响亮的声音;舞台上,能见到她灵动的舞姿;运动场上,能看到她矫健的身影。她在校朗诵比赛中获得一等奖,在区古诗文大赛中获得二等奖。最主要的是,她已不再与那个广东网友联系了。

小玲的故事使我明白,青少年学生正处于社会化的关键时期:一方面,他们渴望与更多的人交往;另一方面,随着年龄的增长,性生理和性心理逐渐成熟,他们对异性有了喜欢和爱慕。网络为他们这些需求提供了便利,但也容易把他们变成"网虫"。面对家庭矛盾,小玲只好去网上寻找慰藉。网络的精彩和青少年学生的性格弱点,再加上青春期的心理萌动等综合因素,使小玲迷上了网络,甚至交了陌生的网友。针对这些特殊情况,班主任要耐心进行正面引导,积极给予帮助,并要相信一定会获得成功。

(作者:上海市青浦区豫才中学 李菊芳)

评析

　　现代社会，网络成了一把双刃剑，教育者对此也是爱恨交加。如何让一时沉迷于网络的青少年学生摆脱这一精神囚笼，从而"退一步海阔天空"，对每个班主任来说，都是一道无法回避的"必做题"。这个故事提供的答案可不简单，班主任采用"不入虎穴，焉得虎子"的策略，通过自己直接加学生的QQ，在"无障碍"空间内获取学生小玲的有关信息，然后据此与其家长取得联系，共商教育对策，给予家教指导。这条思路确实具有借鉴意义。整个故事从转交快递邮包揭开序幕，到鼓励小玲竞选班干部、送上笔记本和笔，再到学生父母离异后对她的安慰，这条主线的逻辑脉络还是比较清晰的，只是所写的这个教育过程有点一帆风顺，不见其中的一波三折，未能凸显班主任教育力的丰富内涵。

男生腕上的粉色头绳

下课了,同学们正三三两两地从专用教室回到班级。我站在教室门口,等待学生归来。学生见到我,匆匆敛起笑容走进教室,剩下小宇、小莹二人姗姗来迟。"报告!"他俩异口同声的话音在班级中引起一阵窃笑,一名男生更是讳莫如深地指了指小宇的手腕。我这才发现,他的手腕上绑着一根女生的粉色头绳。

紧急约谈:手腕上的甜蜜情愫

为验证自己的猜测,我悄悄询问刚才给我提示的男生。他回答说:"老师,他俩正谈着呢,可甜蜜了,全班都知道。"从未处理过青春期学生异性交往问题的我,思绪有点乱,脑中闪过一个念头——把这段感情掐灭在萌芽期。

于是,我将小宇、小莹约到谈心室,从男生手腕上的头绳单刀直入:"小宇,你手上的头绳是小莹的吧?"小莹不敌我的注视,袒露了心声,说他们俩在疫情防控期间通过微信聊天,变得无话不谈了。这粉色头绳是她在小宇表白后送给他的,代表着小莹始终陪伴在小宇的左右。此时的小宇,正面露羞涩地看着小莹。

我急于扭转他们的想法,把语调拔高了八分,说:"我建议你们将好感藏在心里,不要急于表达,否则有悖于校规。"我又提醒两人交往要注意分寸，并告诉小宇务必将头绳还给小莹。听了我的话，两人低头不语，看来是默认了。

"干预"立时见效。小宇手上的粉色头绳摘下来了，两人在学校里保持着合宜的距离。

直到有一天上体育课，因为天气太热，小宇将裤脚撩起时，那根粉色头绳赫然闯入我的视野。原来，小宇和小莹的"恋爱风波"并没真正平息。

于是，我再次与小宇聊起这根象征着爱情的头绳，可他一反常态地说："老师，我就是要带着它！那是无声的陪伴，它让我知道，有人在乎我。"

追根溯源：头绳里的情感诉求

我一直无法忘记那一天小宇的表情：叛逆，又异常坚定。这不由得让人思索：我为何未能摘掉少年心中的头绳，又该如何应对这两名学生的青涩情感？也许，我忘了自己也曾走过莎士比亚说过的那段"既狂热又可爱"的岁月吧！我想，我该怎样用心、用情去体会他们之间到底发生了什么。

为找出这两名学生缺失陪伴的原因，我拨通了他们家长的电话。原来，这两家都是离异家庭，父母由于工作忙，与孩子沟通的机会少之又少。小宇与继母的关系算不上亲密，父亲与他在餐桌上的谈话，也永远离不开学习，最后总是因"话不投机半句多"而结束。

这次与两名学生谈话，我不再纠结于小宇脚腕上的头绳，而是尝试引导他们说出内心的真实诉求。

"上次我太心急了，没问你们在生活中有什么烦心事，今天能不能向我说说？"经过漫长的等待，小宇先开口："爸爸每次问我学习怎么样，我都没有好消息告诉他。弟弟活泼，爸爸宠爱他。"小莹说："我爸是公交司机，回家很晚。每次聊天，我都会想到健谈的小宇。"

原来，我面前的两名学生正承受着父母分离的心理创伤。他们有叛逆行为，正是为了证明自己已是一个大人，所以与同伴亲近要多于和父母沟通。这一表象的背后，说明他们在寻求个人价值，并渴望在日常生活中能被关爱、被需要，期盼有一种归属感。

拨动心弦：笔端下的师爱倾注

从一定意义上说，每个人都是处理自身问题的专家。能在成长故事里找到生命的意义，积淀个人的优秀品质，就能推动人们积极前行。有鉴于此，我计划用书信这种形式去拨动他们的心弦，以师爱助力他们找到支持自己成长的力量。

我与他俩约定，每周我们仨轮流给彼此写信，分享生活中的趣事，或诉说个人的烦恼，他们答应了。起初，两人的来信只有寥寥数言。为了拉近与他们的心理距离，我有时会在信中写上一件棘手的事，请他们设法解决。果然，信件的内容逐渐丰富起来，他们从全篇吐槽父母、抱怨学习，到能分出一部分笔墨，绞尽脑汁地替我想办法，以宽慰我内心的烦恼。

有时，我会提及一个自己也未曾参透的话题，如什么是"爱"。对此，小莹回应："'爱'是克制，而'喜欢'是放肆。"我开玩笑道："你可以去写高考作文了。"渐渐地，他们开始从自己的情绪窠臼中跳脱出来，在信中与我分享用自己的策略改善亲子关系的经历。小莹还专门写下她观察到的父亲在生活中的点滴，几经修改后，竟然在区"心理活动月"征文比赛中拿了一等奖。

后来，两人的父母也同我一样收到了来自孩子的信。他们曾经羞于对孩子说出口的那个"爱"字，也通过笔尖，在或长或短的信件中传达给了孩子。

原来，叙写青春故事的人不仅仅是我，也有这两名学生，还有他们的家长，大家似乎都用文字诉说曾经经历或正在跨越的青春烦恼。

智慧陪伴：成长中的教育契机

在与两名学生的通信中，我看到了隐匿于青春期表象后的心理诉求，看到了学生在叙说个人故事的同时,也在明晰自己面临的真实问题。于是,我针对"少年维特的烦恼",以叙事疗法为抓手,基于班级学生实际,设计了智慧陪伴系列活动。

为给学生提供一个良好的、能保护隐私的,可以大胆倾诉异性交往问题、应试压力、家庭矛盾冲突等个人心事的渠道,我在班级中设立了"树洞信箱",学生可选择实名或以笔名形式撰写信件,投入其中,我则在次日将答复放入回信区。在疫情防控期间,我还开通了"树洞邮局"进行线上服务,与学生以邮件的形式交流。有时候我忙不过来,就请小莹和小宇帮忙回复大家。

一来一往间,我能经常看到学生处理问题时悄悄冒出的智慧火花。在三个月的线上书信往来中,大家分享了各自的喜怒哀乐,我与他们的心也靠得越来越近了。

疫情终于结束,但我与学生谈论的"少年维特的烦恼"还在继续。如何穿过文字叩响心灵,倾诉心事,返回现实生活,处理各自面临的问题?我以班级围炉煮茶时光会为载体,营造时下流行的谈话氛围,每月邀请部分女生到学校小会议室坐坐,小方桌上还有我自制的奶茶、甜点。起初,她们都比较拘谨。当我问到是否有好感的男生时,女生们或脸泛红晕,或一脸疑惑,或打岔微笑。这时,小莹大胆说:"有,我觉得他挺帅,挺健谈。"渐渐地,她们七嘴八舌地说出许多心动的原因,如自己考得很差时男生的一句安慰或讲一个冷笑话,如对自己的一句赞美,如借给自己一块橡皮等。我默默地听,开怀地笑,全身心地倾听着青春的美好,感受着青春期异性交往带给女生们的愉悦和自信。

原来,只要倾听,不做评判地与学生一起就是好。那么,与男生怎么相处呢?当然,冬日的篮球场是我与男生说悄悄话的第一选择。小宇教我三步上篮,小何教我如何运球,就连平时不苟言笑的小逸也鼓励我说:"老师,你可以的。"此时,我在球场上的笨拙挪移,他们的孜孜不倦指导,正是我们心灵交流的开始。

小宇腕上的粉色头绳已不见踪影。这让我想起他的那封信:"老师,也许您说得对,爱是一种责任,是共同进步的勇气,是共赴目标的坚韧。爱,可以默默无闻……"

当我走进班级,看到的是一群率真、团结的学生,他们在这个有点懵懂的年纪,用笔写信表达感情,其中难免有青春的烦恼,但表达的一定是积极向上的青春热情。小宇手腕上戴着的粉色头绳,谁能说没有温暖的含义呢?

(作者:上海市青浦区教师进修学院附属中学 金世慧)

评析

本文开头展现的这一问题,看起来似乎有点奇葩,男生的手腕上怎么会系粉色头绳?故事就从这个蛛丝马迹说起,由此揭开了学生青春期教育的关键性问题——异性交往指导。这说明班主任要善于观察与及时应对学生生活中出现的细节变化。整篇故事由四个段落组成,写作上或有"起、承、转、合"的章法。男女同学之间,赠送与收藏一根头绳,是事出有因。而对这个"因"的梳理、剖析与破解,宜作为全文的叙事链。这样表述,整个故事的脉络就比较清晰了。在教育策略的选择中,面谈(包括个别、两人一起)与书信两种形式,应该是各有所长,如何扬长避短、相辅相成,班主任需要把握好。如能从自己经历过的教育实践中提炼出有效的个人经验,形成教育特色,将为这篇德育叙事增值不菲。

走出对"手游"的依赖

几年前,《人民日报》痛批《王者荣耀》,腾讯也火速推出健康游戏防沉迷系统,以实名认证限制未成年人每天游戏登录的时长。尽管如此,依旧有很多未成年人沉迷于"手游"之中。

发现问题:他去哪儿了

周一早上,全班照例排队到操场,准备参加升旗仪式。"体育课代表呢,过来清点人数。"我边说边寻找课代表康康的身影。以往,他可是很积极的呀,但我就是没有找到他。于是,我跑回教室寻找,没想到康康竟趴在课桌上呼呼大睡。

我赶忙叫醒他,康康迷糊地揉着眼睛。我问他:"你是不是身体不舒服?"此时,"咔哒"一声,一部手机掉在地上。在我一再追问下,他道出了缘由,原来趁着爸妈上个周末出差,他熬通宵玩"手游",实在太困了!

看他那疲惫不堪的样子,我很震惊,但还是尽量心平气和地说:"康康,身体要紧,先休息吧。"走出教室,我脑海中不由得浮现出他最近上课趴着睡觉的样子。

我寻思着,随着手机的普及,中学生玩"手游"的现象越来越普遍。毫无疑问,手机给人们的生活带来了太多的便捷,但"手游"使青少年沉溺其中而不能自拔的个案也越来越多。如何引导康康走出对"手游"的依赖,教师和家长都要给予适当的引导，这先得找出根源。

追根溯源：找问题症结

我通过找康康谈心、观察他的在校表现、走访家庭，发现他在课上昏昏欲睡、对班级活动不感兴趣、亲子关系紧张，这其中的主要原因是：

（1）处于青春期的学生，求知欲强，好奇心重，颇有成就感和满足感；

（2）父母教育方法简单，过分干涉孩子，引发孩子产生逆反抵触情绪；

（3）康康在家生活单调，除了做作业，不是睡觉就是玩"手游"；

（4）他认为别人都在玩"手游"，我也要玩。

多措并举：解"手游"之困

措施1：让学生在现实生活中获得体验

一个人在活动中能体验到成就感与满足感，就会对事物产生积极的认知兴趣。既然康康需要被看到被肯定，那何不帮助他从现实生活中获得成就感和满足感。

为此，我召集课代表一起头脑风暴，设计学科闯关活动。语文学科决定举行"飞花令"，定在每天课后服务时间，以小队为单位进行PK。挑战成功的小队人员获得心愿卡一张，心愿由学生共议产生，如"一日免写""一周同桌""与我最喜爱的老师共进一次午餐"等。活动中，人人兴致高昂、跃跃欲试。这时候，我发现康康两眼发光，十分投入。活动中，他获得了一张心愿卡，高兴极了。

可没过几天，康康上课时又昏昏欲睡，我走近他并敲了敲他的桌子，他迷蒙着双眼看着我，目光躲躲闪闪。

我明白，一次活动根本起不了多大作用。要引导康康走出对"手游"的依赖，学校教育与家庭教育缺一不可。

措施2：发挥家校协同育人作用

于是，一天晚上，我拨通了康康妈妈的电话，向她反映孩子的在校情况，她向我道出了实情："老师，这孩子玩手机根本停不下来，说他几句还生气地摔门而去，跟我对着干。我真不知道该怎么办呀？"

我安慰她先稳定情绪，再一起寻找这背后的原因。

我说道："对于已经迷上'手游'的孩子，如果强制不让玩，他势必会反抗。这就像弹簧，越压紧，反弹力量越大。所以，我们在心理上要接受，他可以适度地玩'手游'。"接着，我给她提了一些建议："一是试着理解孩子；二是尽量不在孩子面前情绪失控，有时无声胜有声；三是再忙也要陪孩子，让他感受到现实生活中有更多的乐趣。"

康康妈妈听了我的建议，答应去试试看。

一周后，她在朋友圈发了一张照片，照片中的康康搭着飞机模型，一脸专注。我毫不犹豫地为此点赞：看来提议还挺奏效呢，周一请康康来学校给我们分享他模型搭建的心路历程吧！

我明白，转变一个沉迷于"手游"的学生不是一件容易的事，教师和家长既要有耐心，也需要用智慧，更要能坚持。所以，我与康康的谈心仍在持续进行中。

措施3：在促膝谈心中达成契约

"康康，我给你讲一个名叫易锐的学生的故事。2020年，他考上了北大。在大家心目中，他是妥妥的学霸。而这位学霸，高中时也是每天玩'手游'，但成绩一直很稳定。你说说他成功的原因是什么？"

康康听了后，若有所思地说："玩游戏，没有影响到学习。"

"对呀！易锐同学的自律性很好，每天只玩一个小时左右。如果你能做到像他那样，既有好奇心地玩，又能自律地及时退出来，那么，你将来也会成大事。"

于是，康康和我初步达成约定：每次玩"手游"尽量不超过一个小时。

在谈话中，我还告诉康康：人无论做什么事，都要有一个度，若超过了这个度，那就不好了；学生不是不可以玩"手游"，而是应该进得去、出得来，我们要有自制力。

措施4：召开班级议事会议

为防止出现更多的像康康那样的学生，班主任要抓住集体舆论导向这一环。我搭建了班级公共话语平台，以"我的手机我做主"为题，组织学生讨论。大家围绕手机使用问题热议，思维的火花在碰撞中频现。

有学生说：周末用手机拍摄视频、剪辑 vlog，是我的解压方式。

有学生说：现在是人工智能时代，不会玩手机就 out 了。

有学生说：一直玩"手游"容易沉迷在虚拟世界中，难以自拔。

还有学生说：玩"手游"可以，但要控制好时间，不要影响学习。

这时，我欣喜地发现学生能理性地看待"手游"，良好的班级舆论正在形成。于是，我趁热打铁，推出《手机使用承诺书》，由学生根据自己的实际情况，写上使用手机的时段与时长，并且邀请家长见证自己的承诺，真正要做手机的主人。

之后的日子里，我时不时与康康谈心，跟他聊兴趣爱好与近况。我发现康康虽然没有放弃玩"手游"的爱好，但他已基本遵循我们的约定，学会了自我控制，渐渐走出了对"手游"的依赖。

成长阶段的未成年人都是身心发展尚不成熟的个体，对许多事不能很好地把控。"手游"又非常容易让人沉迷其中，有的学生没有自律性，严重影响了正常的学习和生活。作为班主任，不能一味地禁止学生玩游戏，而要根据成因，对症下药，正确引导，使学生学会自我管理，养成自律的好习惯。

教书育人，征途漫漫，我将继续引领更多孩子茁壮成长。

（作者：上海市青浦区豫才中学　盛喆烨）

评析

　　问题、析因、对策，这基本上是叙说一个育人故事的三部曲，本篇亦如此架构。故事的写作特点是，前两部分都很简要，问题呈现，单刀直入——由干部缺岗发现秘密；原因概括，直截了当，展示的多为班主任的心理活动，没有什么拖泥带水的表达。至于采取的四条教育措施，倒需要很好地去思考。

　　首先，这样做的出发点是"堵不如疏"，这个基本教育理念应阐明，或一开始概述，或在最后"点题"。

　　其次，四条教育措施有内在的逻辑程序，它们的前后排列需斟酌。通常的策略是，先个别谈心（以便对症下药），再集体讨论（发挥"兵教兵"的作用），然后是活动引导、家校配合。顺着这条思路，帮助学生走出沉迷"手游"的困境。文末的总结仅定位于自控，恐怕未必最合适。

有心等待

——另一种形式催人前行

又是一个灿烂的周五，积攒了一周疲惫的我，真想马上回家休息。

"胡老师，不好了，小姚和别班的同学打成一团，你赶快下来，我怎么劝都不行！"体育老师急匆匆地打来电话说。

"怎么又是他！"我吃惊道。这家伙脾气一旦上来，真的是谁都劝不住。之前，他曾和班级同学闹矛盾，导致双方都"挂彩"。我挂了电话，赶忙去操场。小姚现在已拿到了跆拳道黑带，可别把人打伤啊。

到了篮球场，只见里三层外三层地围了好多"吃瓜群众"。于是，我和体育老师先把他俩分开，并要求周围同学不再围观。然后，我问了体育老师事件的大致经过。原来，现场正在举行班级篮球赛，处于劣势一方的小姚因为对方的一个虚晃动作和他打了起来。

校园谈话，耐心启发

"你有没有受伤？"不管怎样，我还是要先看看小姚的伤势。接着，我带着他走到校图书馆门口，坐在每次和学生谈心的阅读角长椅上。

"我没有受伤，放心。"可能没有想到我会这样问，他有些不知所措。

"放心，放心，你真能让我放心就好了。刚才到底发生了什么事？"我略带责备地问道。

小姚没说话，我也不急于沟通，给他一点平复情绪的时间。小姚脸上的怒气渐渐消失了，事情的真相才浮出水面。原来，在刚才的比赛中，对方用一个假动作忽悠他，让他在同学面前着着实实摔了一大跤，而裁判却判给对方1分，这让气不过的他忍不住和对方动起手来。

听了他的叙述，我先肯定他有团队意识和集体荣誉感。因为只有集体荣誉感强烈的人，才会那么在乎班级的输赢。然后，让他说说对自己动手打人的看法。显然，他也认识到自己先动手是不对的，并表示要去向那位同学道歉。此外，我又对他提了要求：做好情绪管理，不能一言不合就拳脚相加；学习跆拳道是为了强身健体，不能凭此去和人打架，制造事端；等等。

拓展辅导，润物无声

下午，在和班委们商量后，我以"现代的青年人要不要讲武德"为话题，召开一次全班辩论会。会议以浑元形意太极拳掌门人马保国约战职业拳手的视频导入，激发学生深入思考，并开展如下微辩论：当集体荣誉和道德约束产生矛盾时，我们应该选择哪一方？学生各自站队，自由辩论，让真理越辩越明。

最后，辩论主持人从"武德武礼"的小故事入手，讲述"武德"一词的历史变迁，总结现代中学生如何真正做到有武德的方法。在此过程中，小姚的眼神从躲闪到坚定。看得出，他明白了我的用意。果然，在当日的随笔里，小姚这样写道："老师，我知道你的用意，你用这样的方式告诉我怎样做才是对的，谢谢你。"看来，他是一个聪慧的学生。

家校携手，提供指导

在我以为这段小插曲可告一段落时，第二周周一对方家长的到来让我有点措手不及。原来，对方家长无意中看到孩子身上的淤青，心疼加气愤的情绪让他觉得双方孩子和家长必须一起面对面地谈一次，还要学校出面给个说法。情急之下，我不得不请小姚的母亲也来学校。

"实在抱歉，让你家的孩子受苦了。我儿子下手不知轻重，这伤如果需要医治，我一定赔偿医药费。这事也给老师添麻烦了，真对不起。"目睹自己母亲因过敏而戴着口罩，却还在不断地向对方家长鞠躬致歉，小姚的眼泪不禁流了下来。这个场面也让我看到他对母亲的关心和心疼，真是一个孝顺的孩子。好在对方家长最终没有继续追究下去，事情总算解决了。

之后，我又和小姚母亲深入沟通，了解他在家的情况。他的母亲说，孩子正处于青春期，常常紧闭房门，拒绝与人交流；家人和他说话总是感觉如履薄冰，不知道哪句话会让孩子不高兴。沟通少了，问题也就随之而来了。面对成长中的青春期孩子，为人父母者确实要有一颗强大的心脏。为此，我提议她回去后不要再责怪孩子了，因为那天以后他已经收敛了很多，上课表现也有明显进步。他母亲听了，很是欣慰。

同时，我对孩子的家庭教育也给出了指导性建议：多关心孩子思想行为的变化，尝试了解他所关心的新闻或者兴趣爱好，哪怕是做小游戏，也要多鼓励；每周有固定时间，安排亲子活动或进行亲子沟通，爱他所爱可以生成更多的共同话题。另外，我还向姚妈妈提供了一些家庭教育指导公众号，如上海家长学校、家教智慧等，让她及时了解家教指导的动态信息，更好地帮助孩子度过青春期。

抓住时机，表彰激励

两周过去了，学校体育节即将拉开序幕。为鼓励小姚重新振作，我让他配合体育委员做好同学的运动会参赛工作。被委以重任的小姚忙前跑后，一会儿与报名同学商谈，一会儿和体育委员商量比赛对策，像极了赛场上的教练员。

不过，令人难忘的不仅是他的热情，更是他在运动会上的表现。由他协助班委们一起排练的方队，为我班取得了赛前班级风貌展示赛第二名的好成绩。还让我对他另眼相看的是，运动会结束后，他带领大家一起在操场上做志愿服务——捡拾同学们遗留下来的塑料瓶等垃圾。看着他认真而专心地捡拾垃圾，听到他和同学间互相鼓励的话语，想起他以往打架后的通红脸庞，一股释然和欣慰之情顿时在我的心中涌起。

在班级十分钟队会上，我表扬了学生的表现，尤其大大嘉奖了小姚一番。会后，我又就同学和老师对他现阶段表现的反馈，单独与他沟通，并鼓励他继续努力，不断进步。

滴水润心，静待花开

一个温暖的午后，我去教室发随笔本。在教室走廊里，我看到小姚正在将班级植物角的长寿花和绿萝搬到走廊外边，让它们也晒晒太阳。他的身边还有一个用饮料瓶自制的简易喷水壶。

在阳光照射下，在水珠浇灌下，这些花卉的叶片显得更加娇嫩翠绿。此时，我不仅看到了一盆盆充满生机的绿植，更见识了一个可爱又充满活力的学生。他让我明白，每个生命都有其成长的历程，每个生命的成长也都需要呵护。

十年树木，百年树人。教育是一个需要悉心等待的过程。在这个过程中，教师要担得起学生的失误，耐心等待他们长大，不断取得进步！

抓住一个个小小的教育契机，收获的是学生巨大的蜕变。因为教师的用心等待，对于学生来说，是另一种形式的催人前行！

（作者：上海市青浦区华新中学　胡夏玥）

评析

以往有"有心栽花花不开，无心插柳柳成荫"之说，这个故事说的却是"用心等待花终开"，而且又是"静待花开"。故事阐发的"等待"的含义，不是无所作为地让"猎物"自投罗网，而是不求速成地让教育的成果瓜熟蒂落。这一"等待"过程，考验的不仅是班主任的耐心，更是教师的教育智慧。"等待"的目的，是促使犯错的学生自觉醒悟，并以自己的实际行动来表明认识的转变。这个过程需要多管齐下，有班主任与学生的个别谈心，有运用班级集体的教育力量，也有发挥家长的教育功能，更有调动学生本人的积极因素，达到扬长避短的目的。如果要用"有心等待"来揭示这一个别教育过程，那么不妨用耐心、齐心、诚心、真心等"四心"作为关键词，串联故事演绎的四个环节，彰显"有心"的独有内涵。

用"心"沟通

——青春期学生的情感教育

一行触目惊心的文字

"老师,我喜欢上了我们班的女生小芳。"一天,我的QQ上突然跳出了这样的一行字。这是我班一名高大帅气的男生发来的信息,没想到他会以这种方式大胆表露自己的心声。

他叫程晨(化名),是我刚接任的九(10)班的一名男生,学习成绩属于中等偏下,但有一定潜力。这名男生性格开朗,即便顽皮,也不惹人讨厌。开学后一段时间里,我与他相处不错。他交友广泛,通过向我以前的学生打听,知道了我的QQ号。可是毫无预兆的这一行字,着实让我吃了一惊。

我从程晨的前任班主任那里了解到,他生活在一个重组家庭,生母不在身边,所以这一举动看起来也属正常。也许是他想找人倾诉,寻求情感寄托。但不管怎样,至少他还肯对我说,说明他陷得不深。

为了先稳住他,我告诉他自己能够理解他的看法,因为小芳确实是一名很优秀的学生。我还答应他暂时守住这个秘密,但前提是他要保证学习成绩不下滑。最后告诉他,有什么烦恼可以随时来找我。

经仔细观察,我发现这两名学生的家在学校的同一个方向,他们上学、放学一起乘车,所以接触的时间多。女生比较懂事,学习成绩也不错,而且还经常在学习上帮助男生,难怪他喜欢上了她。

后来,我找了个机会和小芳谈心。旁敲侧击后,我发觉小芳并不知道程晨的想法。看来，这只是他的一厢情愿。于是，我就轻描淡写地对她说了一句，希望在学习上多帮助他，大家共同进步。

一次与家长的电话沟通

虽已答应为男生保守秘密，但与他的家长还是要联络的。经过多方面了解，我才知道这个家庭的特殊性。

原来，程晨的父亲近年来开了一家饭店，生意不错。这个家庭的成员，相互关系错综复杂，程父现在已进入了第三段婚姻。还在程晨读小学时，其父已与现在的第三任妻子结合。因此，程晨有两个同父异母的兄弟，另有一个同母异父的姐姐。近些年来，程晨的生母又远在国外。可想而知，忙碌的父亲加上距离遥远的母亲，是他缺少父母关爱的客观原因。

据说，程晨平时在学校出现"情况"，全是由在饭店工作的哥哥来处理的，我第一次用电话联系家长就得到了印证。电话打通后，我希望家长无论是学习上还是思想方面，多关心孩子，可回应我的程晨父亲却说了一句："我会告诉他哥哥的。"我听了真的有点诧异，这个家庭怎么了？

我在想，对那些离异重组家庭的孩子来说，难免会产生这样那样的心理问题。作为教师，出于对学生的关心，对这种家庭要加强了解。这一思考让我有了帮一帮他们的冲动。

一名"代家长"出席家长会

果然，在第一次家长会上，我见到了一张年轻的面孔，脸上却有着与年龄不相称的成熟。程晨的哥哥主动来找我，言谈非常有礼貌，只是身上有股烟味。在了解程晨的在校表现后，他很坦诚地对我说："老师，我们家里也为他做好了打算。如果今年他肯努力，走体育特招这条路，那么我们全家肯定会全力支持他继续上学。现在，他的行为很叛逆，我爸根本和他说不上话，继母的话他更不听，我的话他还听一点。如果不能如愿上高中，我们也不想让他去读中专，就直接进家里的饭店接受培训，开始工作。"这些话虽句句在理，却令人黯然。但他也答应会尽力配合学校，管教好弟弟，多关心他。对家中这样的安排，我要求"退而求其次"——暂时不要让程晨知道。

说实话，重组家庭中兄弟姐妹能够融洽相处实属不易。但我认为，管教孩子应该是父母的事，要想真正帮助程晨，还得从他父母那边入手。于是，我建议这个兄长要尽量让程晨与父亲多沟通，也应让父亲多关心程晨，了解孩子各方面的变化，不能把什么事都交给做哥哥的处理。

由于担心程晨与小芳会越走越近，我也找来小芳的家长。在聊孩子的学业之余，我强调九年级是关键的一年，家长要多抽出时间来照顾女儿，并建议每天接送女儿（避免小芳与程晨单独接触）。家长似乎也听出了个中端倪，答应尽可能接送她。这样一来，我觉得本来涉足不是很深的程晨慢慢就会走出来了。

一个新问题出现

几天后的一个早上，程晨来交作业，我闻到他身上有股浓重的烟味。当时也没多想，以为是家里有人抽烟的原因。接着，有学生来汇报，说程晨的课桌里有四盒香烟。我听后气就不打一处来，当即找到他。面对这四盒香烟，他除了说是从家里带来的，就一言不发了。我马上打电话联系他父亲，希望他来学校协助解决，可来的仍是程晨的哥哥。批评了程晨一通后，总算问清楚了缘由，原来他从家里拿了四盒烟，不仅自己想吸，还要卖给别人换钱。问他要钱做什么，他不肯说，但从他的眼神里我似乎看出了什么。经过软磨硬泡，我才得知圣诞节快到了，他想买些礼物送给小芳。这一下子让我感到问题有些严重了，但仍然想采取冷处理的方法，打算先与家长协商。

想到程晨的母亲近些年一直在国外，我一时不知如何与她联系。经询问，程晨告诉我他平时是通过网络与母亲联系的。我得悉后一阵惊喜，心想总算有了新突破。于是，我记下了他母亲的 QQ 号和电子邮件地址。

一同借助网络越洋沟通

　　当晚，我迫不及待地给程晨的母亲发了一封邮件，主要反映程晨最近的表现。

　　隔了两天，收到她的回信，字里行间都是指责程晨的生父不关心孩子。接着，又找了一些推卸自己责任的理由，不过言辞间也充满了无奈和惭愧。程晨的母亲很坦白地说，自己亏欠孩子很多。她也希望通过网络能与我这个班主任多沟通交流，尽力帮助孩子健康成长，以弥补对孩子关爱的缺失和教育的空白。见此，我马上改用QQ与她联系，并把程晨最近的情况和盘托出。这下，她也意识到问题的严重性。情感问题只是青春期孩子成长中的小插曲，心灵的变质才是最要紧的问题，还表示自己一定会劝导孩子的。

　　这样一来二往，我和程晨生母的越洋沟通持续了一个多月。在这段日子里，我不定期地向她反映程晨的近况，同时要求她不能在孩子面前表现出对其父亲的不满，以免造成父子关系紧张；还建议她尝试写邮件来鼓励和教育孩子，也可以多对孩子讲讲外面的世界，说说挣钱的辛苦等。起初，程晨的母亲以为这样的沟通意义不大，但在我的鼓励下，她还是坚持下来了。我又建议她，给孩子的每一封信的开头都要写上"儿子，你好"。

　　终于有一天，她给我转发了一封儿子的回信。程晨这样写道——

妈妈：

　　你好！

　　妈，你知道吗，我喜欢上了班上的一个女孩，我们还一起乘车回家。放学后，我常常被老师留下来，她就一直等着我，还帮我整理本子和书包。不过，我最近好像又不那么喜欢她了，因为她父母现在天天接送她，我们没有接触的机会，好像也没有什么话题了……

不管儿子多大，在妈妈面前，他永远是个孩子。一句"儿子你好""妈妈你好"，使得远隔重洋的母子两人的心靠近了。程晨的这封短信，也很真实地反映了他的想法。

我相信，很多子女教育问题会在两代人的相互尊重与理解中不攻自破。由此，我也品尝到了另类家访的乐趣和能量。对于青春期学生来说，有时候他们说出来的声音是苍白的、酸酸的，可写出来的文字却是鲜活的、甜甜的。

一位回国母亲助力孩子教育

农历年末，程晨的母亲回国了，事情终于有了转机。由于平时经常与母亲互发邮件和借助 QQ 聊天，母子间的情感沟通得到满足，程晨的脾气比以前要温和很多，而且与其父亲一家的关系也缓和了不少。本来性格开朗的他，现在变得更加豪爽。

我利用这一难得的机会，多次与他们母子俩谈心。在真诚交流中，我听到了程晨的心里话："我想找一种被照顾的感觉。当小芳出于热心，在学习和生活上给予我帮助之后，我便产生了错觉。"听到程晨的真诚表白，我和他母亲都感到很兴奋，觉得自己所付出的一切都是值得的。

在随后的区运动会上，他打破了男子跳高的区纪录，被一所高中提前预录取。我及时给他定下新的目标：在中考时达到区普高分数线。经过耐心开导，他郑重向我承诺，一定努力达标。程晨是幸运的，一个接一个的好消息接踵而至。这给了他极大的信心去面对今后的学习和生活。

后来，程晨的母亲回去工作了，但我觉得这根风筝线千万不能让它断了，邮件可以变成电话，长信也可以变成短信。基于法律的判决，程晨还是和父亲一家生活在一起。现在父母虽然不能再给孩子一个完整的家庭，但是可以合力给予孩子完整的爱。

总之，对这些来自特殊家庭的学生，教师更要充满爱心和细心。班主任要从小事做起，用自己炽烈的师爱去感动、引领家长，用"心"沟通，让家庭教育与学校教育趋向一致，让每一个特殊家庭的孩子都能健康成长。

（作者：上海市青浦区实验中学　张　锐）

评析

　　青春期学生的情感教育，这个宏大的话题也可以通过一个普通的故事来阐说，本文就是一个例证。故事提供的问题，起源于师生网络聊天中出现的一行别样文字。解决这个问题的关键，首先在于班主任能判断出学生情感问题的源头，而不是武断地将它当作"早恋"的证据批评指责，这需要教育者具有相当的实践经验。故事挖掘了学生家庭的特殊性，由此印证班主任设计的教育思路有一定的逻辑性。"沟通"是行为主体双方信息（包括情感）的传递与反馈，故事用"用'心'沟通"来凸显主旨，并概括其中的一切行为，似乎尚未切中肯綮。此外，故事叙述中，家庭方面的内容呈现较多，学校教育的描述相对少了。实际上，家庭教育作用能得到有效发挥，离不开学校教育的引领与指导，文本在这方面还可以进一步挖掘。

"小打卡"呈现家的美好

困惑：假期如何让学生过得有效

一个周末下午，我去学生小瑾家走访。小瑾父母见我来了，焦虑且无奈地说起孩子在家的情况：做作业时常拿着手机，聊天玩游戏，家长指出后还要反驳，而且言辞过激，做父母的深感无力。据我了解，像小瑾这样的学生在班级里不是少数。他们在校五天，确实抓紧时间努力学习，可一到周末，那就是自己的"欢乐时光"，打游戏、聊天、刷短视频，时间就这么一分一秒地溜走了。其结果是耽误了自己的学习，激化了亲子矛盾。怎样解决这个问题？我苦思冥想而不得其门。

妙招：建立网络"欢乐家园"

在"学习强国"App 中，我得到启示，即设法把手机的资源优势发挥至极致，让它不仅可以使学生的周末生活更为放松，而且能提高周末作业的效益。也许，微信小程序中的"小打卡"平台是一个很好的选择。可问题又来了，自己的想法怎么能不露声色地"渗透"到学生的心里？我决定用一节班会课来把把脉。

那是一节主题为"用好假期时光"的班会课。在我提出"你如何安排周末生活"这个问题后，学生畅所欲言。有的说继续学习，有的说跟着父母去见朋友，有的直言不讳地说与朋友"来上一局"……看着他们眉飞色舞的样子，我便自然地说道："要是有一个平台能看到大家的生活动态就好了，那总比刷无聊的小视频好。"

此时，一旁的网络冲浪达人小何说："这还不简单，我们在网络上建一个班级群就行了。"

我则顺水推舟，接着说："那怎样既能看到现场动态，又能全员参与呢？你能想个办法吗？"

"这也很简单！"小何继续输出自己的想法，"我们可以做小打卡，大家就以打卡任务为准。"于是，全班你一言我一语，有的想看同学们的周日动态，有的想看和家人一起做了什么，有的问是否可以私下吐槽妈妈或者老师，等等。就这样，"云学习""微时光""悄悄话""共成长"这四个板块应运而生。从此，我班有了网络的"欢乐家园"，学生不再觉得高三学习苦了！

网络家园打卡进行时

1. 打卡"云学习"，让学习更高效

每周，我都提醒学科教师将周末作业发布至小打卡程序的"云学习"模块。为了引导家长关心孩子的学习，我在微信群里鼓励家长作为伙伴积极加入打卡行列。家长可以打卡自己做家务、看书、散步等生活场景，以身作则，参与其中。这样不仅能纾解家长的焦虑情绪，还能促使家长为孩子营造安静的学习环境。

小瑾的家长对我说："以前，觉得学习就是孩子的事，全凭自觉，他的学习与我无关。孩子也不让我们进他的房间，看他的作业。现在有了这个小打卡，我可以通过平台看到孩子的作业，这才发现孩子的字迹是多么潦草。至于看到孩子上传的抓耳挠腮思考问题的照片，回想自己的求学经历，觉得他也确实不易！同时，感到老师们这样辛苦，作为父母，我们真是汗颜。"

学生小何的父亲发现，为了让别人看到自己的优点，孩子周末作业做得愈加认真了。他还常常在饭桌上对父母说，在打卡平台上看到平日不善于交流的同学原来有那么多的兴趣爱好，自己也要为摄影爱好走出去。

总的来说，家长们的积极参与使得打卡计划初获成功。

2. 打卡"微时光"，让美好润心田

在"微时光"里，大家记录着身边的美：有独自欣赏玉兰花开的姿态，有记录菜市场里喧哗的微视频，也有回到乡下和祖辈在一起的笑颜。学生在"微时光"里记下的，确实是平凡生活中的美好。

一天，语文老师给我读了一段随笔："老师，我真喜欢'微时光'，在那里能看到每个同学的独特爱好。我甚至发现，在我抓拍妈妈挂衣服的时候，看到她头上的青丝，心里有说不出的滋味。"原来那是学生小瑾写的，谁说男孩就没有柔情的一面？我把这段文字发给小瑾的母亲，她回复我说，以前自己总是一味打压孩子，看到的都是孩子消极的一面；打卡后，看到孩子在篮球场上意气风发的样子，自己才了解到孩子是多么阳光，仿佛看到了自己年轻时和朋友一起在校园漫步的场景。原来，发现美是需要练习的。

3. 打卡"悄悄话"，让沟通更柔和

"悄悄话"的题旨是：一周内，你想与老师分享的喜怒哀乐，你想吐槽的班级同学，你在生活中遇到的障碍或矛盾等，都可以在这里尽情倾诉、宣泄！

于是，女生芳芳憋在心里的话，出现在小打卡的"悄悄话"中："老师，我真的没有早恋，我只是喜欢他在我考不好的时候鼓励我的样子，只是心里感激而已。"

"妈妈从来没有觉得我做的事情是对的，永远都是很凶的样子跟我说话，看不到我做得好的一面，我到底该怎么做？"小瑾的"悄悄话"，让我看到他对母亲严加管教的无奈和那份需要被肯定的情感。于是，我找到小瑾，表

扬了他近期上课有了精气神儿,同时致电小瑾的母亲,夸奖小瑾的表现。开始,她还在挑剔孩子的问题,我就诚恳地对她说:"更多的时候,孩子需要家人的肯定,一个微笑,一次和颜悦色的谈心,比起命令式的要求更为有效。"

这种"悄悄话",让更多的学生找到了与教师沟通的心桥,也构建了师生情感交流的绿色通道,让师爱的阳光照进每个学生的心房。

4. 打卡"共成长",让亲情更温暖

感情是由交流堆积而成的。亲子之情虽是与生俱来的,但由于现代社会竞争激烈,年轻的父母把大部分精力用在本职工作及不断学习上,从而忽略了对孩子的亲情陪伴。小打卡"共成长"就是要记录下孩子和父母、亲人在一起的美好时刻:一起做饭,一起逛街,一起谈笑风生,等等。学生分享的照片中,慧慧母女一起逛诚品书店,飞飞父子一起打篮球,洋洋在假期帮爷爷采摘草莓……各美其美,真是幸福!

亲子活动不仅增进了家长和孩子之间的情感交流,亲情陪伴更是滋养着孩子的身心健康。小瑾的打卡,一开始只是母亲做家务的照片。慢慢地,有了小瑾早起拍的母亲做早饭、洗衣服的照片。后来,附上了小瑾自己的评论:"妈妈真的太操劳了!"有一天,小打卡里突然出现了母子两人的合照,那一起逛街、喝着珍珠奶茶的样子真让人感到温馨。我看到后由衷地为他们高兴。

高三的"小打卡"活动,萌发于如何让学生完成作业,最后却由此建起了我班的线上之"家"。学生在这个平台上互相沟通、互相促进,提高了学习的主动性,养成了良好的学习习惯。同时,也增强了家长参与教育管理的意识,缓解了亲子矛盾。从此,班集体也活了起来,有效实现了家班共育。

(作者:上海市青浦区第一中学 沈秋艳)

评析

家班共育，这个热门的教育主题需要一个有效的活动载体，让班主任与家长能更好地履行各自的教育责任，这篇德育叙事就拿它来说事，并将时尚的网络活动——打卡，用来作为师生、亲子沟通的工具，让多方互动有了更广阔的时空。这个故事中，班主任的教育智慧体现在，用问题启发学生积极思维，自己欲说不言，并通过四个打卡板块的设计，引导学生踊跃参加这项活动，由此尝试开发一种新的教育方式。尚可进一步思考的是，除了促进解决作业完成、疏通亲子关系等"眼前"问题外，对于高中这个年龄段的学生来说，更面临着"三观"的确立、未来人生道路的选择等与个人终身发展密切相关的重大话题，如何发挥这种新教育方式的优势，确实值得探讨。因此，这一故事还不能说到此为止，其尾声意犹未尽。

一个好"玩"的班级

俗话说,只会用功不懂玩耍,再聪明的孩子也会变傻。我班的学生,倒是特别地爱玩。

我带学生玩出创意

春日里草长莺飞,学生上课容易犯困。为此,我带他们去操场上玩游戏:丢手绢、贴膏药、打老虎、老鹰捉小鸡,等等。这些老掉牙的游戏,对现在的孩子来说,可比电脑游戏来劲多了。秋天,校园里落英缤纷,美不胜收。我对埋头刷题的学生说:"出去走一走,我们去捡树叶,做树叶画。"别以为那只是小朋友的玩意儿,高中生的创意绝对能让人眼前一亮。寒暑假里,我给学生布置了一项作业——利用废旧材料DIY。开学后,我收到了易拉罐做的首饰盒、鸡蛋托做的风铃、卷筒纸芯做的花瓶……可以说,每一件都别具一格,堪称佳作。

学生带我玩出诗意

意识到有一个爱玩的班主任,学生的胆子变大了。

学校的春天诗会快到了,文艺委员说:"老师,今年的诗会,我们打算玩点不一样的——把《红楼梦》里金陵十二钗的判词,设计成十二道谜面,和现场观众互动,有奖竞猜,您看好不好?"这个玩法勾起了我的好奇心。我对他们说:"好啊,能带我一起玩吗?"体育委员嬉笑着说:"当然可以!不过,您也要扮演一个角色。"

接下来的两周里,我和学生利用课余时间一起研读《红楼梦》,挖掘判词里的蛛丝马迹,想尽各种新奇有趣的办法,设计出了十一道谜面。为什么是十一道,而不是十二道?原来,《红楼梦》中林黛玉和薛宝钗两人的判词是写在一起的。那个扮演林黛玉的身高一米八的大男生,先是扛着锄头娇弱地葬着花,突然看见一只蝴蝶飞过,就立马扔下锄头,变戏法似的从袖子里掏出一把团扇开始扑蝶。这一人分饰黛钗二角的反串表演,逗得全场观众捧腹大笑。

巧姐儿的谜面,是一副七巧板。两名学生学着相声里的逗哏与捧哏,一唱一和地说道:

"拿个七巧板就说巧姐,这也……太巧了吧!"

"别急啊,我来考考你,巧姐儿的生辰是哪一天?"

"七月初七啊!"

"对,那巧姐儿后来嫁给谁呀?"

"板儿呀!"

"对嘛!那可不就是七、巧、板了嘛!"

终于轮到我出场了。我本色出演一名教师,给这些学生颁奖。可除了带动观众鼓掌叫好外,就是不见奖品。学生一脸疑惑地问我:"老师,我们的奖品呢?"

我故作神秘地说:"已经发完了呀!这么多观众对你们的鼓励,难道不是最好的奖品吗?"

众学生大呼上当,埋怨地说:"老师,您可真是'满口荒唐言'啊!"

"是吗?那你们呢?"我反问学生。

"我们是'一把辛酸泪'啊!"

沉浸式舞台剧《金陵十二猜》,学生带我玩出了诗意!

师生一起玩出新意

要说我班最与众不同的地方,那就是在每周的升旗仪式上,国歌总是唱得最响的。说起这个故事,得从一场"快闪秀"开始。

高一那年的艺术节,全班学生跃跃欲试,准备大显身手。我召集班干部开会,对他们说:"我知道你们要玩新花样,就对节目提两个要求,一是有意思,二是有意义!"

快人快语的小张问:"什么叫有意思、有意义啊?"

思维缜密的小王说:"对,我们该玩些有思想、有新意的了!"

班长提议道:"那我们一起唱国歌,全班一起上!"

"不是吧,每星期的升旗仪式都要唱国歌,你这样安排太不走心了。"班长的建议招来了大家的质疑。

"你们没听错,我说的是全班一起唱好国歌、唱响国歌!"班长把"好"和"响"二字说得特别重。

会议室里安静了几分钟后,"快闪秀"《我们的歌》的脚本就在大家七嘴八舌的讨论中诞生了。

到了那天,幕布拉开,我班36名学生一个不落地站在台上。台下顿时一片安静,观众等待着我们唱歌。可音乐声却迟迟没有响起,此时第一排的几个人开始打哈欠、伸懒腰,抱怨又要去操场参加升旗仪式了。只听有人这样唠叨:

——今天天气好热呀!

——我作业还没做完呢!

——我好困呀!

他们每个人都在说自己不想参加升旗仪式的理由,这时班长出场了。她环视一下这群没精打采的同学,若有所思了片刻,便郑重地说:"同学们,请大家认真听我说,现在不少学生之所以未能用心唱国歌,是因为他们没有亲身经历过那段艰苦的革命岁月,但中华儿女的民族自豪感和爱国精神,并未因此而削减。在 2016 年里约奥运会上，当中国女排身披五星红旗，光荣地登上最高领奖台时，耳畔奏响的是国歌；在 2020 年疫情暴发之初，千家万户的武汉人民在新春之夜唱响的，也是国歌。大家要记住，无论多少岁月过去，无论几年后你身处这个世界的哪个角落，每当国歌响起时，你心中沸腾的是刻在骨子里的中国魂！即使时光流逝，我们也依旧不改这一腔热忱！同学们，让我们以嘹亮的歌声，共唱一首《义勇军进行曲》！"

说完，班长转过身，摆出了指挥的架势。这时，熟悉的国歌旋律伴随着同学们嘹亮的歌声，响彻整个礼堂。等到音乐声甫停，观众正要鼓掌时，一名男生走出队伍。只见他高举右手，声音洪亮地说："高一（7）班，在此承诺，往后三年，升旗仪式，唱响国歌，唱好国歌。不断前进，前进，前进、进！"他每说一句，全班同学就跟着他宣誓一句。每个学生的脸上，都写着认真和坚定。他们谨记自己的承诺，我班也成了往后三年升旗仪式上国歌唱得最响、最好的班级。

结　语

我经常对学生说这样的话："多年以后，你回想起现在，不一定会记得那一次考试，自己错了几道题，得了多少分。可我希望你们记得，我们为了唱好一首歌，一起练声的日子；我们在操场上一起飞奔，追忆童年游戏的日子；我们一起写剧本、对台词，在舞台上排练的日子。高中三年，岁月匆匆，祈愿留在你们记忆深处的，不只是书山、题海，还有那首嘹亮的国歌，那个曾经陪着你们一起玩儿的班主任。"

（作者：上海市青浦高级中学　王　洁）

评析

玩，在传统的教育辞典里恐怕会被列入另类，甚至不少成年人会用"贪玩"批评孩子。本文中的"好（hào）玩"，与平常所说的"好（hǎo）玩"，其含义完全不同，区别就在对"玩"字的解读上。这篇故事说的高中学生的学习生活，却是好一个"玩"字了得。在有点诙谐的文字表述中，师生"玩"出来的可是创意、诗意及至新意，并且将班主任随机应变的教育智慧，与学生"别出心裁"的创造性思维融合在一起，让深刻性和生动性无缝对接，使整个故事有了别样的教育意义。不过，全文的三个故事片段中，"玩创意"部分的内容尚嫌单薄，学生当时的活动场景、活动收获都应该有可以挖掘的鲜活素材。此外，在文本写作上，"叙"的篇幅明显多了，"议"的文字却难见踪影。

做好沟通桥梁,解决"物理"危机

开学已一个月了,大多数高一新生依旧难以适应高中阶段的学习生活。学科知识容量大,学习自主性要求高,给他们带来不少挑战,而作为新班主任的我,也在努力帮他们渡过难关。

一封写给物理老师的信

一天早晨,我刚走进办公室,一眼就望见桌子上凭空多了一件东西:一张被叠得整整齐齐的作业纸。打开一看,原来是学生小强写的一封"给物理老师的提议书",洋洋洒洒数百字,满是对物理学习的不解与苦闷。

小强在信里提出了物理课上的三个问题:(1)教学节奏快,很难跟得上;(2)上课听不懂,课后靠自学;(3)作业不会做,自我效能感低。

问题提出后,他又逐条给出课堂改进的建议:(1)少讲作业,多讲新课;(2)课上只讲典型例题;(3)要关注全体学生,因为能力强的学生是少数。

在这封信的最后,他一方面说自己的建议或许天真幼稚,不切实际;一方面又认真地希望老师能考虑一二。文字中依稀能看到他想被尊重、理解,进而能获得支持的渴望。

读完这封提议书,我心里一惊,又感到忐忑。想不到高一学生有勇气直接反馈问题,这说明他很有主见,反映的也是班级里的共性问题,而且需及时解决。但我感到如果直接把这封信交给物理老师，又很唐突，难免有冒犯之嫌。

考虑再三，我决定暂不表态。然后，怀揣这封信，向我的班主任带教师父孙老师请教。听完她的建议，我心里逐渐明晰起来。

个别交流，打消疑虑

中午休息时，我约小强谈心。我拿出这封信，还没说话，他的脸"刷"地一下红了。小强不好意思地说："老师，我写这封信没有别的意思……"我笑着说："你写得很有道理，其他同学也和我提过这个问题。"听罢，他的不安神情慢慢褪去。我又说："其实，我很欣赏你。你敢于反映问题，冷静思考，主动沟通，很值得同学们学习！"听了我的赞美，他的脸上浮现出笑容。

我追问道："你为什么不把这封提议书直接交给物理老师呢？"他立即回答："其实我昨天写好后，也觉得有些话不太合适，担心物理老师看了会不高兴，但自己又不懂得怎么表达。为保险起见，还是先请您过目。"

"你考虑得很周到。想法再好，也要注意表达，让老师容易接受，这才是我们沟通的目的。在班会课上，我们大家一起把这封信修改完善，再和物理老师交流，如何？"我顺势向他提出这个建议。他点了点头，眼里满是期待。

集思广益，达成共识

班会课上，我先向全班介绍了高一各门学科的新内容和难度的变化，让大家有心理准备，从而缓解焦虑情绪。然后，我趁势拿出提议书，说明事情的来龙去脉，并请大家一起来看看，哪些建议是合情合理的，哪些地方还需要修改，以避免老师对同学们产生误解。一时间，教室里热闹起来。

性格开朗的小王说："我觉得公式推导确实可以讲慢点，否则稍不留神，黑板上就都是'天书'了!"他幽默的话语引来阵阵笑声。

"作业不能少讲!错得多的题目不讲清楚,岂不是下次还要错?"学习认真的小赵反问道。听了她的话,大家陷入沉思。

"有些同学反应快,可我真的跟不上啊!"小李一脸苦恼地说。听他这么一说,不少同学都默默点头。

经过一番探讨,同学们逐渐认识到:高中学科的知识容量大,老师教学节奏快,处于学习新阶段,一下子难以适应很正常,重要的是改变学习习惯,找到科学的学习方法;此外,在与老师沟通时,要注重表达规范,语言礼貌得体。

班会结束,全班最终达成共识,这封提议书则以崭新的面貌呈现在大家面前。小强的脸上也带着笑意,显然,他的想法得到了尊重与支持。

师生沟通,消除隔阂

第二天,小强和几位班委干部在我的带领下,与教物理的张老师面对面交流。我向学生投去鼓励的眼神,他们逐渐敞开心扉,谈了自己的想法,并递上提议书。看完提议书,张老师紧锁的眉头舒展开来,脸上露出欣慰的笑容,说:"我接纳你们的建议!上课时我会稍稍放慢节奏,关注全体同学。至于课上没听懂的问题,我会建线上答疑群,为大家答疑解惑。有不懂的尽管问我。"听了张老师的话,同学们如释重负,眼里满是欣喜。

在这之后,我常常看到下课后还有学生意犹未尽,为一道物理题争论不休;或者三三两两围在张老师身旁,询问课上没听懂的题目。过了一段时间,当我再询问张老师物理课上的情况时,他笑着说:"你们班级课堂氛围不错,大家注意力集中,事事有回应,课堂互动积极。"小强也在周记中写道:"虽然有时候我还是听不太懂,但我对未来的学习是有信心的!"

在这场"物理"危机中,我以自己的真诚赢得了学生的信任。通过个别谈话和集体教育相结合,搭起了师生沟通的桥梁。这让我感悟到,师生怎么相处是一门艺术。教师有效地和学生沟通,可促使师生共同成长。这对教师而言，可以不断打磨自己的班级管理能力；对学生来说，也可学到人际相处的技巧，促进社会适应能力的培养。师生的沟通，也要强调创造"双赢"的结果，而教师可以通过平等、尊重地对待学生，牵引着学生共同进步。

"如果学生不愿意把自己的欢乐和痛苦告诉老师，不愿意与老师开诚相见，那么谈论任何教育总归都是可笑的。"苏霍姆林斯基的话总能给人以启迪。面对未来，我会不断磨炼自己的沟通技巧，在与学生的真诚交往中，倾听他们的心声，帮助他们更好地成长。

（作者：上海市青浦高级中学　尹梓凡）

评析

在育人故事中，班主任的育人理念和教育方法是与成败得失密切相关的两大关键性概念，新班主任尤其要深入理解。这则育人故事，围绕着"师生沟通"问题逐层展开，看似波澜不惊，实则也有玄机蕴含其中。面对高一学生对任课教师的教学质疑和建议中的犀利话语，作为班主任的"我"没有采取"一棍子打死"的做法，或者是息事宁人的简单化处理，而是将个别谈话与集体教育结合起来，在师生、生生之间架起沟通的桥梁，从多个维度思考问题，运用教育机智解决问题。这个故事启发众多新班主任，面对突发状况，如何化解可能发生的冲突，自己需要冷静思考，也可以适时向有经验的教师请教，在尊重、鼓励学生的基础上，与学生真诚沟通。作为教师，还要学会将解决问题的过程转化为教育契机，由此牵引学生共同进步。

第 二 编

主题教育
——上好主题班会课

专业指导

让主题班会焕发活力与魅力

一、问题的提出

班主任在工作中经常会遇到诸多困惑,如:如何改变学生的不良行为习惯?如何疏导学生的心理问题?怎样开展思想政治教育才有效?怎么化解各种社会信息对学生的冲击?这些问题的解决,单靠耐心说教基本无济于事,甚至适得其反;即使采用鼓励、表扬的方法引导学生,很多时候也并不见效;而全凭微笑和眼神,更不可能产生奇迹。班主任要思考的,是如何使主题教育不流于形式,使教育内容化为学生自身的发展需求,使学生面对纷繁的现实社会时拥有正确的是非判断和行为选择能力。

德育是在思想、政治、道德和心理健康等方面对学生进行教育,班会课是重要的教育途径。长期以来,中小学班主任利用班会课进行主题教育取得了一定的效果,但以往的主题班会也明显存在着缺陷,即育德方式与学生道德学习方式还不能很好地结合。主题班会要发挥德育功效,就需以渊博的知识,丰富多彩、引人入胜的形式,展现新的魅力,以激发学生的内在热情。这样的班会课,才能走进、震撼学生的心灵,给人以鼓舞,给人以力量,给人以希望,给人以启迪。

人类的道德学习可分为道德事实知识的学习、道德规范的学习,以及价值、信念的学习三种形式。前一种属于认知性学习,后两种基本上是情感体验性学习。认知性学习十分重要,不可或缺,但情感体验性学习同样不可或缺，在某种意义上甚至更为重要。中小学班主任对学生进行道德教育，重点是道德规范、价值和信念的教育，而以往主题班会缺乏的正是与学生后两种道德学习相匹配的体验式学习。

为凸显以"体验"为核心的主题教育方式，班会课应尽可能地创设情境，让学生在亲身体验中获得感悟，提高认识，丰富或调整原有的认知结构，探求具体情境下的最佳行为方式，并内化为良好的品质、高尚的情操和健康的人格。

二、概念解读

关于主题班会的内涵，北京教育学院教授迟希新在《有效主题班会八讲》中界定为：在班主任的主导下，全体学生共同参与的、为解决班级或学生成长中存在的教育问题，围绕某个主题而实施的教育活动。

一般来说，主题班会既是"课"，也是"活动"。它具备"课"的特点，"活动性"是它的主色调。作为"课"，它必须遵循教学规则，具备一堂课的基本构件，如导入、学习、练习、反馈、小结、布置作业等。在课上，班主任要充分尊重学生的主体地位，发挥自身的主导作用。作为"活动"，班主任在实施时要充分调动学生的参与性，但又不能使之变成一种课堂表演。

活动与学科是两种并列的课程类型，德育课程在学科课程上有道德与法治、思想政治等，在活动课程上有晨会、班会、团队活动、社会实践等。主题班会是班会的一种类型，其目的是对学生进行思想品德教育，因此既是活动课程，又是思政课。

体验式学习，是指学生作为学习主体，亲自参与或置身某种情境或场合，以多种感官为媒介，用全部的心智去感受、关注、欣赏、评价某一事件、某个人物以及人物的思想和情感等心理元素，由此获得某种知识、技能、情感，或加深对原有知识、技能、情感的认知，进而形成自己的价值观。

凸显体验式学习的主题班会课，是围绕某一教育主题，以"情景展示（或模拟）、设疑提问、交流讨论、问题解决、经验提炼、迁移训练"等策略，组织集体教育活动，情境化地对学生进行思想道德教育，通过唤起学生相应的情感体验，促进其思想道德发展。它以学生形成道德自觉为目标，以体验为学习方式，在教育过程中达到认知学习和情感体验的有机结合，激情与明理、导行的相互促进，最终目的是让学生在学习中领悟做人道理，选择正确的行为方式，实现自我教育。

三、理论依据

1. 建构主义理论

建构主义理论认为，学习活动不是由教师向学生传递知识，而是学生根据外在信息，通过自己的背景知识建构个人知识的过程。学习并不是信息在量上的简单积累，它同时包含由于新旧经验的冲突而引发的观念转变和知识重构。由于每个学习者先前经验的独特性及学习情感的特殊性，所以他们对事物意义的建构是不同的。因此，教学要尊重个体的独特体验。

2. 体验德育论

从学习理论来看，80%的知识是从亲自参与得来的，只有亲身经历过的学习所得，才能真正被掌握并内化。道德教育的目的，在于使学生在实践中不断改善自己的道德生活，形成一种良好的道德行为习惯。凸显体验式学习的主题班会课，就是让学生在体验活动中获得知识经验，同时也在情感上得到愉悦感受，从而促进学生在知识、技能、情感、态度及价值观等方面和谐发展。

3. 现代教学论

现代教学论认为，教学活动中要确认与重视学生的主体地位，教师的作用归根到底是为了激发、引导和提高学生的主体性，促使学生运用视觉、听觉、触觉等多种感官协同参与教学过程。凸显学生主体性的主题班会课，旨在改变传统的以教师说教为主的单向教育模式，引导学生在自主、合作、探究的学习过程中感知、操作和思考，从而乐于学习、学会学习。

4. 生活德育论

生活是道德生成的沃土，德育理论也源于生活。生活德育论强调教育与生活的连接——教育活动既要关注学生的未来生活，也要关心学生的现实生活，强调教、学、做三合一。凸显体验式学习的主题班会课，要紧密联系学生的生活，从生活出发，以生活为中心，以挖掘生活中的教育素材为内容，使教育更贴近学生、贴近实际、贴近生活。

5. 杜威的"做中学"理论

杜威认为，"从做中学"也就是"从活动中学""从经验中学"，它使得学校里的知识获得与生活过程中的活动联系了起来。凸显体验式学习的主题班会课，就是引导学生从那些有教育意义的、真正有兴趣的活动中进行学习，以此促进学生健康成长。

四、基本环节与关键要素

1. 四个基本环节

- 创设情境，激发体验

教学活动都是在一定情境中发生的。教师要创设真实的生活情境，使学生身临其境，由此产生共鸣，激发求知欲望、学习兴趣和学习热情。

创设的情境应符合以下条件：一是联系学生实际经验；二是能激发学生学习动机和兴趣；三是具有体现班会主题的教育价值；四是能引发学生体验、思考和探究。

教师应根据特定的主题和学生实际，恰当运用多种形式和策略创设情境。如利用多媒体选择切合主题的音像、图片、文字材料，让学生仿佛亲临现场，激起了解事件原委的兴趣，引发情感共鸣。也可以通过游戏、角色扮演等活动，让学生进入角色，换位体验。还可引导学生将教育内容中的知识和脑海中已有的道德表象联系起来，产生移情体验，进一步把握知识和领悟道理，使"理"通过"情"进入学生的心灵。

• 互动对话，诱导体验

面对同一教育情境，因各人的经历不同，感悟也不同，由此形成丰富的教育资源。班会课可结合创设的情境，从生活逻辑出发，设计对学生情感体验具有导向性的问题，创建多样化的对话平台，引导学生在平等、和谐、宽松、愉快的氛围中畅所欲言。互动中，要允许学生争辩，对疑难问题各抒己见，大胆质疑，勇于求异，毫无保留地暴露自己的思维过程，不去追究谁对谁错。

这样的学习活动，可以先分小组进行，交流各自的见解，然后再将发言范围扩大到全班。班主任可以诱导学生通过对以往生活经验的反思，将体验中积聚的情感与矛盾表达出来，使学生在充分的交流互动中，分享多元化的观点，产生思想碰撞，进行分析、判断与选择。

• 价值澄清，升华体验

体验式学习旨在让学生激活健康的情感，形成正确看待问题的态度。在宽松、自由的环境中，学生的价值认知会出现多样化取向，且有不可预测性和随机性。这要求班主任根据活动过程中生成的问题及时进行价值判断和引导，但不能简单地贴上"对"或"错"的标签。对角色扮演引发的讨论，则可用"如果是我……因为我认为……"的句式表明自己的态度。此外，班主任还可以采用质疑、设身处地、因果分析、价值辨析等方式或策略，引导学生全面深入地思考问题，升华体验，将价值取向提到社会倡导所指，从而达到澄清观念、提高认识、改变行为、促进人格健康发展的目的。

这个过程，班主任本身首先需有一个"价值判断样本"，才能有效引导学生对有关价值判断进行深层次思考。

• 行为反思，实践体验

学生通过以上活动在自身经验基础上形成新的认知，而这些认知要想转化成行动，内化为品质，还有待课内活动向课外延伸。为实现知、情、意、行的统一，教师必须让学生将课堂上学到的理论知识带到现实生活中，去分析问题，解决问题，这就是实践体验。对此，班主任可及时向学生提供现实场景，让他们在针对性操练中对行为进行自我检验、自我评价、自觉反思、自主发展。可以在课堂上创设合适的情境，让学生学习解决其中的一些问题，达到在情境中学、在情境中提高能力的目的。

这一过程中，班主任可根据主题内容和实际需要，布置一定的实践作业，强化学生的动手操作体验，培养学生良好的行为习惯。如进行社会调查，在调查中发现问题、解决问题。

2. 五个关键要素

- 设计视角：从现实问题出发

班主任要基于背景材料，把握问题的本质和设计思路，关键在于弄清材料中蕴含的问题元素，由此出发构思教育主题。设计要依据教育部颁布的《中小学德育工作指南》等文件精神，抓住教育热点话题以及班级中的实际问题，根据教育学、心理学理论，确立一个教育理念鲜明、富有创意的主题。主题的切入口要小，能抓住问题解决的关键，力求通过以点带面，达到教育的目的。

- 目标确立：从生命关怀着眼

教育目标对教育活动起着导向作用和聚焦作用，目标的制定要具体可行。主题教育目标的确立还要紧扣各个年级的德育要求，从学生发展出发，从生命关怀着眼，结合时代发展要求。具体设计时，可分为认知目标、情感目标、行为目标三个层面，据此推进知、情、意、行的统一。

- 内容选择：从学生困惑着手

教育素材应是学生真实的经历或了解到的现实生活。它的来源有两种：一是直接来源，即学生生活中发生的事件；二是间接来源，即课本中或社会上的典型事件。

以学生真实的生活经历为教育素材，如面对学习压力，可以开展学生学习现状调查；如解决班级中的人际矛盾，可以选取典型事例，让学生进入角色，平等参与，积极发表自己的见解。以社会典型事件的剖析为教育素材，如围绕交通安全，由闯红灯案例引发遵守公共秩序的讨论。

源于生活的教育素材需要班主任按主题要求，将其加工为真实可感的、个性化特征突出的教育内容。如果真实事件涉及学生个人，还需要进行一定的技术处理。

- 活动安排：从丰富新颖着力

主题班会课的活动形式设计要考虑三个方面：一是形式为内容服务，二是符合学生年龄特点，三是能吸引学生。如师生对话，话题要实一点，不宜太宏大，注意话题的递进性。如小组讨论，形式要多样，可以是同桌两人，也可以前后四人一组（并明确谁是组长）。如情境思辨，可用情境题、图片、录像等引发学生思考、辩论。具体实施形式，有玩游戏、表演情景短剧、观摩电视短片、角色扮演、讲故事等。为提高活动效益，还可以邀请其他老师或别班同学，以及社会人员（如警察、医生等）。

- 结构优化：向后续教育拓展

一是导入设计要给人新鲜感，活动开头可采用视频、表演、谜语等方式导入。无论是哪种形式，开头不应太生硬，要有新颖性，给人眼前一亮的感觉。

二是要把握矛盾冲突，从感知、感悟到行动，层层递进有坡度。问题要少而精，有思考价值，能提供多层次选择，引发矛盾冲突，导致争论。

三是过程要有高潮呈现，注重集体互动，寓感悟于亲身体验之中。一节主题班会课可以有一两个活动高潮，以激发学生的投入热情，产生最佳教育效果。

四是班主任要适时巧妙地点拨引导，注意控制活动气氛，顺势而为，把一种教育情境转化为一次教育机会，促使师生、生生开展心灵互动。

五是后续有拓展，活动的结尾可巧妙点题，给人以心领神会之感；或提出意想不到的问题，让人去沉思；或留下耐人回味的意境，巩固教育效果。

五、主题班会课的成功要点

一节成功的主题班会课，要体现以下五点。

一是主题要"准一点"，即根据学生年龄特点拟定主题。一个定位准确、针对性强的主题，就像吹响的号角能激发学生的投入热情，振奋学生情绪，达到预期的教育目的。

二是题目要"小一点"，避免带来空洞、笼统、泛化的弊病；又要小中见大，让人见微知著，有利于学生理解、接受和参与。

三是内容要"近一点"，即教育内容要贴近学生生活、学习状况，关注学生身心特点，富于针对性，特别要着眼于解决学生遇到的现实问题。

四是构思要"巧一点"，指活动的形式要新颖、多样、有创意，能激发学生兴趣，将枯燥的说教变成学生的亲身体验。必要时，可采用现代技术教育手段、带学生去德育基地。

五是参与者要"多一点"，即尽可能让所有学生在活动的组织、实施过程中都有事可做、有责可负，以此自我教育，也可以请专家、家长参与活动。

总之，一节班会课虽然不可能解决学生的所有思想问题，但一节好的班会课就像一条小路，曲径通幽，走入学生的心灵深处。作为班主任，我们不要把自己放在道德高地上，而要更多地与学生一起融情共行、协同成长。一次好的主题班会，要把教育观念渗透到学生会体验、能操作、可反思、有长进的实践层面，将抽象空洞的道德教化变成与学生生活密切相关的实例，让德育从灌输变成润物无声的感知、体验与启迪过程。

本编汇总了11名班主任设计的主题班会，每篇涉及主题确立、内容选择、实施环节、后续拓展等，整体结构有条不紊，呈现循序渐进的逻辑框架。主题教育目标聚焦学生的认知、情感、行为三个维度，班会内容从学生实际生活出发，从班级实际问题着眼，扎根学生的心灵深处，结构合理，表达有层次，促使学生产生共鸣，引发道德体悟。这些经验是班主任实践性智慧的充分体现，值得同行学习借鉴。每一节班会课的评析，更有助于读者加深对主题教育的理解。当然，主题班会作为一种教育形式，在主题解读、学情分析、教育方法的科学性、针对性、创新性方面还有进一步提高的需要与可能，这样才能使其焕发出更大的活力与魅力。

参考文献：

1. 林思宁.体验式学习［M］.北京：北京大学出版社，2006.
2. 刘惊铎.道德体验论［M］.北京：人民教育出版社，2003.
3. 冯静.中学德育主题活动课的设计与实施［D］.南京：南京师范大学，2007.
4. 张志.德育主题活动课的内涵及操作流程［J］.班主任，2007（11）.

（注：本文系 2016 年上海市中小学德育研究协会课题"基于体验式学习：初中德育体验式主题教育课的实践与研究"的主要成果。）

案例及解析

小巧手"慧"叠衣
——一年级"劳动教育"主题班会

一、背景分析

1. 主题解析

近年来,劳动教育越来越受到重视。2018年全国教育大会上,习近平总书记要求把劳动教育纳入培养社会主义建设者和接班人的总体要求之中,明确提出构建德智体美劳全面培养的教育体系。2020年3月20日,中共中央、国务院印发的《关于全面加强新时代大中小学劳动教育的意见》中,明确劳动教育是中国特色社会主义教育制度的重要内容,要加强劳动教育,把劳动教育纳入人才培养全过程,促进学生形成正确的世界观、人生观、价值观。自理能力是孩子成长中非常重要的内容,有助于提高孩子的自主性、独立性,从小培养孩子良好的劳动能力是学校和家长的责任与义务。

2. 学情分析

现在的大部分学生,从小就是家里的"小皇帝""小公主",过着衣来伸手、饭来张口的日子,劳动意识和劳动能力比较薄弱。特别近期天气有了变化,每天都要穿脱外套,他们回家后,脱下来的衣服就随手一扔,爸爸妈妈或爷爷奶奶得帮他们折叠好或者挂起来。在学校,有的学生会把衣服叠一下塞进书包,大部分学生则随手把衣服放在椅背上。于是,我们经常可见衣服掉在地上，或者被甩到后面同学的桌子上。这些学生没有"自己的事情自己做"的意识，动手能力也较弱，学习上、生活上存在着严重的依赖思想。鉴于此，本节班会课的主题就聚焦于劳动教育，首先从教学生叠衣服着手，并要求家长也放手让孩子自己做，以培养学生的自理能力，并养成他们"自己的事情自己做"的习惯和意识。

二、班会目标

1. 认知目标

懂得劳动技能是需要多多练习才能掌握的道理。

2. 情感目标

激发自己料理生活的兴趣，树立"自己的事情自己做"的自主意识，培养热爱劳动的情感，体验劳动的乐趣，感受劳动的价值。

3. 行为目标

学会叠外套的方法，在"自己的事情自己做"的过程中，提高生活自理能力。

三、班会准备

1. 教师

收集图片、视频等资料，制作多媒体课件。

2. 学生

观察长辈叠衣服的方法，试着学一学。

四、班会过程

1. 说一说，揭主题

（1）课堂微调查：了解学生叠衣服技能的掌握情况。

教师： 同学们，我想知道你们爱不爱劳动，在家里能不能帮爸爸妈妈或爷爷奶奶做家务。现在我要做一个小调查（出示各类衣服的图片），这些衣服你们会叠吗？会叠的同学请举手。（呈现PPT：你会叠衣服吗？）

预设： ①（大部分人举手）同学们都会叠衣服，看来你们都有一双小巧手呀！②（少数人举手）看来还有很多同学不会，不过这不要紧，我相信你们的小巧手能很快学会的。

（2）听听"大头儿子"的烦恼，请大家帮助他寻找原因。

教师： 我们的好朋友"大头儿子"也想用自己的小巧手做事，可是他遇到了一些麻烦，让我们一起来听一听他怎么说。

播放音频（"大头儿子"的烦恼）： 这个月的劳动任务是每天把自己的小衣物叠好，可是妈妈不让我叠衣服，我该怎么办？

教师： 同学们，你们想一想"大头儿子"的妈妈为什么不让他叠衣服呢？

预设： 他不会叠，他叠得很乱……

教师： "大头儿子"叠得乱、叠得慢，可能是因为他没有学会叠衣服的方法，那你们觉得"大头儿子"现在该先做什么？

预设： 先学会怎么叠衣服。（揭示主题。）

播放音频（"大头儿子"的烦恼）： 谢谢我的朋友，我现在就去学了！

教师： 同学们，大家想不想也和"大头儿子"一起来学一学？今天我们就用自己的小巧手来叠一叠衣服。（板贴：会叠衣。）

设计意图 班会伊始，通过课堂小调查，教师了解学生劳动技能的掌握情况，以活跃课堂气氛。再引入卡通人物"大头儿子"，以帮助他解决烦恼，开启学生劳动技能的学习之旅，既能激发学生的学习积极性，又符合一年级学生的学习特点。

2. 学一学，练技能

教师：同学们，一年四季气温不同，人们穿的衣服就有厚有薄；有的时候，场合不同，人们穿的衣服也会不同；家里存放衣服的容器也不同，如大衣柜、抽屉等，所以衣服的叠法多种多样。我们先来看一看有哪些叠法。

（1）播放叠衣服视频。

教师：谁来说一说，我们从视频中看到了哪些方法？

追问：你最感兴趣的是哪一种方法？

教师：看来，大多数同学对"蛋卷法"比较感兴趣，那么今天我们就来学习这种方法。（呈示PPT：蛋卷法。）

（2）教师现场演示"蛋卷法"。

教师：现在，我就用你们的校服外套来教大家怎么叠衣服，小眼睛要看清楚哦！

（3）梳理归纳"蛋卷法"的操作步骤。

教师：我发现同学们看得很仔细，有的眼睛都没有眨一眨，那我现在要考考大家，"蛋卷法"的第一步是做什么？（用PPT呈现定格的示范图片，板书操作步骤。）

（4）学生练习用"蛋卷法"叠校服外套，家长在旁指导（家长参与的课堂）。（播放音乐。）

教师：现在同学们自己动手练习一下怎么叠衣服。

（5）学生交流感受。

教师：大部分同学已经把衣服叠好放在桌上了，你们的动手能力真强。现在我想采访几位同学。（随机抽三名。）

①你是一个人用"蛋卷法"叠好外套的吗？

②在叠外套的过程中，你有没有遇到困难，又是怎么解决的？

③刚才叠外套的时候，你得到了家长的帮助，现在学会了吗？

（6）家长交流感受。

教师： 刚才同学们叠衣服的时候，有些学生的爸爸妈妈也没闲着，现在我也来采访他们。

采访家长： 您看着孩子叠衣服，心里有什么想法？

教师（小结）： 看得出，爸爸妈妈对孩子的爱护是无微不至的。有爸爸妈妈的帮助，同学们顺利地完成了叠衣服的任务。

设计意图 叠衣服的方法有很多，一节课时间有限，所以这一环节采用交流讨论的形式，让学生先整体了解，再选择一种感兴趣的方法学习，通过自己动手，在实践中学会叠衣服的技能。

3. 辩一辩，明道理

教师： 同学们，你们希望爸爸妈妈帮自己做事吗？你们想不想知道"大头儿子"学得怎么样了？

（1）再听"大头儿子"的烦恼，了解"围裙妈妈"的想法。

音频（"大头儿子"）： 小朋友们，听了你们的建议，我也学会了叠衣服，可是妈妈还是不让我自己叠，这是为什么呢？

教师： 为什么？我们来听听"围裙妈妈"是怎么说的。

音频（"围裙妈妈"）： 儿子每次叠衣服，动作慢，还叠得不好，他叠好后我还得再叠一次，耽误了做饭的时间。

教师： 如果你的妈妈也像"围裙妈妈"一样，你会怎么办？

教师（小结）： 同学们，作为爱劳动的好孩子，我们要坚持自己的事情自己做。（板贴：自己的事情自己做。）如果遇到不会做的事，就要学着做，不能逃避和偷懒。

（2）继续听"大头儿子"和"围裙妈妈"的新说法。

教师： 听了同学们的话，"围裙妈妈"也改变了自己的想法。

音频（"围裙妈妈"）： 看来，我太心急了，以后我会给儿子多一些机会，让他多多练习。

音频（"大头儿子"）： 我的好朋友们，谢谢你们帮我争取到了练习的机会，我现在就去练习叠衣服了！

教师： 那同学们也和"大头儿子"一样，再练习一遍吧。

（3）学生第二遍练习用"蛋卷法"叠校服外套。

（4）再次采访家长：现在看孩子们叠衣服，感觉怎么样？

教师（小结）： 有时候，孩子也希望父母陪伴他们一起做一件事，不希望父母代劳，所以，在生活中，家长要懂得放手，给孩子自我锻炼的机会；同时，要相信孩子，让孩子自己的事自己做，这样他们才会成长。

设计意图 这个环节主要是通过解决"大头儿子"的烦恼，让学生树立"自己的事情要坚持自己做"的意识。同时，也让家长听到孩子的心声，从而转变观念，适时放手，给孩子锻炼的机会，对孩子多一点耐心和信心，让孩子在成长过程中做力所能及的事。

4. 赛一赛，评巧手

教师： 爸爸妈妈夸奖你们是聪明的孩子，我也觉得同学们叠衣服的速度变快了，动作也熟练了。看来，小手是要多练习才会变巧呀！现在，大家来赛一赛，看看谁能在一分钟内把衣服叠得既快又好。同学们有信心吗？

（1）一分钟比赛叠衣服，家长做裁判。

教师： 下面请每一组的家长做裁判，各组选出一名叠衣小巧手。（板贴：叠衣小巧手。）

学生比赛叠衣服，家长做裁判，PPT 呈现一分钟倒计时。

（2）家长点评，各组评出一名叠衣小巧手。

教师： 时间到，现在请家长宣布比赛结果，请每一组的叠衣小巧手上台领奖。（PPT 播放音乐。）

教师（小结）： 这次班会活动，本着"大人放手、孩子动手"的原则，让学生学做一些力所能及的事。对家长来说，可以通过自己的示范，让孩子从身边的小事做起，由易到难，教给孩子一些自我服务的技能，如叠衣服、穿衣服、整理床铺等。这些看上去的小事，却给孩子提供了很好的锻炼机会，无形中培养了他们独立生活的能力。最后，让我们一起向获奖的小巧手鼓掌祝贺。

设计意图 这个环节通过比赛再次巩固叠衣方法，由此激发学生的叠衣兴趣，体验成就感。在任务完成后，教师和父母可以给予适当的赞赏，以此增强学生的自信心。

5. 后续拓展

教师： 今天，我们学会了用"蛋卷法"叠外套，以后，大家都可以用这样的方法叠自己脱下来的衣服，来保持教室环境的整洁。当然，生活中有许多不同类型的衣服，那就要学更多的方法。此外，还要学会整理，如睡觉前自己准备好第二天要穿的衣服，在父母的指导下整理自己的衣柜等。同学们，你们愿意接受挑战吗？

设计意图 学生在这节班会课上学会了叠衣物的方法，也懂得了这样做的意义。为了巩固教育效果，我将活动延伸到家庭中，由家长根据孩子的特点，让他从生活中的一点一滴做起，强化"自己的事情自己做"的意识，逐步养成爱劳动的习惯。

五、班会反思

这节主题班会课，旨在依据小学低段学生的实际情况，通过看视频学技能、动动手练技能、赛一赛展技能三大板块，由浅入深，层层递进，教学生叠衣方法和技巧，培养学生正确的劳动价值观和良好的劳动品质。

1. 创设情境，激发学生兴趣，树立正确的劳动观念

课堂上创设的"大头儿子"学习叠衣服的生动情境，激发了学生的兴趣。整个过程将"'大头儿子'的烦恼"贯穿其中，一步一步引导学生树立"自己的事情自己做，不会的事情学着做"的劳动观念。

2. 教授劳动方法，使学生学会劳动

衣服因样式不同、衣料不同，折叠的方法也不一样。为了保证35分钟

的课堂教学效果,这节课就聚焦用"蛋卷法"来叠校服。在教授"蛋卷法"的每个步骤时,引导学生看、说、练分步进行,由此帮助学生在活动中掌握叠衣服的技能,使这节班会课的各项目标得以真正落实。

课上还邀请了部分家长参与。他们不仅在课堂上帮助教师一起指导孩子练习,自己也掌握了正确指导孩子做家务的方法策略,从而树立起"相信孩子,放手培养"的教育理念。

3. 多元评价,巩固教学效果,让学生自觉劳动

这节课的各个环节,不仅有教师的鼓励性评价,还有学生自评和家长评价,由此不断促进学生叠衣技能的学习。班会课的最后环节还设计了叠衣比赛,使学生的积极性高涨。

(作者:上海市青浦区御澜湾学校 沈 程)

评析

主题突出劳动教育,导向鲜明;依托一项生活技能的培养,强化小学生的动手能力,立意明确。班会过程规范,层次清晰,操作有条不紊;通过"说、学、辩、赛"四个环节的阶梯式有序推进,顺利地达成教学目标。将叠衣服作为劳动教育的抓手,有创意,体现小处着眼、以小见大的设计理念;以对话引发学生思考与讨论,体现寓教于乐的育人观念,这种教育形式容易被一年级学生接受。让家长参与班会课,可使他们近距离感受孩子在校学习情况,感受参与孩子活动的乐趣,理解家校协同教育的必要性。不过,课前调查可以做得再充分些,如了解学生在家穿衣方面的生活习惯;班主任的主导语言也可进一步提炼,让学生关注家务劳动的价值,让家长体验陪伴孩子劳动的意义;题目中的"慧"字,或可不必。

勤劳小手，爱上整理

——一年级"劳动教育"主题班会

一、背景分析

1. 主题解析

按照新课标要求，从 2022 学年起，劳动课正式成为中小学的一门独立课程。对我校而言，劳动教育并不陌生。近年来，校园开心农场、厨艺风采展示、传统手工艺制作……形式多样的劳动教育已进入学生的校园生活。需要注意的是，劳动教育还应得到家庭的配合。家长更需要转变观念，重视劳动与生活技能对未成年人成长的价值，让劳动融入日常生活，让孩子在学校学，能回家做。因此，家长应放手让孩子去做力所能及的家务劳动。

2. 学情分析

现在的独生子女家庭，孩子被全家上下围着转，各方面的事务都被家长包办，大多数孩子是饭来张口、衣来伸手，生活在"坐享其成"的关爱中。尤其是一年级学生，刚进小学，处于身份转变的过渡期，因家长溺爱出现生活技能薄弱、自理能力和自主性欠缺等问题，像整理书桌、整理书包等看似毫不起眼的事，对他们来说也很困难。针对本班学生存在的不会整理、不愿意整理、整理得慢、父母代替整理等问题，结合一年级学生的身心特点，我设计了系列主题班会课，教育目标聚焦"学会整理""爱上整理"，计划通过一系列活动引导学生学会整理的方法，清楚自主整理的重要性，提升生活自理、生活用品整理的能力，养成良好的生活习惯。

二、班会目标

1. **认知目标**

   了解整理书包的意义，知道整理书包的原则，掌握基本方法，明白自己的事情自己做。

2. **情感目标**

   感受书包整理好能给学习和生活带来便利，激发学生主动整理书包的意愿并养成良好的学习和生活习惯。

3. **行为目标**

   学习有条理地整理物品的方法，基于分类整理的原则整理书包，养成定期整理的习惯。

三、班会准备

教师录制"小达人"整理视频；准备情景对话音频及道具；设计评价单，制作 PPT。

四、班会过程

1. **唱唱儿歌，导入主题**

   播放儿歌：《我有一双勤劳的手》。
   教师：今天同学们精神真饱满，已经做好上新课的准备了吧！

设计意图 用一首儿歌激发学生的学习兴趣，为获取新知做好准备。

2. 视频回顾，赞赏整理书桌小达人

教师： 同学们，上星期大家在老师的指导下，在爸爸妈妈的帮助下，学习了整理书桌的技能，又在劳动打卡中评出了一位整理书桌小达人。今天，他带来了自己整理书桌的小口诀，向大家展示，请同学们仔细观看。

播放小视频： 整理书桌小达人展示技巧。

教师： 同学们，大家看，桌面的变化大不大？它的变化大在哪里呢？

教师（小结）： 我们一（4）班的同学用自己勤劳的小手把桌面整理得干干净净。特别了不起的是，大家已经爱上了整理。（出示课题：勤劳小手，爱上整理）现在大家跟着我齐读一遍——勤劳小手，爱上整理。

设计意图 教师展示了班里一名学生整理书桌的视频，这既巩固了前一阶段训练的整理书桌的技能，又由此激励全班学生在家里也要勤于整理自己的书桌。视频体现了整理前后书桌的变化之大，让学生明白坚持日常整理的重要性。

3. 情景问题，分析小书包烦恼的原因

教师： 大家瞧（呈示图片：整洁的桌面），小明同学也在学习整理。你们看他的书桌整理得多干净、多整洁呀，可是（呈示图片：书包摆放于椅子上），大家再来仔细瞧瞧，发现了什么呀？

（1）以图片形式呈现四个问题。

图片1：小明房间的书桌整洁，但书包很乱。

图片2：做完作业后，小明光顾着自己看电视，妈妈在帮他整理书包。

图片3：小明放学回家，把东西乱塞，不会好好整理。

图片4：小明又找不到数学书了。

（2）讨论：小书包为什么会出现这样的烦恼？

教师： 同学们，你们的小书包有没有这样的烦恼？我看到有人点头了。小书包有这样的烦恼，是什么原因造成的呢？

教师（追问）：为什么小明一直不会整理书包？经常出现找不到东西、丢三落四的问题？

教师（小结）：小明妈妈一直帮孩子整理书包，所以他就没机会学习整理书包的本领，才会经常找不到东西。

设计意图　在"小书包的烦恼"这一部分，以图片形式呈现小明因为不会整理书包而经常找不到自己要的东西，又以学生参与的情景表演形式展现了小书包的烦恼，形象地揭示了不好好整理书包会带来很多烦恼。

4. 直面两难，小明究竟应听谁的话

（1）播放音频：小明与妈妈的对话。

回家后，小明把老师说的那些话告诉了妈妈。小明说："老师要求我们自己整理书包，从今天开始，我要自己整理。"妈妈说："孩子，你现在还小，不会整理，自己放的东西找不到，又浪费时间，还是让妈妈来整理吧。"

（2）讨论：小明究竟应听谁的话，为什么？

教师（小结）：同学们都有一双勤劳的小手，自己的事情自己做，要锻炼自己的能力。小明把东西往书包里一塞，这不叫整理，只有掌握了整理的方法，东西才能理得又快又好。

设计意图　在"小明的烦恼"这部分，我设计了学生讨论"究竟应听谁的话"这一环节，预设学生的想法可能不尽相同，因而让大家在讨论中进行思维碰撞。

5. 学做整理，体验整理书包方法多

教师：今天，我请来了大耳朵图图，大家一起看看他是怎么整理书包的。

（1）播放视频：大耳朵图图整理书包的方法。

教师：图图把书包整理得怎么样？现在请大家小组讨论，图图用了什么好办法。（出示四张图，展示图图整理方法。）

（2）学生讨论并交流。

预设： ①他把水杯和纸巾放在一起。（追问：为什么这样放？）②他把书都放在了一起。（追问：放在哪一格？书包里放的最多的是书本，所以要给它们留个大位置。）③他把绳子和毽子放在一起。（追问：猜猜这样放的理由是什么？）④他把铅笔盒和蜡笔放在一起。（顺应：是呀，这些常用的学习用品，应该给它们一个小房间。）

教师： 大家还有别的小妙招吗？（归纳，生成板书：分类整理。）

（3）课堂体验整理书包的方法。

教师： 同学们，现在大家把自己书包里的东西都拿出来，然后再放进去，用两分钟时间做一次整理书包小练习。

（4）动动小手，整理书包比赛。

教师： 同学们都动作利索地整理了自己的书包。接下来，请同学代表上台比赛，谁愿意？请你来说一说（指向一学生），你是怎么整理自己的小书包的？

教师（小结）： 看得出，你用了分类整理的好方法，这是个好习惯。

（5）为整理书包小达人颁发荣誉证书。

设计意图 这一环节主要引导学生在训练中掌握分类整理书包的技能。通过观看视频，学生学习大耳朵图图整理书包的好方法，再在小组内进行训练。之后教师用评价单引导学生对每一类物品进行有序整理。最后，开展学生喜闻乐见的整理书包比赛，将课堂氛围推向高潮。

6. 后续拓展，日常整理打卡记

教师： 课后，希望同学们坚持进行"定期整理"，并利用日常整理记录单持续记录整理情况。只要天天坚持，一定会养成好习惯。（出示日常整理记录单。）

教师（总结）： 同学们，整理要从小事做起，更要坚持做，养成好习惯。你们都有一双勤劳的小手，我希望你们在学校、在家里都能养成爱整理的好习惯，争做勤劳的好学生、可爱的好孩子！

设计意图　对学生来说，课堂上短短 35 分钟的训练远远不够，所以我设计了"定期整理"这一任务，并以日常整理记录单激励学生养成长期爱整理的好习惯。

五、班会反思

生活中处处要"整理"，背上自己整理的书包走进校园是小学生引以为豪的事，所以整理书包是一年级学生劳动教育的必修课。这节班会课以培养学生热爱劳动的观念为核心，让学生在整理书包的过程中感受自己的成长，体会自己的事情要自己做，并且充分享受劳动带来的成就感。

学会分类整理，是这节班会课上学生需要掌握的一项技能。技能的掌握离不开实操训练，课堂上大耳朵图图整理书包的好方法为学生提供了思路，引导学生在组内练技能、明道理，以培养做事耐心、细心的好习惯。

良好习惯的养成在一节 35 分钟的课上很难实现，后续的跟进练习尤为重要。在这节课最后，教师设计了"定期整理"任务，并以日常整理记录单来激励学生养成好习惯。

（作者：上海市青浦区教师进修学院附属小学　徐澄溢）

> **评析**
>
> 　　这节班会课面对的问题来自学生的真实生活，主题聚集"学会整理"，育人导向明确。针对一年级学生不会、不愿整理或让父母代为整理等现象开展教育，旨在不仅培养学生的生活自理能力，更重要的是增强学生"自己的事情自己做"的自立意识，并由此养成劳动习惯，因而具有时代性。设计的教育内容接地气，教育过程关注学生的内心矛盾，体察家长的心理感受，再以"小明究竟应听谁的话"这一两难问题，引发学生讨论，将劳动教育引向深入；通过看视频学整理、情

景问题大探讨、体验整理小书包活动，寓教于乐。不过，探讨两难问题时可让家长一起参与，使他们认识到只有放手，孩子才能在实践中掌握劳动本领。此外，"整理"的外延还可扩大，从书包到书桌、床铺、小衣柜等，培养学生动手做的好习惯。

小议"说谎"
——四年级"诚信教育"主题班会

一、背景分析

1. 主题解析

党的十八大提出,倡导富强、民主、文明、和谐,倡导自由、平等、公正、法治,倡导爱国、敬业、诚信、友善,积极培育和践行社会主义核心价值观。"爱国、敬业、诚信、友善"是公民基本道德规范,是从个人行为层面对社会主义核心价值观基本理念的凝练。

其中,诚信即诚实守信,是人类社会千百年传承下来的道德传统,也是社会主义道德建设的重点内容,它强调诚实劳动、信守承诺、诚恳待人。诚信是个人立身之本,是国家立业之本,是人类发展之本。审视当今社会,无良商贩以次充好、唯利是图,电信诈骗层出不穷、防不胜防,诚信缺失现象屡屡发生。

2. 学情分析

在不少小学生身上,说谎、欺骗等行为几乎普遍存在,如谎称作业没带、隐瞒考试分数、为逃避责任而编造谎话等。有鉴于此,我根据班级实际情况,设计并实施了一系列诚信教育主题活动。"小议'说谎'"主题班会课是其中一次活动,展现的是本班学生对诚信的认识、实践和思索。

二、班会目标

1. 认知目标

   知道诚信是做人之根本，理解诚信的内涵。

2. 情感目标

   通过各种情景思辨、活动体验，让学生进一步明白恶意的谎言带来的危害，深刻体会诚信的重要性，激发他们向往真善美。

3. 行为目标

   培养学生从小事做起，通过收集各种资料，增强明辨是非的能力，提高行为选择的能力，争做诚实好少年。

三、班会准备

1. 教师

   设计预习单；组织学生进行问卷调查，完成数据统计；整合文字、图片、视频、音频等资源，制作多媒体课件。

2. 学生

   收集、摘抄有关诚信的名言和警句；利用活动课时间到图书馆查找、阅读有关诚信的故事；小记者进行校园微调查，拍摄采访过程并制作视频。

四、班会过程

1. 故事导入,引出主题

(1)播放视频《狼来了》。

教师: 听了这个故事,大家有什么感受?故事中的放羊娃,三番五次地说谎话欺骗别人,结果没有人愿意相信他,最后,他的许多羊被狼咬死了。导致这个结果的原因是他——说谎。(板书:说谎。)

(2)出示"说谎"的定义。

教师: 什么叫说谎,我通过查词典,知道"谎"是指有意说不真实的话,换句话说,就是故意说假话。

(3)补齐课题。

教师: 今天,让我们一起来议一议"说谎"。(板书:小议"说谎"。)

设计意图 《狼来了》的寓言故事之所以深入人心,因为它生动活泼的形式是学生喜闻乐见的。上课伊始,通过引导学生观看《狼来了》的视频,我引出本课的主题:小议"说谎"。学生在和谐的氛围中,能更愉快地展开体验,从而自然地接受良好的诚信教育。

2. 扫一扫:生活中的小镜头

教师: 同学们,让我们一起看看生活中的小镜头吧!

(1)出示四幅漫画。

内容: 骗组长,作业忘家里了;为了玩 iPad,说谎;考试不理想,隐瞒分数;恶作剧,说谎。

教师: 这四幅漫画就是生活的缩影。大家说一说,自己发现了什么?

(2)播放采访视频。

教师: 上面这些事是否真实,大家身边有没有这样的现象?现在我们一起跟随小记者的镜头,到校园里去调查一下。(播放视频《校园里是否存在说谎现象》。）

教师：假如小记者采访你，你会怎么回答？同学们也认为说谎现象是存在的，徐老师不久前对四年级学生进行了一次不记名的问卷调查，共收到300份问卷。

（3）呈现调查数据统计图。

教师：看来，在同学之中，说谎现象是普遍存在的。（板书：说谎现象挺普遍。）

教师：那么，为什么有同学要说谎，是不是说谎有好处？

教师（小结）：通过刚才的交流，大家了解到，有人因为害怕被批评而说谎，有人因为要逃避做事而说谎，有人纯粹是为了搞恶作剧没意识到自己在说谎。看来，大家说谎的理由各不相同。（板书：理由似有千千万。）

设计意图　教师引导学生通过观看四幅漫画、接受小记者采访，以及分析调查数据，在多种情境中反复体验，意识到"说谎"现象的普遍性，学生由此进一步思考现象背后的原因以及可能引起的后果。

3. 议一议：说谎有无害处

教师：说谎这种行为，看起来是一件小事，但是它造成的影响可不一定小。现在，我们把生活的小镜头拉到社会上，看一看那里究竟怎么样。

（1）播放电视新闻报道。

内容：女子通过微信散播谣言，被行政拘留5日。

教师：再来看一段文字报道。（为了方便学生阅读，内容被打在多媒体屏幕上。）

（2）出示报刊文字报道。

内容：15岁"熊孩子"谎称有炸弹，140余名警察连夜疏散上万人。

教师：看了这两个社会事例，大家来说一说，说谎会带来什么样的后果。

教师（小结）：谣言是虚假的，可带来的损失却是实实在在的。因此，无论出于何种心态，散布谣言造成公众恐慌、扰乱社会秩序，都将受到法律的严惩。（板书：散播谣言危害大，切莫随意当儿戏。）

4. 辩一辩：该不该说谎

教师： 大家知道诚信是一个人的为人之道，那么是不是任何时候都不可以说谎？

教师（小结）： 生活中的谎言，可以分为善意的和恶意的。善意的谎言，应恰当地使用，要杜绝的是恶意的谎言。有时，也可以用谎言对付坏人，保护自己。（板书：谎言需分善与恶，明辨是非巧利用。）

设计意图 小学生说谎的原因有很多，有的明知这样说是不对的，有的根本没把它当回事，甚至没有意识到不诚信行为可能会导致严重的后果。学生通过观看两则报道，了解了像散播谣言这类恶意说谎行为在社会上会产生恶劣的影响。在"辩一辩"环节，学生各抒己见，开阔思路，从中了解到有时"说谎"和成为有诚信的人并不矛盾。

5. 考一考：我该怎么做

教师： 讨论到这儿，我想考考大家，假如碰到下面的情况，你会怎么做？（播放视频《我该怎么办》。）

教师： 假如你是屏幕上的小强，你会怎么想、怎么做？

教师（小结）： 大家都说得很好。通过刚才的学习，同学们都知道不诚信的后果十分严重，因此，大家都愿意做有诚信的人。

6. 读一读：警句和名言

教师： 课前，大家都收集、摘抄了有关诚信的警句和名言，谁愿意读给大家听一听？

（1）学生交流收集到的警句和名言。

（2）教师出示这些警句和名言，全班齐读。

教师： 我也找到了一些发人深省的格言，大家一起来读一读。

（3）抄录名言或警句，制作诚信书签。

教师： 此刻，我们静下心来，在音乐声中，把收集到的名言或警句工整地抄写到书签上。

教师（小结）： 同学们，愿这枚诚信书签伴着书香陪着大家健康成长，愿你们心灵的沃土上萌生出绚烂的诚信之花。（板书：警句名言常相伴，争做诚信好少年。）让我们把这些连起来读一遍。

设计意图 设置两难情境，让学生分析可能的情况，以小组讨论的形式交流各自的选择。在此基础上，继而续演故事，提高学生的行为选择能力。通过朗诵警句和名言以及制作诚信书签，教师进一步激发学生做诚信之人的主动性。

教师（总结）： 同学们，诚实守信是中华民族的优良传统，是我们每个人应有的道德品质，因此大家要从小就养成诚实守信的好习惯，做到言行一致。从现在开始，我们就约定不说谎，诚信做人，诚信做事。

7. 后续拓展

和家长一起积极投入青浦区的创全国文明城镇活动，与父母共同设计家庭创意活动。（提供设计表："创全"活动全家总动员。）

五、班会反思

1. 导向鲜明，突出思想性

这节主题班会课围绕"说谎"行为开展讨论和反思，引导学生认识说谎的不良后果，促使他们养成良好的思想品德和行为习惯。

2. 学生为本，突出参与性

这节主题班会课注重学生的参与，通过小组讨论、校园调查、案例分析等方式，引导学生积极思考，交流观点和经验，从而增强他们对说谎问题的认识和理解。

3. 知行合一,注重延续性

虽然班会结束了,但对这一话题的认识仍有延续的时间和拓展的空间,通过引导学生将班会课上所学的知识运用于生活实践,以实际行动检验学生对说谎问题认识的改变。

(作者:上海市闵行区万科双语学校　徐程程)

评析

　　人而无信,不知其可。诚信,是一个人的立身之本。由于受社会上某些不良风气的影响,当下的小学生也有说谎行为。因此,诚信教育是班会课的重要主题。这节课以解剖说谎现象为切入点,引导学生坚持诚信为本,杜绝欺骗行为,立意深远。课上选用了丰富的教育素材,内容贴近学生生活实际,让学生听得懂。通过师生互动,学生拥有真实的体验。整个过程创设了丰富的教育情境,如采用新闻报道、接受小记者采访、分析数据调查、观看漫画等,评说说谎之弊,以促使学生思考"我该怎么办",重视知行合一。可以进一步探索的是,面对学生知行脱节的现象,如何借鉴美国心理学家柯尔伯格创设的"道德两难故事",设置问题情境,引发学生的认知冲突,引导他们分析行为选择的利与弊,促使他们在两难情境下也能做到诚信。

"慧"合作，乐成长

——三年级"学会合作"主题班会

一、背景分析

1. 主题解析

学会交往、学会合作，是赋予人的基本要求。只有能与人合作的人，才能获得生存空间；也只有善于合作的人，才能赢得发展。每个学生都是独立的个体，他们在兴趣、个性、能力等方面各不相同。积极引导小学生学习合作、体验合作、学会合作，有利于激发他们学习或探究的积极性，主动参与学习活动，感受合作带来的快乐。这不仅有助于他们在合作过程中挖掘自己的潜能、提升自信，同时也有利于营造团结合作、互帮互助的良好班风班貌。

2. 学情分析

现实生活中，不少学生在与人相处方面存在或大或小的问题：有的与同伴沟通困难，经常会有不愉快的事发生；有的对周围的事漠不关心，一副事不关己的样子；有的在活动中抢当主角，不甘心当绿叶；有的浑身带刺，谁也碰不得、说不得……基于班级实际学情，三年级学生较一、二年级学生，在认知以及行为能力方面都已经有了明显提高，他们的自主意识也开始愈发强烈，很多时候显得太有主见，导致在集体活动中常以自我为中心，不会合作，不愿听取或接纳他人的建议，与同伴相处时容易产生分歧。因此，对此阶段的学生开展合作教育，引导他们积极融入集体生活，学"慧"合作是非常有必要的。

二、班会目标

1. 认知目标

   知道合作的意义，明白集体生活中需要合作，了解合作的好处。

2. 情感目标

   通过故事新编、活动体验等方式，引导学生体验合作带来的乐趣，激发合作的意愿，养成合作的品质。

3. 行为目标

   掌握日常学习与生活中的合作技巧，学会在集体中践行合作。

三、班会准备

1. 教师

   多媒体课件、板贴、活动道具若干。

2. 学生

   结合校园生活经历，撰写一个与小伙伴合作的小故事。

四、班会过程

1. 视频导入，认识合作之义

   大致内容： 一群蚂蚁正在搬运食物，突然一只小蚂蚁被一只食蚁兽吸了过去。这时，蚂蚁们奋力拉住小蚂蚁。在大蚂蚁的组织下，蚂蚁们团成一个硕大的球，滚向食蚁兽。最终，食蚁兽被蚂蚁球堵晕了过去。

   教师： 同学们，大家从这个视频里看到了什么？

   教师（小结）： 像这样，大家朝着同一个目标努力，展现自己的力量，就是合作。今天，我们就一起探讨合作这个话题。（板贴：合作。）

   设计意图　教师通过充满趣味的动画短视频，激发学生的学习热情，引导学生交流观看后的感受，水到渠成地揭示出"合作"主题。

2. 故事明理，感悟合作之慧

   播放音频，讲述《马与驴》的故事。

   从前，有个商人接了一笔大生意，他决定让自己的马和驴驮着货物一起前往。

   马非常不屑主人的安排，他故意绊了驴一跤，驴只好居家养伤。这时，马得意极了，心想：哈哈，这下主人只能靠我了，我才是能帮助主人的好马！

   一开始，马儿得意洋洋，昂首大踏步地向前，可是没走多久，它开始喘粗气，步伐也越发艰难了。眼看约定交易的日子马上要到了，主人心急如焚，不停地催促。可马儿腿一软，竟瘫倒在地，货也撒了一地。

   后来，因为未能如期交货，商人最终没有做成这笔生意。

   教师（提问）： 这个故事的结局是什么？为什么商人没能做成买卖？

教师（追问）： 如果商人想要做成生意，马和驴应该怎么相处？同学们把这个故事改编一下。

教师（小结）： 从这个故事中，大家知道一个人的力量是有限的，很多事情需要合作；会合作，就容易把事情做好，不会合作，往往会把事情弄糟糕；合作也要讲究智慧，所以我们要"慧"合作。（板贴："慧"。）

设计意图　通过听故事、改编故事，教师引导学生感知合作的重要性，懂得生活中需要合作，合作要讲究智慧。

3. **联系生活，领略合作之魅**

教师： 同学们，课前大家都写了校园里同学之间合作的小故事，现在请大家一起交流分享。（随机板贴：合作力量大、合作办法多、合作友谊深……）

教师（小结）： 我发现大家在校园生活中都在用心体验合作，真棒！

设计意图　通过课前预学单，教师鼓励学生积极撰写校园生活中伙伴之间的合作小故事，引导他们主动分享，感悟合作带来的好处。

4. **情境分析，解决合作之困**

教师： 可是，同学们在相处中还是会遇到一些小烦恼。下面请大家一起动动脑筋，帮助下面这些小伙伴解决烦恼，好不好？

教师以漫画形式呈现如下四种问题情境，由各组组长上前抽签，抽到哪道题小组就讨论哪道题。

情境1：班级征集小报设计的主题，各组自主确定后，合作完成小报；A组内部意见不一致，组长很烦恼。

讨论：如果你是组长，你会怎么做？

情境2：兴趣课上，老师要求各小组合作完成一幅树叶拼贴画。老师刚说完，A组的同学就迫不及待地开始抢材料，大家自顾自地发挥起来。铃声响了，桌上是一堆散乱的材料，大家你看我、我看你，不知说什么好。

讨论：为什么会造成这样的局面，我们应该怎么做？

情境3：英语课上，老师让同桌二人分角色进行对话表演，小蓝和小红为了争同一个角色吵了起来。

讨论：如果你是他们的好朋友，你会对他们说什么？

教师（小结）：同学们真会思考，我为大家点赞！同学之间合作，目标要一致，分工要明确，再就是相互配合。（继续出示情境问题。）

情境4："班班有歌声"大合唱比赛前，大家都在认真地排练。小明担心自己唱歌跑调，影响班级整体表现，就站在队伍里不出声。

讨论：请对小明的行为谈谈你的看法。

教师（追问）：大家有什么办法可以帮助小明？

教师（小结）：大家都懂得同学之间要相互理解、彼此尊重，在同学遇到困难时，每个人都伸出援助之手，发扬互帮互助精神，这样的班级才会让每个人都感受到集体的温馨与团结。

设计意图　通过情境辨析，师生一起探寻有效合作的方法，即目标一致、分工明确、相互配合，由此引导学生要团结合作、互相帮助，从而学会与同伴真正合作。

5. 齐心同行，体验合作之乐

教师：接下来，请大家小组合作完成一个项目——用扭扭棒共栽一盆"友谊之花"，从中体验合作的快乐。（播放背景音乐。）

小组代表捧着"友谊之花"作品，上台展示，并谈谈合作体会。

教师（小结）：古人云"人心齐，泰山移"，俗话说"一个篱笆三个桩，一个好汉三个帮"，通过制作"友谊之花"，同学们体验到了什么叫合作，感受到了合作的力量，更懂得了在集体生活中要"慧"合作，才能快乐成长。（板贴：乐成长。）

设计意图 通过小小的体验活动，教师引导学生懂得如何在集体生活中与伙伴合作，由此促使他们在集体生活中积极参与合作，感受合作带来的快乐。

6. 后续拓展

为了更好地引导学生将合作意识化为实际行动，拓展这节班会课的主题意义，全班学生将继续通过丰富多彩的活动来践行合作理念，感受合作带来的快乐。5月，开展班级"课（午）间合作类小游戏"征集活动；6月，将进行班级"合作小达人"评选。

五、班会反思

从充满童趣的动画导入，通过听故事与续编故事、情境辨析等环节，教师引导学生从生活实际出发，探寻"慧"合作的方法。实践活动是检验、反馈课堂学习效果的重要依据。小组合作共栽一盆"友谊之花"活动，学生不仅踊跃参与，更令人欣喜的是，小组代表在交流时，都提到作品的完成多亏了组员的通力合作，提到了集体合作带来的快乐，甚至有的代表还不忘夸夸身边组员的优点。可以相信，学生是学有所获的。

综观整堂课，学生参与积极，活动氛围浓厚。但故事续编环节，如适当扩大交流面，更能凸显学生的主体作用；在拓展延伸环节，活动设计得较为简单，如能考虑系列化，更有助于学生合作品质的扎实、有效养成。

（作者：上海市青浦区教师进修学院附属小学　张轶男）

评析

面对小学生中不善同伴交往的问题，班会课以"学会合作"为主题，不仅贴近学生实际生活，接地气，而且符合学生需求，具有现实意义。整个过程围绕"视频导入,认识合作之义""故事明理,感悟合作之慧""联系生活,领略合作之魅""情境分析,解决合作之困""齐心同行,体验合作之乐"五个环节展开,结构完整,形式丰富,师生互动频繁,使认知明理过程和情感体验过程有机结合,由此促使学生懂得合作的意义,掌握合作的方法,巧妙地避免矛盾冲突,养成良好的行为习惯。可以进一步思考:班级里需要建立哪些长效机制,让合作之花扎根于学生心灵深处;如何将日常生活中同伴之间的合作愿望迁移到课堂上,让合作学习成为教学改进的一个亮点,以丰厚班会内容。此外,正标题宜改为"在合作中快乐成长"。

北斗耀天，科技强国

——四年级"爱国主义教育"主题班会

一、背景分析

1. 主题解析

科教兴国的发展战略明确，科学技术是第一生产力，教育是一个国家发展的根本，唯有凭借科技的进步，才能取得经济的更高质量发展。

未来学家凯西·戴维森认为，未来将有超过65%的小学生最终会从事尚不存在的工作。正是科技的飞速发展，创造出了数不胜数的新型工作模式。从方便生活的移动支付、北斗导航到万物互联的5G网络技术，今天的生活正发生着翻天覆地的变化。

2. 学情分析

升入四年级，学生对世界的认知进一步加深。这次班会活动结合上海青浦徐泾地区拥有的知名高科技企业——北斗的地理优势，将科学教育融入主题教育中，开展"走近科学　探秘北斗"主题探究系列实践活动。学生通过发现身边的科技，探究其科学原理和应用场景，激发创意思维，扩宽思想维度，培养科学思维能力，传承科学创新精神。这节主题班会课旨在引导学生懂得创新是一个民族进步的灵魂，是国家兴旺发达的不竭动力，明白自己所承担的社会责任，从小培养科学家精神，实事求是，不断创新。

二、班会目标

1. 认知目标

（1）通过系列实践活动了解北斗，知道科技与生活的密切联系，了解科技发展的重要意义。

（2）认识自己所具备的创新潜能，可以为实现中华民族伟大复兴承担责任。

2. 情感目标

（1）通过联系实际生活经验，观看视频宣传，增强对于科技发展的兴趣和探索欲。

（2）结合生活实际和科学家的故事，体会科技改变生活的重大意义，感悟科学家精神，激发民族自豪感和爱国热情。

3. 行为目标

点亮心中的科技之光，激发创新思维，立足当下，学好科学知识，弘扬科学家精神。

三、班会准备

1. 教师

（1）组织班级课外研学活动：走近科学　探秘北斗。

（2）征集、评比、展示科学小发明。

2. 学生

（1）开展小队探究活动，以改革开放以来我国的科技成就和科学家为目标对象，收集相关信息。

（2）自制吸尘器等科技小作品。

四、班会过程

以照片轮播方式，展示班级探究活动。

1. 快嘴"梳"常识

    抢答游戏：科技知识懂多少。

    教师：悠悠中华，上下五千年，我们的民族在历史长河中创造了灿若星河的辉煌成就。之前，大家上过一节与古代科学成就有关的道德与法治课，现在以抢答方式快速回顾一下相关内容。

    ①中国古代的四大发明是……（造纸术、火药、指南针、印刷术）

    ②东汉的蔡伦改进了……（造纸术）

    ③东汉的张衡发明了……（地动仪）

    ④东汉的华佗发明了……（麻沸散）

    ⑤南朝的祖冲之把……精确到了小数点后七位（圆周率）

    ⑥北宋的毕昇发明了……（活字印刷术）

    ⑦李时珍编写了药物学知识和经验的巨著……（《本草纲目》）

    设计意图　将主题班会课和道德与法治课相连，以道德与法治课上学习的古代四大发明为切入口，通过快速问答的形式，回顾既有知识，让学生尽快进入学习状态，由此激趣导入，活跃了课堂气氛。

    教师（小结）：同学们回答得特别好，的确，古代劳动人民用他们的智慧创造了很多成就，给中华民族留下了宝贵的文化遗产。新中国成立后，随着改革开放进程的不断推进，现代科技迅速发展，在青浦的徐泾地区就有一家在航天领域有着瞩目成就的高科技企业。同学们，谁能响亮地说出它的名字？（引出"北斗耀天"。）

2. 慧眼"识"北斗

- 小队探究，明确应用

教师： 课前，同学们已经以小队活动的形式参观了北斗基地，现在请 X 同学和 Y 同学和大家一起回顾这一过程。

【视频 1】内容介绍：学生穿着统一的队服，兴致勃勃地参与各种探索活动——他们在野外使用卫星定位设备寻找宇宙中的北斗卫星；在实验室里认真操纵微型无人机，组装火星车，探索北斗导航原理。

设计意图 充分利用课外资源，拓展课堂空间。课前，引导学生进行校外拓展学习活动，走进北斗基地实地考察探究，拉近了学生与科技的距离。

- 播放视频，了解北斗

教师： 通过基地人员的介绍，同学们对北斗有了初步了解。那么，北斗到底有什么神奇之处，现在我们通过导航再一次来到北斗基地，探寻北斗的秘密。

【视频 2】内容介绍：北斗卫星系统定位精准，覆盖全球，在导航、定位、测量、通信等多方面有着广泛的应用，在国家建设、军事安全、灾害救援、交通运输等领域做出卓越的贡献，它的成就让人惊叹科技的力量。

教师提问： 大家看得真细心，谁来说一说北斗还可应用于哪些领域？

（预设：在学生说到交通、气候预测、军事等方面的应用时，追问其具体体现。）

追问 1：那么，北斗具体是怎么导航的？（引导学生描述生活中的一个小场景。）

追问 2：北斗在交通领域的应用，在生活中有哪些体现？（随机板书。）

追问 3：北斗在气象领域的应用，在生活中有哪些体现？（随机板书。）

追问 4：北斗在军事上的应用很广，它在战场上可以起什么作用？

教师（小结）：同学们的知识面真广。大家通过交流，知道了北斗不仅应用于人们熟悉的导航，还可用于预报天气、军事等多个领域，真是功能强大，令人惊叹。

- 聆听故事，感悟精神

教师：如此伟大的工程，离不开众多科学家。现在大家随着短片一起了解他们。

【视频3】内容介绍：为了国家的航天事业，经过孙家栋、陈芳允、谭述森、杨长风等一位位科学家带领团队不断钻研，艰苦攻关，北斗终于取得了成功。北斗成功的背后，是8万名科学家和工程师夜以继日的辛勤付出，超越自我的努力坚持。人们日夜不息的努力奋斗，才织就了北斗辉煌的篇章。

教师：看了刚才那些视频，科学家们勇于担当的品质，让我和大家一样非常感动。从他们的身上，你还看到了哪些精神品质？（随机板书：科学家的担当、奉献、爱国、创新等精神品质。）大家都有同感，他们这种勇于探索、甘于奉献的科学家精神让我们敬佩。正是在无数这样的科学家的努力下，我们国家才会在科技强国的路上不断前行。（板书：科技强国。）现在，大家跟随镜头一起再去了解。

3. 携手"创"辉煌

- 观看视频，激发情感

【视频4】内容介绍：国家在航天、通信、人工智能、环保等多个领域取得突破，有着量子计算机、人造太阳、探月工程等伟大科技成就。正是科学家们的努力，国家在世界科技舞台上才能熠熠生辉，为全球做出杰出贡献。

教师（提问）：①我们国家在哪些方面取得了伟大成就？②视频中的哪

个成就让你感到震撼？③这些伟大的成就对我国有什么重要意义？④看了这些伟大成就后，自己有什么感受？

教师（小结）： 国家的强大，离不开科技的发展和进步。对国家来说，科技是第一生产力，创新是发展的不竭动力；对于我们每个人来说，创新能力也是非常重要的。

- 校园科技，在我身边

教师： 科技腾飞让我国的国力变得强大，为人民生活提供了便利——每个人都和科技息息相关。我校也重视向同学们提供认识科技、体验科技的机会，每年有一个特殊的节日——科技节，现在让大家一起随同照片回顾科技节上的热闹场面。（校园科技节照片展示。）

教师（小结）： 科技的进步和发展在于创新，而这离不开每一位科学家，当然也离不开在座的每个同学，因为你们的身上蕴藏着无穷的创造潜能。

设计意图 从国家成就出发，让学生感悟科技强国的力量；再从学校科技节入手，让学生感受到科技就在自己身边，明白科技的发展与我们每个人都息息相关。

- 科技达人，创意无限

教师： 今天，我也带来了几件同学们在科技节上完成的科学小制作。（拿出学生的作品）看，这是哪个小组制作的？

教师： 请有关同学向大家介绍一下制作原理和应用场景。（科学小制作展示＋学生介绍，共两分钟。）

学生A： 这是一台吸尘器，打开开关后，电力驱动马达带动扇叶反向旋转，产生吸力，可以将小纸片吸入瓶中。我们认为它可以用于抽水泵。

学生B： 这是一台洗衣机，打开开关后，电力驱动马达带动齿轮，齿轮带动里面的塑料滚筒转动。如果里面有湿的东西，它可以将其中的水分甩出。我们觉得它可以用到榨汁机上。

学生C： 这是一台造雪机，打开开关后，电力驱动马达带动造雪的部件高速运转，就可以将雪花甩到天空中。它可以用于室内滑雪场。

教师（小结）： 创意无极限，只要同学们勤于思考，勇于创新，人人都可以成为科技小达人。

设计意图　充分利用校内已有资源，增加学生的参与度和体验感。学生在展示中收获自信，还能起带头作用，激发其他同学的创新意识。

- 头脑风暴，畅想未来

教师：如今，在改革开放的洪流下，我国的科技蓬勃发展，无可阻挡。北斗导航、探月工程、量子通信技术、5G网络万物互联等，无不昭示着伟大中国的崛起。面对未来，同学们有什么畅想，你们以后想发明什么？（学生完成学习单，并在小组内进行交流。）

教师（小结）：科技为我们的生活带来了便利，我们每个人都有创新的意愿，只要坚持去探索，相信都有无限创新的可能，现在最主要的是立足当下，学好文化知识，学习科学家精神，长大了也为建设科技强国做贡献。

4. 课后拓展

教师：以下任务，二者选一。

（1）小小科学家——研究吸尘器的原理，完成DIY小制作。

（2）小小设计师——绘制自己的创想图"未来的……"。

五、班会反思

这节班会课融合了科技教育与爱国主义教育，引导学生了解我国的综合实力，增强对国家富强、民族进步的具象化认识，以此培养科学家精神、爱国情感和责任感。主题班会准备过程中，班主任带领学生走进北斗西虹桥基地，聆听北斗卫星导航系统的科普讲解，亲身体验微型无人机、心脏定位监测仪等大众化应用产品，由此激发学生的求知欲和探索欲，从而为班会课的实施奠定了基础。

课堂上，教师通过和道德与法治课程相关内容的结合，从古代的四大发明引出现代科技进步成果，让学生了解到祖国科技日新月异的变化，领略了科技改变生活的魅力。最后,通过展示学生的科技作品,师生将活动推向高潮。

在课后拓展活动中,教师鼓励学生大胆探索,在激发学生积极性的同时,培养他们的创造性思维,进一步提高学生的动手操作能力,达到知行合一的教育效果。

(作者:上海市青浦区尚鸿小学 徐嘉义)

评析

爱国主义教育从何着手,切入点可以各不相同,与国家的科技创新亮点相结合,这一设计具有时代性,也能满足小学生的好奇心。这节班会课首先以抢答的方式激趣导入,并通过小队汇报、视频展示等形式,让学生了解科技成就与科学家的故事;接着又通过对科技原理和应用场景的探究,激发学生的创新想象;最后开展头脑风暴,让学生交流各自的创新愿景。在班主任幽默话语的引导下,课堂气氛活跃,师生有效互动,比较顺利地完成了预期教学目标。为了真实感受北斗的魅力,课前教师带领学生实地参观,走近北斗,认知北斗的神奇,这段视频为课堂增色不少。尚可进一步探索的是,爱国主义教育与创新教育结合之后,如何落实到学生今天的学习上,让学生为实现科技强国梦在思想与学业上做好充分准备。

舌尖上的浪费

——六年级"勤俭节约教育"主题班会

一、背景分析

1. 主题解析

2015—2017年,教育部基础教育质量监测中心组织实施了第一周期国家义务教育质量监测,分年度开展德育等六门学科的监测工作,其中包含对学生在勤劳节约等方面的日常行为规范的测查。党的十八大以来,习近平总书记一直高度重视粮食安全和提倡"厉行节约、反对浪费"的社会风尚,多次强调要制止餐饮浪费行为,并针对部分学校存在食物浪费和学生节俭意识缺乏的问题,明确要求切实加强引导和管理,培养学生勤俭节约的良好美德。

2. 学情分析

学生在校就餐时挑食、吐槽学校餐食不好吃甚至出现一筷未动的浪费现象严重,家长也反映学生吐槽长辈"太抠门",如爷爷为省电舍不得在房间内开灯,奶奶舍不得倒掉剩饭剩菜,爸爸经常"淘"出各种旧物件等。因此,教师尝试开展"舌尖上的浪费——'勤俭节约教育'主题班会",从"吃"上正面引导学生了解粮食生产的不易,以及长辈"抠门"背后的中华传统美德——勤俭节约,进而启发学生通过智慧劳动让勤俭节约成为自觉行为,将其落细在日常生活中,落实到青少年的品德养成中。

二、班会目标

1. 认知目标

   通过 1959 年与今日食物的对比，了解粮食的珍贵。

2. 情感目标

   通过观点辨析、互动讨论，体会当下珍惜粮食的现实意义和学生的责任与义务。

3. 行为目标

   通过尝试解决现实问题，以勤俭节约的精神观照个人的学习及生活。

三、班会准备

1. 教师

   提前对学生分组，全班分成 6 个探究小组，每组 6~7 人。

2. 学生

   （1）完成课前预学单。

   根据下列预学项目，填写摘要、信息来源。

   ①观察身边是否存在浪费粮食的现象，若有，简要陈述看到的情况。

   ②探究一粒稻谷的生长经历，呈现探究的结果。

   ③认真阅读参考资料，并说一说自己读后的感悟。

   （2）现场调查：采访同学当日的就餐情况及问题成因。

四、班会过程

1. 今昔对比，知粮食之可贵

（1）照片一览：对比 1959 年与 2023 年的学生午餐照（本校当天提供的），看看两者有什么差异。

（2）听听照片背后潜藏的声音：1959 年——吃树皮，也有讲究；2023 年——对学校饭菜的评价（播放部分采访录音）。听完半个多世纪之后的这段录音，你认为照片传达了什么声音？

教师（小结）： 同学们说得都很好，我们今天浪费的一口饭，在当年很有可能救活一个人。习近平总书记一直高度重视我国粮食的安全问题，提倡"厉行节约、反对浪费"的社会风尚。

设计意图 通过播放 20 世纪 50 年代和现代学生对餐食的不同声音，教师激发学生在今昔对比中充分感知粮食的可贵，体悟节约粮食、反对浪费的必要性。

2. 深度剖析，品节约之精神

- 听一听网民的观点

教师： 同学们观点一致，认为厉行节约势在必行。不过，我最近浏览网页时也听到了一些不同的声音。现在大家一起来看看下面这些观点。

网民 A： 20 世纪 60 年代的饥荒时期，那时候粮食确实珍贵；可现在我们生活在物资充裕的年代，粮食早已富足。

网民 B： 每天中午在学校就餐，我就剩了几口饭、几口菜，没有逼迫自己光盘，哪会有什么大影响！

网民 C： 现在不是流行"过时的美德还是美德吗"这句话，节约了又怎样，对我有什么影响？

教师： 同学们有没有勇气和他们对话？

- 小组讨论，尝试与网民对话

教师： 谁同意网上的观点，为什么？（提示：各小组结合预学单及个人生活经验，尝试合作说服持上述观点的同学。）

预设： ①基于预学单中的"一粒稻谷的生长经历"、袁隆平杂交水稻的科研路、食堂阿姨的工作一览表等材料，得出结论——米饭来之不易，要珍惜他人付出的劳动成果；②基于预学单中《诫子书》的内容，体会节约粮食的背后是宁静致远的修养境界，牢记"静以修身，俭以养德"，通过磨炼意志，提高自我修养；③基于预学单中的《新华微评：长期看我国粮食产需仍将维持紧平衡态势》，懂得丰年不忘灾、饱时不忘饥，居安思危，关注国情。

教师（小结）： 节俭不仅体现在每天的饭食上，而且是一件大到国家安全、社会稳定，小到个人生活品性的事，因此提倡节约，势在必行。

设计意图 通过不同观点的碰撞、辨析，教师引导学生在做选择、说理由的过程中理解节约背后的精神力量。

3. 情境辨析，寻节约之办法

教师： 根据刚才的学习讨论，小明同学行动起来了，但他遇到了下面这样的情况，思考小明是怎么应对的，大家可以给出怎样的建议。

- 情境：学校食堂

小明： 现在吃饭要实行光盘行动，你怎么不吃完（指小红），还准备偷溜？不许走！

小红： 求求你放我走吧，我是真的吃不下了，阿姨给我盛的饭太多了，再说，小美不也是没吃完吗？

小明： 你……不行，作为生活委员，今天我必须监督你吃完。

- 情境：家中餐桌

小明： 奶奶，这剩菜就扔了吧，放冰箱里也不新鲜，您明天再吃会拉肚子的。

奶奶： 瞎说，冰箱是保鲜的，以前闹饥荒时，这么好的菜想吃都吃不上呢。

小明：可是……

奶奶：小明，你要节约粮食呀。

教师：除了上述情境，大家还有哪些无效节约的生活事例，我们可以一同尝试解决。

教师（小结）：看来，家庭、学校甚至社会生活的很多方面存在不少看似节约、实则无效的情况。因此，如何实行有效节约也是一门学问，需要大家勤思勤学，寻求方法。

设计意图 面对生活中可能的"无效节约"，通过联系真实情境中的热点问题，教师引导学生尝试解决，并在想办法、说理由、给建议的过程中理解有效节约需要勤学专业知识、勤思解决办法。

4. 从我做起，立节约之形象

教师：在上一个环节中，同学们为小明、小红解决了如何在现实生活中厉行节俭的问题，很有办法。我们都可能会遇到这类问题，从中可见大家的智慧。接下来请同学们结合自己的现实生活，填写节约少年宣誓卡，写下自己的节约守则。

设计意图 培养学生关注日常生活的意识，旨在督促学生自省自立，践行人生的自觉；让学生通过自己拟定宣誓卡，将节约精神付诸生活实际。

5. 走出校园，延续节约习惯

教师：今天，大家讨论了衣食住行中的"食"这方面的节约问题，接下来，人人都做生活调查员，看看生活中的哪些方面还存在不节约的现象，并对此提出个人的小议案，留待下一节班会课共同讨论探究。

设计意图 教师引导学生走出校园，关注社会各方面，旨在促使学生将节约精神付诸实际生活，巩固主题教育活动效果。

五、班会延伸

1. 生活调查员提案研讨会的中期汇报

聚焦日常生活中的众多不节约现象，据此提出个人的针对性建议。其他探究小组组成答辩委员会，审议提案并提出进一步修改的意见。

2. 生活调查员提案研讨会的终期汇报

根据提案的现实价值和可操作性，评选班级的"节约大师""节约达人""节约先锋"三类奖项。

六、班会反思

1. 弘扬传统美德教育

这节主题班会课以"舌尖上的浪费"为切入点，从"吃"上正面引导学生了解粮食生产的不易和长辈"抠门"背后的中华优秀传统美德——勤俭节约，引导学生人人争做爱护粮食的模范，做粮食安全的守护者，教育的立意相当高。

2. 发掘现象，形式直观

为了让学生更直观地感受到身边存在的浪费粮食现象，班主任组织学生用相机记录下学生在校就餐时的挑食现象，甚至出现一筷未动的浪费现象，再用录音采访的形式记录下学生对学校餐食的真实反馈。这样得来的素材贴近学生生活，将身边的事例转化为课堂教学内容，情境真实，非常接地气。

3. 突出学生的主体地位

班级组建起一支 7 人探究小队，探索一粒稻谷的生长经历，长期阅读展现我国粮食生产态势的新华微评等。在这一过程中,教师要引导学生自主归纳提炼认识,理解粮食的珍贵,以及节约粮食、杜绝浪费的必要性。

七、参考资料

1. 袁隆平的科研之路

从 1968 年到 1970 年,袁隆平和他的学生走遍了海南、广东、云南等地,可是没找到合适的"雄性不育株",这也让袁隆平遭受了很多非议。当时,有不少人认为他的研究没有价值,在浪费国家经费,甚至还有人骂他是科学骗子。

面对外界的非议,袁隆平没有放弃研究。在此期间,他经历了各种磨难,在云南还遭遇了 7.2 级地震。路途中,没有合适的育种设备,他只能将种子绑在身上,用体温给水稻催芽。长年累月的人工催芽,让袁隆平的腰椎出现了问题,但他还是乐此不疲。

2. 青教院附中食堂徐阿姨的日常工作

时　　间	工作日程
5:30	从家出发去学校。
6:30	到岗、更衣、消毒,检查一遍厨房的卫生状况。
7:00	接收当天食材,并检查食材情况。
8:00—10:30	开始清洗、切配食材;提前预制部分菜品,按照烹调时长分别进行烹饪;淘洗大米、装盘蒸制;对完成的菜品留存样品。
11:00	将新鲜出炉的饭菜运送到学生就餐点。
11:55	回收饭盒盖子。
12:20	回收剩菜剩饭,清理每餐的泔水桶,保持干净、封闭。
12:45—15:30	打扫厨房,负责餐厅地面卫生,随时清理地面的遗留杂物,清扫积水;搞好餐厅周围环境卫生,食堂门前不留积水、垃圾。

续 表

时 间	工作日程
16:00—6:30	餐厅清扫完毕后,整理卫生工具(拖把、苕帚、抹布都清洗一遍,并有序摆放在指定位置)。
17:00	回家。

3. 诸葛亮写给孩子的《诫子书》

夫君子之行,静以修身,俭以养德。非淡泊无以明志,非宁静无以致远。夫学须静也,才须学也,非学无以广才,非志无以成学。淫慢则不能励精,险躁则不能治性。年与时驰,意与日去,遂成枯落,多不接世,悲守穷庐,将复何及!

译文:德才兼备的人的品行,是依靠内心安静来修养身心的,是依靠俭朴的作风来培养品德的。不看淡世俗的名利,就不能明确自己的志向,不身心宁静就不能实现远大的理想。学习必须专心致志,增长才干必须刻苦学习。不努力学习就不能增长才智,不明确志向就不能在学习上获得成就。追求过度享乐和怠惰散漫就不能振奋精神,轻浮暴躁就不能陶冶性情。年华随着光阴流逝,意志随着岁月消磨,最后就像枯枝败叶那样,(成了无所作为的人)对社会没有任何用处,等到悲凉地守着贫穷的小屋时,后悔又怎么来得及呢?

4. 新华微评·世界粮食日

今天是世界粮食日。有数据显示,我国餐饮业人均食物浪费量为每人每餐93克,浪费率为11.7%,"舌尖上的浪费"问题依然不容忽视。有道是"丰年不忘灾,饱时不忘饥",尽管目前我国人均粮食占有量达到470公斤左右,但从中长期看,我国粮食产需仍将维持紧平衡态势,粮食安全这根弦一刻也不能放松。

(作者:上海市青浦区教师进修学院附属中学　金世慧)

评析

  谁知盘中餐,粒粒皆辛苦。可在今天,中华民族珍惜粮食的传统美德正面临着现实的挑战。问题从餐桌上的浪费展开,由此确立班会课主题。节俭教育的切入口小,以点带面,旨在增强学生的资源忧患意识和环保意识。这节课以预习单为先导,引领学生观察身边是否存在浪费粮食的现象,探究一粒稻谷的生长经历,为课堂讨论做好铺垫。教育过程中,一方面,引导学生对网上的不同观点深入思考,借助资料阅读提高理性认识;另一方面,结合身边的生活事例,辨析节约之有效方法,促使理论与实践结合。同时,要求学生在课后针对日常生活中的不节约现象给出提案,体现了教育的持续性。需要斟酌的是,提供的阅读材料应聚焦主题,而袁隆平的科研之路、食堂阿姨的日常工作,与勤俭节约在逻辑上缺乏一致性。

"职"为国家做贡献

——八年级"职业规划教育"主题班会

一、背景分析

1. 主题解析

"爱国"不是一句口号,而是要落实在日常的生活中,体现在平凡的岗位上。首先,要热爱自己所从事的职业,做好本职工作。其次,要多为社会创造价值,多为国家做贡献,于平凡中呈现不平凡。随着社会经济的发展,如今各种新奇的职业层出不穷,人们的职业价值观也正在发生变化。三百六十行,行行出状元,它们之间无贵贱之分,每个认真工作的人都没有不被尊重的理由。

2. 学情分析

对于初中生来说,他们正处于身心成长和职业认知阶段,是职业价值观形成的初始期。当下一些中学生,对某些职业存在一定的偏见,而且大多对一线的体力劳动者怀有成见。有些学生因为父母的职业是快递员、保洁员、保安等,觉得很丢人,甚至有自卑心理,并且拒绝让父母来学校,更不想让同学知道自己父母的职业。因此,学校要帮助和引导学生树立正确的职业价值观,明白职业没有高低贵贱之分,每一个劳动者都在创造社会价值,都在为国家做贡献,每个职业都值得被尊重,每个努力奋斗的人都值得被温柔以待。

设计这节主题班会课的意图，是对学生进行正确的职业价值观教育，通过形式多样的活动，培养他们尊重职业的美好情感，并初步规划自己未来的职业。

二、班会目标

1. 认知目标

理解快递员、农民、司机、建筑工人等不同职业背后蕴藏的勤劳与智慧、坚守与付出，懂得社会上每一种职业都有它存在的必要性，各种职业相互关联，缺一不可。

2. 情感目标

采用情境思辨、问题讨论等方式，通过反复体验，激发学生尊重劳动者的美好情感，树立职业没有高低贵贱之分的价值观，培养阳光、乐观的心态。同时，了解父母的职业，加强亲子沟通，融洽亲子感情，学会感恩父母。

3. 行为目标

进行职业初探索，不仅认识自我，而且对所选职业有所感知，能够将两者结合起来，立足当下，培养良好习惯，学好文化知识，为将来为国家做贡献做好准备。

三、班会准备

1. 教师

（1）搜集相关材料，下载相关视频等。
（2）设计职业探索微调查表。
（3）制作课件。

2. 学生

对父母从事的工作进行微调查。

四、班会过程

1. 猜谜导入：引出话题

   教师： 根据如下表述的关键词，请同学们猜一猜是什么职业。

   十万火急—水深火热—红色警戒（职业：消防员）。

   不辞劳苦—大街小巷—挨家派送（职业：快递员、外卖员）。

   新兴职业—粉丝千万—网民关注（职业："网红"）。

   兢兢业业—仁心仁术—妙手回春（职业：医生）。

   知识渊博—谆谆教诲—教书育人（职业：教师）。

   教师： 看来，同学们对这些职业是比较熟悉的。那么，今天大家一起来探讨"职业"这个话题。首先请大家看我梳理的一些新兴职业。

   文字呈现：快递员、淘宝店主、健康营养师、程序员、甜点师、音乐人、画家、金融分析师、人工智能、IT工程师、特种兵、心理咨询师、电竞运动员、网络主播、调酒师、健身教练，等等。

   教师： 这些职业中，大家最熟悉的是哪些？

   设计意图 通过简单的猜猜游戏，教师不断激发学生的探究兴趣，在轻松的氛围中引入"职业"话题，并通过出示职业的种类，进一步激发学生探求知识的欲望，激发他们主动学习的愿望，从而营造探索"职业"的学习氛围，并自然进入下一个学习环节。

2. 案例分析："职"有偏见

   - 播放视频，引发思考

   教师： 下面，大家一起来观看一个视频（一女学生在街头嫌弃送外卖的父亲)。

• 问题探讨,观点交流

教师: 看了这个视频,大家来讨论下面几个问题,再看看网友是怎么说的。

①视频里的女生,为什么坚决不让做快递员的父亲来学校?
②如果你的爸爸也是外卖员,你会如何做,为什么?

网友1:视频里的女生,让我好似看到了读初中时的大部分人,也包括我自己。虽然我没有那么严重,只是心里不舒服,但不会说出来。有的人给父母打电话时,硬是逼着自己的爸妈讲普通话。班上有个同学,每次他妈来学校看他,他都会回一句"什么时候走"。

网友2:当年我十四岁,在班里是尖子生,老师和同学对我特别高看。那一年,我考了全校第一,爸妈特别开心,跑到我的学校看我领奖。那时候,他们两个都是装卸工,穿着自己最好的衣服——就是几十块钱的地摊货。我看了觉得很丢人,虽然没有像视频里的女生那样,却也没给他们两个好脸色。我相信,父母一定看出了我的不满。

网友3:其实,她做的也没有错。如果我上学的时候,父母也是这样的话,我也不想让人知道我与他们的关系。大家看这个视频的时候,都会想到女孩子怎样不好,但是从另一个角度看,父母没有照顾到孩子的感受,就是他们的不对。因为这样的话,很可能让那个女孩被她的同龄人耻笑、孤立。

③为什么有的网友与女生会有同样的感受?

教师: 我们继续观看视频。

• 继续播放视频,引发再思考

①目睹这一切的路人会有什么反应呢?
②如果没有尽职的快递员,我们的生活会怎么样?

教师(小结): 确实会很不方便。所以,正因为有他们的辛勤付出,人们才能"人在家中坐,货从门口来",大家应该感谢每一次前来送货的快递小哥。

设计意图　通过观看视频，探讨问题，教师引导学生在认知冲突中直面问题，并在层层设问以及假设中引发思辨，由此让学生对快递这个职业有重新思考。

3. 深度感悟："职"在贡献

- 快递给人们的生活带来了便捷

教师： 近几年来，随着互联网的快速发展，网络购物已成为人们日常生活中不可或缺的一部分。说电商改变了人们的生活，不如说是快递改变了人们的生活，因为所有的电商都要通过快递方式把货品送到消费者手中。这里有一份近几年的全国快递业务调查统计数据。

年　份	业务量累计／亿件	业务收入累计／亿元
2017	400（同比增长 28.2%）	4957（同比增长 247%）
2018	452.9（同比增长 26.3%）	5429（同比增长 22.3%）
2019	635.2（同比增长 25.3%）	7497.8（同比增长 24.2%）
2020	830	8750

教师： 对于这些数据的深刻含义，同学们可能一时理解不了，但大家可以通过比较，发现快递业创造的社会价值——推动着相关行业的进步。当然，这其中少不了快递小哥的辛勤工作和默默付出。

- 快递小哥的故事感动中国

教师： 大家再来观看一段视频。（播放《快递小哥汪勇的故事》。）看了这段视频，同学们来讨论下面几个问题。

①汪勇有哪些感人的事迹？

其一，2020年除夕晚上，汪勇得知金银潭医院的护士约不到车回家，他就说服家人，赶到金银潭医院，把护士送回家。

其二，一个人的能力有限，他就发动朋友圈来帮忙。汪勇联系上了多家企业，最终让医护人员有了后勤保障。

其三，汪勇又多方联络，让便利店再次开业，解决了很多医护人员的用餐问题。

其四，汪勇专门创建了一个医护服务群，只要医护人员在群里喊一声，汪勇和他的志愿队就出来帮忙。

其五，汪勇接受记者采访时说："我只是一个很普通的快递员，做了应该做的一点小事。"

其六，医务人员说："在我们最无助的时候，汪勇们就出现了。他们像一束光，虽然没有那么亮，但就犹如回家时有了一盏路灯，照亮了我们回家的路。"

②从这个故事中，同学们感受到了什么？

教师（小结）：我们看到了汪勇的敬业、创新、担当、友善、助人为乐的精神。就是这么一个不起眼的职业，甚至是被很多人看不起的职业，却在关键时刻，有人在平凡的岗位上做出了不平凡的事，为国家做出了贡献，感动了全国14亿多人。后来，汪勇被评为"2020年感动中国十大人物"之一。

③如果有人将职业作高低贵贱之分，那么其主要原因是什么？

教师：有贵贱之分的是人心。刚才视频里的一位阿姨说，那是因为你的心里有个"小魔鬼"。

设计意图　结合调查数据，教师引导学生进一步理解快递行业为社会创造出的价值，为下一步消除职业偏见做好铺垫。运用"感动中国"人物的事迹，引导学生反复思考，解决认知冲突，进而发现不起眼的职业也能为国家做出巨大贡献，以此帮助学生消除对快递行业的偏见。

4. 拓宽视野："职"需努力

- 一件快递物品到客户的手里有哪些流程

教师：今天，我带来了一个苹果，请同学们思考，一个苹果从果农培植开始，最后到我们的手中，这中间要经过多少道流程？

教师（小结）：从这个流程图中，同学们有什么发现？其实，社会上每一种职业都有它存在的必要性，各职业之间相互关联，缺一不可。

- 不同职业有共同的社会价值

教师：课前，同学们做了"父母职业微调查"，现在请大家来说一说，父母服务他人、贡献社会的职业精神是如何体现的？

教师（小结）：同学们的父母中，虽然大多数人从事的是普通的职业，但是他们努力工作，给社会创造了价值，给国家做出了贡献。三百六十行，行行出状元。在他们的身上，就体现了勤劳敬业、追求创新的精神。生活中，无论是外卖小哥、环卫工人、货车司机，还是公司白领、医护人员……不管是哪个岗位，都需努力奋斗。把本职工作完成好，就是在为国家做贡献。每个努力奋斗的人，都值得被人温柔以待。

设计意图　教师引导学生深入了解父母的职业，让学生进一步认识到父母在养家的同时，又服务了他人，为社会做贡献。由此证明每一个普通岗位上的劳动者，都在创造社会价值，为国家做贡献，从而促使学生消除自卑心理，培养乐观、健康的心态，强化父母的劳动值得子女敬重的情感。

5. 走进职业："职"待探索

教师：上节课，同学们已经初步写下了自己的理想职业，今天，大家要对自己所选择的职业进行探索。现在，先请每个人说说对自己选择的职业的了解，它需要我们掌握哪些知识、技能，又要具备何种精神？

教师（总结）：同学们，不管你们将来选择什么职业，只要你爱岗敬业，勇于担当、乐于奉献，就是在为国家做贡献，都值得大家尊敬。作为中学生，大家应该立足当下，努力学习，提高自己各方面的素养，为实现自己的职业理想做好准备、打好基础。

五、后续拓展

1. 对自己选择的职业进行探索

学生完成职业探索微报告，内容包括：自我分析（优点与不足），探索途径（网络搜索、实地参观或人物访谈），该职业的发展前景，从事该职业所需要的专业知识、专业能力，以及做完调查后自己的感悟。

2. 亲子沟通

听父母讲他们对职业的认识，再说说自己的规划和今后的努力方向。

设计意图　以职业探索微调查为抓手，教师引导学生通过微调查初步了解目标职业的发展前景，以及所需的专业知识、能力，并与父母沟通，从他们那里得到启发。由此激发学生的职业规划意识，进一步融洽亲子关系。

六、班会反思

1. 结构合理，操作性强

这节主题班会课，内容层次清晰，内在连接富有逻辑性。课的开始用猜谜活动导入，引出话题后，围绕"案例分析：'职'有偏见""深度感悟：'职'在贡献""拓宽视野：'职'需努力""走进职业：'职'待探索"四个环节，层层深入、环环相扣、有序推进、操作性强，以此体现师生互动，教师引导点拨恰当。

2. 内容真实，贴近生活

以"快递小哥汪勇"案例为抓手，深度剖析，抽丝剥茧，在层层设问以及假设中，引发学生思辨，在反复体验中解决学生认知冲突，消除学生对快递行业的偏见。父母对孩子述说自身职业时，脸上流露出自豪感，触发子女深入理解父母、感恩父母之情。整个班会活动的设计，凸显了学生的主体地位，重视学生思想、意识在活动中的自主生成。

3. 后续拓展，引向深入

以"职业探索微调查"为抓手引导学生进一步认识自我，并通过自主探索，初步了解有关职业的发展前景，以及所需的专业知识、能力和素养等，为下节课"扬工匠精神,为成长赋能"做好铺垫。

(作者:上海市青浦区教师进修学院 卓月琴)

评析

　　目前,职业生涯教育在初中阶段似乎暂付阙如,学生对社会上的职业了解不多,对自己的兴趣爱好也缺乏足够的认知。这节班会课以此确定教育主题,立意新颖,具有一定的开拓性。教育内容选用快递员这一新兴行业,故事主人公汪勇则从"快递员爸爸"成长为"感动中国十大人物",让学生了解这一典型人物的时代意义,进而联系父母的职业,理解不同职业的内涵。材料真实,形象生动,符合初中生的年龄特征和心理需求,具有较强的说服力和感染力。课后安排的微调查,引导学生为未来的职业生涯规划做好准备,增强了这节课的教育效能。教育过程中,似应让学生明确如下观念:"职业无贵贱,价值在奉献""择业考虑兴趣,爱好服从需要"。此外,本文题目中的"职",如用谐音表述,宜改为"只"。

共护一面旗，共爱一个家

——六年级"爱国主义教育"主题班会

一、背景分析

1. 主题解析

深刻领会党的二十大精神，在中小学校进一步开展爱国主义教育，大力奏响爱国主义旋律，引导中小学生增强爱党爱国爱社会主义的情感，增强对社会主义核心价值体系的认知感悟。五星红旗是中华人民共和国的形象和民族尊严的神圣象征，尊重、爱护国旗是每一个公民应尽的职责。以国旗教育为切入点，旨在培养学生的爱国情感，增强学生的爱国热情，帮助学生树立远大的理想，养成良好的习惯，塑造高尚的品德。

2. 学情分析

六年级学生对爱党爱国的情怀还停留在比较肤浅的层次上。比如，每周一的十分钟队会课上，学生喜欢交流革命英烈、爱国模范的故事，说起来还头头是道，但在日常生活中，却缺少实际行动。尤其是在学校举行升国旗仪式时，很多学生对于升旗中的站姿、敬礼的手势等细节，都做得不够到位。为此，围绕"学习宣传贯彻党的二十大精神"这一教育主题，我开设了一节"共护一面旗，共爱一个家"班会课，旨在引导学生深入学习《中华人民共和国国旗法》，懂得尊重、爱护国旗，升旗时规范自己的礼仪，进一步知法守法，增强对爱党爱国的情感，并努力把爱国主义的情感化为每一天的具体行动。

二、班会目标

1. **认知目标**

   了解《中华人民共和国国旗法》，明白五星红旗是中国形象和民族尊严的神圣象征，懂得知法、守法，尊重、爱护国旗。

2. **情感目标**

   树立尊重、爱护国旗的观念，以国旗不容玷污增强爱国主义情感。体会国旗护卫队战士训练的艰辛，感受战士深厚的爱国情怀，由此生成热爱国旗、守护国旗的强烈愿望。

3. **行为目标**

   注重学习升国旗的礼仪，认真参加升旗仪式，能准确辨别不爱护国旗的行为，并以恰当的方法保护国旗，维护国家声誉。

三、班会准备

1. **教师**

   收集各种素材，制作课件。

2. **学生**

   学习《中华人民共和国国旗法》，完成自主探究学习任务。

四、班会过程

1. **分享感动，揭示主题**

    导入： 播放《歌唱祖国》。

    教师： 每当听到这首歌开头那句"五星红旗迎风飘扬"时，我们大家的内心就汹涌澎湃。在生活中的哪一刻，你看到国旗时会热泪盈眶？

    教师出示下列图片，供学生分享——

    图片1：在2022年北京冬奥会女子自由式滑雪坡面技巧障碍赛中，谷爱凌最终为中国队拿下了一块宝贵的银牌，而她在比赛结束之后做出的举动——第一时间向工作人员要来国旗，披上国旗庆祝，更是令人感到无比激动、无比振奋！

    图片2：热播电影《万里归途》中，有这么一个镜头，那就是面对无数焦急的中国公民，外交官宗大伟举起喇叭大声喊话——"把手上的国旗、护照举起来，我们带你们，回家！"

    教师（小结）： 每当看到五星红旗冉冉升起，总有一种自豪感从我们的心底油然而生。五星红旗需要每一个中国人呵护，它意味着热爱我们的祖国、我们的家。（板书呈示主题：共护一面旗，共爱一个家。）

    <u>**设计意图** 教师播放歌曲，让学生回忆看到国旗时的感动瞬间，以此唤起他们心中的爱国热情。</u>

2. **汇报成果，感悟内涵**

    教师： 为了维护国旗的尊严，国家根据宪法制定了《中华人民共和国国旗法》。课前，同学们已经完成自主探究学习任务，现在进行国旗法的知识小竞赛，看哪位同学能够成为"知法小达人"。大家有没有信心？

    学生抢答，赛后颁发奖状。

    教师（小结）： 课堂时间有限，下周三的十分钟队会课继续问答巩固。

通过学习和竞赛，大家对国旗有了进一步的认识，拥有了一颗知法、敬法的心。（板书：知法　敬法。）

设计意图　通过《中华人民共和国国旗法》的学习知识竞答，教师不断加强学生对国旗意义的理解，进一步增强他们的爱国情怀。

3. 分享故事，领悟内涵

教师：为了这面国旗，无数革命先烈抛头颅洒热血，献出自己宝贵的生命。请同学们讲讲你知道的感人故事。（根据预习单提问学生。）

教师：现在我也提供一则感人故事，和同学们分享。（播放视频《听郭德贤奶奶讲这面在监狱里绣出的五星红旗》。）

教师：看了这段视频，大家对国旗有了什么新感受？

教师（小结）：2023年是中国共产党成立102周年，千千万万个这样的人用自己的生命"绣"出了一面面美丽的五星红旗。

设计意图　通过聆听绣五星红旗的故事，学生增加了对国旗来历的了解，也由此进一步增强了爱国情怀。

4. 传承精神，捍卫国旗

- 聚焦事件，明是非

出示图片：2020年10月5日，吴某路过一家KTV时，突然将路边的国旗扯了下来，放在脚下踩踏，随后带着国旗扬长而去。

教师：吴某的行为属于什么性质？如果说吴某践踏国旗的行为是由于无知，那么有的人则是别有用心了。大家看这张图片（香港暴徒侮辱国旗行为），并谈谈自己的看法。

教师（小结）：根据《国旗及国徽条例》第七条，任何人公开及故意以焚烧、毁损、涂划、玷污、践踏等方式侮辱国旗或国徽，即属犯罪，一经定罪，可罚款5万元及监禁3年。（板书：违法必究。）

设计意图　通过看图辨是非，教师引导学生树立正确的国旗观，自觉抵制社会不良言行。同时，体会国旗护卫队战士训练的艰辛，感受战士们深厚的爱国情怀，将爱国的种子悄然撒入了学生的心间。

- 感受庄严，抒情感

教师： 有这么一支队伍，叫凌晨四点的国旗护卫队，他们个个精神抖擞。这背后他们的艰苦训练和努力坚持，大家知道吗？

播放视频：《天安门国旗护卫队训练情景》。

教师： 此时，大家想说些什么？是什么力量让国旗班的战士不畏艰辛、勇敢坚持？现在，大家一起来听一听"国旗哨"陈冠铭的故事。（播放音频。）

教师： 听了这些，大家有什么话想对陈叔叔说？

教师（小结）： 国旗班的战士能像钉子一样铆在哨位上，就是为了心中的那抹国旗红；战士们刻苦训练的动力，来自那颗热爱祖国的心。我相信，此刻，爱国的种子也已在每个同学的心间种下。

设计意图 让学生体会国旗护卫队战士训练的艰辛，感受战士们深厚的爱国情怀，感受升旗、护旗的光荣，产生关注升旗、守护国旗的强烈愿望。

5. 珍爱国旗，从我做起

- 学有榜样，知使命

教师： 同学们，在大家身边就有这样一位学姐。她在七年级时主动递交申请书，经过训练、选拔，成为我校一名光荣的护旗手。今天，请赵婉颖同学为大家谈一谈训练时的经历和感受。（学生聆听介绍。）

教师（小结）： 从赵婉颖同学的介绍中，大家能够体会到护旗手的不易。确实，珍爱国旗、保护国旗，应该是每一个中国人的责任与使命。

- 自我审视，善改进

教师： 同学们，在爱护国旗、敬畏国旗方面，大家觉得还有没有需要改进的地方？

学生小组讨论，教师归纳学生发言，予以板书。

教师（小结）： 爱旗护旗，要从细节做起，坚持不懈地用实际行动来践行自己的承诺。希望同学们在国旗的引领下，成长为"外健内慧"的上善好少年。

设计意图　通过学姐的现身说法,引导学生注重国旗礼仪,认真参加升旗仪式,准确辨别不爱护国旗的行为,并以恰当的方法保护国旗,爱护国家荣誉。

五、后续延伸

课后,在家庭中亲子共读《中华人民共和国国旗法》,继续开展探究国徽、国歌内涵的活动,学生完成相应记录。

教师(总结):希望大家通过这次学习,做到知法、懂法、守法,今后能牢牢树立爱祖国、爱国旗的意识,并用自己的实际行动为国旗增光添彩,让五星红旗永远飘扬在广袤的神州大地上!

六、班会反思

这节主题班会课,以知旗、爱旗、护旗为主线,将爱国情怀贯穿课前—课中—课后,使学生在潜移默化中实现知行合一,目标的达成度较高。课后的拓展延伸,又将课内所学知识迁移到家庭,促进家校共育,助力学生健康成长。

存在的不足:一是问题设计尚需优化。《中华人民共和国国旗法》知法竞赛的部分题目较难,应设计成问题链形式,使之层层推进;二是小组讨论还要细化,如"如何爱旗护旗"这一环节,学生的回答较笼统、单一,班主任应适时补充,提出可行方案,拓宽学生思维。

(作者:上海市毓秀学校　龚赛华)

> **评析**
>
> 以国旗教育为爱国主义教育的切入点,引导学生爱党、爱国、

爱社会主义，主题鲜明，站位也高。课前引导学生自主探究，课中巧妙设计知识竞赛活动，激发了学生的求知欲和学习积极性。教育内容丰富，既有社会上的典型人物，又有学生身边的具体事例，真实可信。同时，班会活动中及时捕捉学生的闪光点，适时适度地进行教育，并树立典型，发挥其辐射带动作用。可以进一步探索的有，如何结合学校每天的升旗仪式和每周的国旗下讲话，深入开展识旗、爱旗、护旗等活动，引导学生从礼仪行为到内心感悟，增强对国旗的敬畏意识。同时，对现实中出现的不珍惜、不爱护国旗的现象，要敢于依法指出，以增强教育效益。此外，正标题宜改为"共擎一面旗，同唱一首歌"，将国旗、国歌教育结合起来。

茭白绿叶编经典，青浦文化润少年

——八年级"传承非遗文化教育"主题班会

一、背景分析

1. 主题解析

《中小学德育工作指南》指出，中小学中华优秀传统文化教育要引导学生树立以天下兴亡、匹夫有责为重点的家国情怀，形成以仁爱共济、立己达人为重点的社会关爱意识。要引导中小学生全面准确地认识中华民族的历史传统，增强国家认同，形成爱国情感，树立民族自信、文化自信。

上海青浦地区有着丰富的地域文化，比如青浦练塘茭白叶编结制作技艺是区级非物质文化遗产。茭白叶编结作为一种工艺品，主要有新年吉祥物、祭祀品、草席、草鞋、各类小动物作品、扇子、杯垫等。勤劳智慧的练塘人民在继承传统编织技艺的基础上，将编织技艺与茭白叶相结合，因地制宜，创出了茭白叶编结这一新兴绿色产业，实现了创新发展和可持续发展。它继承了上海民间工艺的精华，是民间艺人智慧的结晶，更是时代进步与发展的真实写照。以地域资源为依托，开展传统文化教育，使学生获得更直接、更形象的文化作品熏陶，这对于创新发展学校教育具有现实意义。

2. 学情分析

八年级学生在探究活动中发现，这项非物质文化遗产面临着传承场所不能充分发挥作用，以及传承人缺失、宣传不充分等问题。为了更好地在中学生中推进中华优秀传统文化教育，带领学生近距离感受青浦练塘茭白叶编结技艺的独特魅力，感受中华民间传统技艺的源远流长和迭代创新，这节班会课上，我将以引导学生树立保护青浦非物质文化遗产的责任感与传承意识为教育主题，并由此培养上善好少年。

二、班会目标

1. 认知目标

知晓青浦茭白叶编结这项独特技艺，了解练塘茭白叶编结传承人为传承与发扬它所做出的努力，意识到青浦茭白叶编结这一非物质文化遗产在传承过程中遭遇的困境。

2. 情感目标

学习茭白叶手工艺品的编结技艺，体验这门技艺给自己带来的乐趣，从而激发保护青浦非物质文化遗产的意识与民族自豪感，并能将草编工匠的精神运用到课堂学习中，养成良好的习惯。

3. 行为目标

从自身条件出发，为练塘草编文化的宣传出谋划策，主动践行并弘扬中华优秀传统文化，形成宣传青浦非遗技艺的责任感，并落实到日常生活中。

三、班会准备

1. 教师

下载《留住传统手工艺——练塘茭白叶编结技艺》视频，收集由茭白叶编结而成的手工艺品。

2. 学生

以小组为单位，通过走访、参观、实地探访等方式，了解茭白叶编结现状与编织技艺，并完成调查报告。

四、班会过程

1. 猜茭白谜语，引学习兴趣

教师： 在正式上课前，我给大家出一个小谜语——家住青浦泥塘，身穿湖绿衣裳，大大白白肚皮，现身家常菜上。

教师（小结）： 茭白是我们饭桌上一道常见的美味佳肴，它又是青浦地区的明星农产品，青浦的练塘镇被誉为中国茭白第一区。

教师： 同学们有没有注意到，在我校校园的一隅，有一顶草帽，它挂在教学楼四楼的文化长廊上。今天，我给大家带来了这顶草帽，大家知道它是由什么编织而成的吗？

教师（小结）： 茭白除了能食用外，它的叶片还可用来编织工艺品，这个手工艺编结是青浦地域文化的经典。现在，请大家走进茭白叶编结工艺，传承它的文化内涵与精神内涵。

设计意图 通过猜谜语和展示茭白叶编织的草帽，学生既能够了解青浦练塘盛产茭白，激发身为青浦人或青浦居住者的自豪感，又可激发对茭白叶编结技艺的学习兴趣，为后续引出茭白叶编结这个青浦本地的非物质文化遗产的故事做好铺垫。

2. 观茭白编结，做实践体验

（1）播放视频《留住传统手工艺——练塘茭白叶编结技艺》。

教师： 观看了这个小视频后，请大家归纳一下自己看到了什么？

（2）继续播放视频。

教师： 请再看一遍视频，从中捕捉关于茭白叶编结和匠人沈萍的信息。

（3）小组探讨。

学生将有关信息归纳如下——

茭白叶编结技艺：传承百年、历史久远，早在明清时期就有；在第46届世界技能大赛上亮相；被列入非物质文化遗产代表性名录；共有八大编结技法。

沈萍：江南匠人、首席技师、三八红旗手。挖掘、推广上海民间传统技能；手法熟练、制作认真，完成长颈鹿编结；与其他编结技术结合，不断提升材质搭配的样式和产品的应用价值。

教师（小结）： 茭白叶编结是青浦的传统文化，更是一项中国传统文化。这门传承百年的独特技艺，在第46届世界技能大赛中脱颖而出。江南匠人、首席技师沈萍，16岁开始从事编结工作，至今已有41年。她积极推广民间传统技艺，为青浦茭白叶编结奉献一生。

（4）动手体验。

教师： 茭白叶看似平常，却有着如此大的价值。这里我为同学们准备了一些处理过的茭白叶，大家想不想向沈萍老师学习，尝试一下茭白叶编结？

学生四人一组，每人领取派发的茭白叶，学习视频中的长颈鹿编织手法，并亲自动手尝试。

设计意图 通过视频展示，学生了解了早在明清时期，当地匠人便有蒲草编织之举。茭白叶编结经百年传承，已被列入非物质文化遗产代表性名录，由此引导学生认识中国传统文化的历史，体会中国传统技艺的源远流长与迭代更新，树立文化自信和民族自豪感。此外，认识青浦手艺人、传承人沈萍，了解她为中国传统文化的传承所做出的努力；并在动手操作中体会手工艺人的艰辛、手工艺传承的艰辛，从而为下一环节——如何传承该项非遗文化、树立工匠精神做好铺垫。

3. 悟技艺品质，树工匠精神

教师： 同学们，观看视频、自己动手制作茭白叶编结手工品后，大家有什么感受？

预设 1： 没想到我们平时吃的茭白有那么大的用处，茭白叶的编结经百年传承，被列入非物质文化遗产代表性名录，中国传统技艺的源远流长与迭代更新让我震撼。作为青浦人，我感到非常自豪，只是没想到茭白叶的编结并没有想象中那么容易。

预设 2： 从视频沈萍老师的熟练手法和自己的实践体验中，我感受到精湛的技术不是一蹴而就的，而是需要日复一日、年复一年的打磨与钻研。沈萍老师在创新与传承中付出了难以想象的艰辛与努力。她不仅有坚持不懈的品质，而且还不断追求创新，并致力于将青浦的传统文化传播至世界各地。

教师： 同学们说得非常好！那么，大家能从沈萍老师这样的编结工匠身上总结出什么品质呢？

预设 3： 坚持不懈的品质精神、精益求精的职业精神、追求卓越的创新精神、传播民族传统文化的爱国精神。

教师： 同学们，大家认为从这些匠人身上，我们可以学到那么多的优秀品质，对此又有什么情感体验呢？

设计意图 引导学生在讲述自身感受的过程中，深入领悟匠人们的优秀品质，提高他们对中国传统文化的认同感。

4. 听探究汇报，思辨明传承

教师： 沈萍老师为弘扬这项传统文化做出了不可磨灭的贡献，但这项技艺的传承现在也面临困境。在这节班会课之前，我班学生代表采访了练塘茭白叶编结代表传承人沈萍老师，接下来由他向大家介绍。

教师： 面对技艺传承困境，小明同学认为"如今我们已经进入智能时代，大家的需求也在改变，手工艺品正被机器制品取代，所以不再需要传承手工业了"。大家同意这个观点吗？

小组讨论：手工业技艺是否需要传承？

预设 1：手工艺品无法大批量生产，它的技艺传承有很大的限制。随着科技的发展，机器制作的产品大大增加，所以造成了手工艺品生产的困境。但是手工艺品制作必须坚持传承，因为它传承的不仅仅是技艺，还有蕴藏其中的匠人精神与中国传统文化。

预设 2：我们传承的是经典，不能丢失自己的传统文化，它能够培养我们热爱家乡的精神、坚持不懈的精神、不断创新的精神，并将这些精神融入我们的学习中，助力我们成长。

预设 3：我们必须好好学习，树立文化自信，为中国传统文化的传承贡献自己的力量。

教师（小结）：中国传统文化的传承不仅是指向一项技艺，更是一种精神。大家要从现在起，在自己的学习中将这种精神传承下去，坚持不懈，不断创新！

设计意图　通过情境思辨，教师引导学生知晓茭白叶编结现状，激发留住传统手工艺、传承非遗文化的决心，从自身出发，担负起传承青浦文化的责任，并通过把草编工匠的精神融入实际生活中，养成良好的学习习惯。

教师（总结）：青浦文化的传承，离不开青浦少年的努力。同学们必须深刻意识到青浦文化传承的重要性与必要性，为此奉献清河湾学子的一份力量！

五、后续拓展

教师：给同学们留一份课后拓展作业——青浦区少代会即将召开，请大家出谋划策，将传承和弘扬茭白叶编结技艺的想法写入提案，充分履行少先队员的责任，为传承青浦文化贡献智慧。

六、班会反思

这节班会课上，我从学生熟悉的青浦特产茭白以及每日所见的校园文化景观——草帽入手，很快吸引了学生的眼球，让大家有话可说。江南匠人沈萍对茭白叶编结的深情，有力地鼓舞着学生，激起他们向匠人学习的正能量。对学生来说，茭白叶编结技艺是陌生的，通过班会课学习，学生意识到这项非物质文化遗产的影响力，激发了民族自豪感，培养了文化自信。另外，这堂课的学习也成功地催生了学生对传播该项青浦本土文化的想法。

存在的不足：茭白叶编结难度较大，学生尝试所耗时间较长，影响课的进度。此外，学生的汇报时间也较长，与之后思辨的相关性不是很强，影响自己的思路与发言。

（作者：上海市教育学会青浦清河湾中学　庄梦莎）

评析

将非遗文化的学习与传承作为教育主题，再将青浦练塘特产茭白作为教育资源，是这节班会课的一个亮点。课前，班主任组织学生开展社会调查，近距离采访江南著名茭白叶编结匠人，感受这项独特技艺的魅力。课堂上，通过播放视频，学生在教师指导下动手操作，体验学习这门技艺带来的乐趣，从而对非遗文化有直观、深刻、全面的认识，并领悟中华民间传统技艺的源远流长和迭代创新，树立保护青浦非物质文化遗产的责任意识。同时，由此了解茭白叶变废为宝的过程，强化绿色环保、资源再利用观念，进而培养热爱家乡、传承家乡文化的理念。班会课的设计和实施，可见别具一格。不过，让学生在课上尝试编结茭白叶，难度较大，又费时间，恐怕难以奏效。为此，可以课内外相结合，分散难点。

薪火相传，弘扬奋斗精神

——八年级"学习二十大精神，开展理想信念教育"主题班会

一、背景分析

1. 主题解析

中国共产党的发展史，就是一部为人民谋幸福、为民族谋复兴的奋斗史。习近平总书记强调："幸福都是奋斗出来的""奋斗本身就是一种幸福""新时代是奋斗者的时代"。奋斗是一种积极进取的精神力量，中国共产党人在长期实践中形成的坚定理想、百折不挠的奋斗精神，是推动中国革命、建设、改革事业不断前进的强大精神动力，已深深融入中华民族的血脉和灵魂。经过长期努力，中国特色社会主义进入了新时代，也是奋斗者的美好时代，为新一代接班人奋斗向前提供了广阔舞台。因而，我将这次班会的主题定为"薪火相传，弘扬奋斗精神"。

2. 学情分析

初中生将"奋斗精神"理解为做大事的人，或者大人们应该具备的品质，他们要等长大后再培养。调查中，教师发现学生对现在需不需要有奋斗精神，表现出不经心、不在意，甚至认为现在富裕了，不需要再像父辈那样艰辛，于是就放松了对自己的要求。对学生的成长来说，这种想法极为不利。学生的世界观、价值观还没有形成，正需要教育者的指导和自我修为来

达到完善。而在现实生活中，挥霍浪费的有，怕苦怕累的有，随遇而安的有，毅力不够的有。当然，也有一些学生愿意艰苦奋斗，但缺乏有效的指导。设计这节主题班会课，旨在引导学生弘扬奋斗精神，并将奋斗精神落实到日常行动中。

二、班会目标

1. 认知目标

通过学习党史、分享奋斗者的故事，了解中国共产党奋斗史的具体体现，以及奋斗精神之内涵。

2. 情感目标

通过微调查，真切感受奋斗精神的可贵；通过情境辨析，明确中学生需要树立奋斗的信念。

3. 行为目标

立足实际，从每一天的小事做起，践行奋斗精神。

三、班会准备

1. 教师

（1）搜集航天科技发展、青浦交通发展现状与前景的有关信息，以及平凡奋斗者的相关资料。

（2）整理音频、图片等资料，设计规划，制作表格。

（3）基于相关影视资料，制作PPT，并设计相关的预习单。

2. 学生

（1）学习了解百年党史、新中国发展史、时代楷模奋斗故事等相关资料。

（2）观看影视作品等素材，采取线上线下结合的方式，多种途径搜集有关党的二十大精神、奋斗精神的文件资料，分四个小组在课前开展微调查，并完成调查报告。

（3）采取询问家长、亲戚，以及走访朋友、长辈等多种方式，了解身边人的奋斗、逐梦小故事。

四、班会过程

1. 学党史，了解奋斗之内涵

- 学习党史，感党恩

导入： 播放《百年党史》视频（讲述建党百年来我国所经历的典型事件）。

教师： 在视频中，大家看到了什么，哪些画面令自己印象深刻，新中国的发展史是一段怎样的历史？

教师： 的确，新中国的发展史是一代又一代中华儿女的奋斗史。

- 分享故事，悟精神

教师： 请同学们说说从古至今有关奋斗的人物和故事。

预设： 人物有孙中山号召振兴中华、冯如造飞机、陈望道"真理的味道是甜的"、周恩来为中华之崛起而读书、梅兰芳把京剧推向世界……据此讲解这些杰出名人的奋斗史，以及背后蕴含的爱国奋斗精神。

教师： 从这些人物身上，大家发现他们有哪些奋斗特质？

教师（小结）： 正如大家所说的，中国的奋斗精神包括艰苦中的拼搏、永不懈怠的进取、百折不挠的斗争、躬行不辍的务实。

设计意图 教师播放《百年党史》短片，激发学生对党史知识的兴趣。学生结合自己的认知水平，讲述所熟悉的人物故事，提炼出中国奋斗精神的内涵。

2. 微调查，感悟奋斗之品质

教师： 梦想因拼搏而伟大，历史因奋斗而不朽。看今朝，中国经济实力跃上新台阶，创新驱动发展成果丰硕，改革开放迈出重大步伐，人民生活持续改善，生态环境逐步好转……这些举世瞩目的历史性成就、历史性变革，无不凝结着人们奋斗的心血。因为奋斗，人民才有了今天幸福美好的生活。习近平总书记在党的二十大报告中指出，"70年来，全国各族人民同心同德、艰苦奋斗，取得了令世界刮目相看的伟大成就"。下面，同学们交流自己的微调查报告。

- 以报告交流抒情怀

学生分四组汇报调查报告。

（1）航天科技发展（神舟火箭发射成功的背后故事，那是中华民族几千年的飞天梦想）。

（2）青浦交通发展现状与前景（未来城规划、环城水系公园）。

（3）普通老百姓的奋斗故事（园艺师、城市美容师等）。

（4）赵屯草莓姑娘周瑜的创业故事。

教师： 听了这么多奋斗者的故事，大家说一说，奋斗给我们带来了什么？

教师（小结）： 奋斗者的故事带给我们的启发是——奋斗不仅能让我们获得物质的满足，同时也能获得精神上的愉悦。

- 以身边榜样激励人

教师： 6月28日，全国首位视障播音硕士毕业生、来自中国传媒大学的董丽娜同学带来了2023年最震撼人心的毕业演讲，感动了全网！这个盲人女孩一直没有放弃追寻的脚步，她从大连盲聋学校到北京的中国传媒大学，从自考无门到获得硕士学位，在播音主持的道路上跌跌撞撞地成长。现在，让我们大家一起进入中国版海伦·凯勒的声音世界——关于奋斗，她是怎么说的。她那好听的声音带给大家信心和力量。（播放短视频，并呈现董丽娜的毕业演讲稿。）

教师： 听了这个故事，同学们有何感想？

教师（小结）： 奋斗的道路，从来不是一帆风顺的。强者总是从挫折中不断奋起、永不气馁，董丽娜就是如此。所以，"幸福都是奋斗出来的"，奋斗应该成为一种人人追求的新时代价值观，社会要建立起公平公正的奋斗环境，让每个有梦想的奋斗者都有努力的方向和获得成功的机会，真正感受到奋斗的幸福。

设计意图 通过微调查和分享奋斗者的故事，教师要激发出学生对奋斗者的敬佩之情，促使学生树立正确的奋斗观：明确奋斗的意义，懂得奋斗不仅仅是为了个人美好的生活，更是为了国家的繁荣昌盛。

3. 齐思辨，认同奋斗之要义

教师： 对上面提到的奋斗者，有的同学可能会有疑惑，他们都是做出伟大贡献的人，而作为普通中学生的我们，到底需不需要奋斗呢？

- 情境思辨，明责任

教师： 这里是两位同学的心声，大家一起来听一听。（播放音频。）

学生A：我妈妈说，家里不差钱，你也别给自己增加压力。看来，我跟奋斗无缘了！

学生B：我觉得奋斗给人们带来的不仅是物质财富，更重要的是精神财富，那是个人价值的体现。

教师： 对这两种不同的观点，同学们是如何看的呢？请大家先在组内讨论，然后派代表汇报自己是怎么想的，并说说这样思考的理由。

学生C：我也想要奋斗，但是当遇到一些困难时，就有点犹豫了，我该怎么办？

教师（小结）：作为新时代的中学生，大家应该薪火相传，弘扬奋斗精神。这也是时代赋予我们的责任。

- 集思广益，解烦恼

呈现漫画《小辉的烦恼》：

马上要升入九年级了，我很想考入自己理想的高中，为此一直在努力学习。课间，我利用零碎时间背单词、做作业。体育是我的弱项，所以我每天都坚持锻炼，努力增强自己的身体素质。可在我努力的时候，身边却传来不太友好的声音："瞧，弄得跟真的一样！""何必这样卷呢？"这种阴阳怪气的语气和神态，真的让我很不舒服，我不知道该怎么去面对。

教师：小辉的烦恼是什么？大家可以给他提一些什么建议呢？

教师（小结）：奋斗是青春的主色调。在学校里，上课仔细听讲，课间操、跑步不偷懒，课后作业独立完成……这就是奋斗。现在是人生奋斗的最佳时刻，假如此时不去拼搏、不去努力，又该等到什么时候？所以，同学们，行动起来吧，勤奋好学，团结协作，让奋斗为自己的青春画卷添上精彩的一笔！

设计意图　通过思辨讨论，教师要引导学生进一步领悟奋斗精神的内涵，确立中学生需要奋斗精神的信念，意识到奋斗并不是遥不可及的，自己随时都可以奋斗，从小事做起即可。

4. 扬精神，践行奋斗之行动

- 聆听寄语，悟方向

教师：经历领悟奋斗精神的内涵、树立勇于奋斗的信念这一过程，同学们该如何践行奋斗精神？现在大家一起来听一听习近平总书记的寄语！

播放《习近平：中国人民为实现中国梦而奋斗》视频。

教师： 同学们，听了习近平总书记这段寄语，你们受到了哪些启发？

教师（小结）： 新时代是奋斗者的时代，习近平总书记的话语昭示着新时代的际遇与挑战，明示着坚忍不拔、久久为功的奋斗精神。这些话语告诉我们，奋斗不只是响亮的口号，而是要做好每一件小事、完成每一项任务、履行每一项职责。一句话，幸福是奋斗出来的！

- 坚定信念，向未来

教师： 奋斗是人的一种精神风貌，任何一次拼搏进取的努力都是奋斗精神的体现。对于今天的学生来说，任何一次战胜自我、有所改进的行动，就是在奋斗。方向明确了，目标就具体了，现在请每个同学制作自己的"奋斗行为卡"，要细化到每天的小目标，并且坚持每天打卡。

设计意图 教师要引导学生从细节入手，将奋斗精神落实到日常行动、行为中，懂得克服学习中的困难需要"艰苦奋斗"，由此鼓励学生把奋斗精神融入日常学习与生活中，脚踏实地，做实做细，从自己做起，从身边的点滴小事做起。

五、后续拓展

1. 寻找身边奋斗者

   学生收集教师、同学、学校工作人员、家长等的故事，利用班会课进行讲解。

2. 试行"奋斗行为卡"

   引导学生以此为载体，记录自己每天克服了多少困难，做出了多少努力，并定期交流。

3. 完善"奋斗行为卡"

   根据此卡实行情况，进行阶段性评价与反馈。为了避免出现虎头蛇尾现象，班级将推出自我监督制、即时表扬制，以此鼓励学生持之以恒。

教师（总结）：人说"无奋斗，不青春"，没有奋斗和汗水的青春是不完整的，缺少热血与激情的奋斗是没有意义的。正是有了奋斗，青春的价值才得以彰显，人们才能拥有一段精彩的青春回忆。十三四岁的少年，假如成天唉声叹气，没有精气神，怎能承受起祖国的花朵、社会的栋梁等美誉？学习有其时效性，正值青春年少之时，同学们应当珍惜春光，努力奋斗，不负年华，莫等白了头，空悲切。奋斗的青春是最精彩的，愿大家始终与奋斗同行！

六、班会反思

这节班会课以奋斗精神为主题，将学与教、真与实紧密结合，引导学生将奋斗精神内化于心、外化于行。通过视频分享、漫画展示、对话问答、思辨导行、小组微调查等多种形式，教师设计并推进精彩的互动活动，引导学生深入思考为什么要奋斗、怎样奋斗，明确唯有奋斗，才能实现自我价值。在班会课的整个活动过程中，学生积极参与，情绪高涨，眼中燃起了奋斗之光。

当然，这次主题班会还存在着不足。如小组微调查交流中，关于奋斗精神的信息载体呈现得不够丰富，教师自身的知识储备还不够广博，课堂上也没有给学生多一点的思考时间，导致未能更深层次地延伸和拓展教育主题。

一场聚焦"奋斗"的主题班会，受教育的不只是学生，更有班主任自己。这次班会课提醒我，在日常工作中要善于抓住教育契机，在自己的言行中应潜移默化地渗透奋斗精神，力求教育过程中的知识储备要足，深度要够，逻辑性要更强。在今后，我将开设以理想信念教育为主题的系列化班会，继续引导学生在日常学习与生活中用实际行动践行奋斗之志，深化、延伸班会的教育效应。

（作者：上海市青浦区豫才中学　盛喆烨）

评析

　　结合百年党庆的纪念活动，将弘扬奋斗精神作为班会课的教育主题，据此引导学生深刻认识奋斗精神的思想内涵，并从自己做起，增强社会责任感，担当起新时代的新使命，这样的设计有创意、有特点。在这节课的准备过程中，教师不仅组织学生开展微调查，以激发他们的学习热情，而且通过自主探究活动，启发学生思考、领悟新知，进一步培养他们自主学习、合作学习的能力。班会课上展现的几个情境辨析，正是学生内心独白的表露。这不仅具有针对性，还能借助集体教育，营造良好的班级舆论氛围，有利于激发学生的奋斗意识，而且在微思辨中提高学生的是非判断能力。需进一步思考的是，在奋斗者事例中，可以选择学生熟悉的人，如家长或已毕业的学长，通过现场互动交流，以增强说服力，激发奋斗力。

人生的支点

——高三年级"理想信念教育"主题班会

一、背景分析

1. 主题解析

《中小学德育工作指南》明确提出,培养学生树立为共产主义远大理想和中国特色社会主义共同理想而奋斗的信念和信心。《新时代公民道德建设实施纲要》也要求:筑牢理想信念之基,把实现个人理想融入实现国家富强、民族振兴、人民幸福的伟大梦想之中。

《中小学德育工作指南》还指出,开展认识自我、尊重生命、学会学习、人际交往、情绪调适、升学择业、人生规划以及适应社会生活等方面教育,引导学生增强调控心理、自主自助、应对挫折、适应环境的能力,培养学生健全的人格、积极的心态和良好的个性心理品质。

2. 班情分析

进入高三,大部分学生在为高考而积极准备,为实现多年的理想做最后的冲刺。可是还有几个学生却总显得闷闷不乐、无精打采,还经常不能很好地完成家庭作业。询问原因时,他们总是用"最近状态不太好"之类的话应付,说是要好好梳理学过的知识,却迟迟不见行动。有时,因为一次测验成绩不理想,他们就一蹶不振,动摇了意志。到了高三年级,还有学生存在退改选科的想法，经常挂在嘴边的口头禅是"卷不动了，躺平算了"。总之，这些学生正处于一种"亚健康"的状态，表面上看没有什么特别的症状，若不加以重视，任其发展下去，久而久之，就会真的"生病"，还可能会"传染"给其他同学。

这节主题班会课以"人生的支点"为切入点，由"给我一个支点，我能撬起整个地球"这句力学名言，引申到"给人生一个支点，我们也能创造奇迹"，以此帮助学生分析目前遇到的困难，挖掘深层原因，进而引导学生走出迷茫，寻找支点，坚定不畏困难必能战胜困难的信念。

二、班会目标

1. 认知目标

让学生认识到人生需要"支点"，即远大的理想和坚定的信念。人生的"支点"能为自己指引前进的方向，明确奋斗的目标。

2. 情感目标

让学生通过伟人的故事，以及身边同学的真实故事，感悟人生"支点"的巨大力量来自坚守，即坚持努力和守护初心。

3. 行为目标

让学生能在学习和生活中找到自己人生的"支点"，坚定不畏挫折、战胜困难的信念。

三、班会准备

1. 教师

（1）邀请两名学生为全体同学分享自己的故事。其中一人多年坚持晨跑，体重成功减了 25 斤，并在校运会 800 米赛跑中夺冠；另一人坚持每年寒暑假开启线上"自习室"，带领全班同学一起自律学习，并撰写课题方案，深入研究提高自律的有效方法。

（2）查阅相关资料，制作课件。

2. 学生

两名受邀分享故事者准备发言内容。

四、班会过程

1. 看图说话，引出主题

教师：看到这张图，大家会想起物理学界的哪句名言？

学生（预设）：阿基米德——给我一个支点，我能撬起整个地球。

教师：物理学中的"支点"，指的是什么？

学生（预设）：指杠杆上固定不动的一点，在杠杆发生作用时起支撑作用。（教师板书：支点。）

教师：在人生方面，这张图还能给大家带来哪些启示？（用思维导图提炼学生的回答，板书呈示与"支点"相关的词语，如信念、理想、目标、动力等。）

教师（小结）：大家从这张图中还看出了一些人生哲理，让我深受启发。这节班会课上，我们就一起探讨"人生的支点"。

设计意图 教师以一幅简单的漫画引发高中生对"人生的支点"的思考，运用物理学的知识增强了班会课的吸引力。

2. 故事明理，感悟支点的力量

教师： 对一个人来说，"支点"有多重要，它的力量能有多大呢？大家先来看一段视频。

播放视频《钱学森的五年回国路》，它主要讲述的是钱学森在新中国成立之初怎样坚守"科学报国"的信念，冲破层层阻挠，历经五年辗转回到祖国，投身国家建设的故事。

教师： 支撑钱学森这五年的"支点"是什么？

学生（预设）： 回到祖国，科学报国。

教师： 大家试想一下，如果钱学森面对重重阻挠时放弃了这个"支点"，结果会是怎样的？

教师（小结）： 支点的力量不可估量。钱学森的"支点"几乎撑起了整个国家的希望，他是当之无愧的民族脊梁。同时，大家也看到了，让支点真正发挥巨大的力量，还在于一份坚守。那是一个支撑每个人坚守信念的点。

设计意图 教师运用伟人的故事，使学生感悟"支点"对人生的重要意义。

3. 榜样示范，解析支点的坚守

教师： 钱学森的故事，似乎会让大家觉得，自己离伟人太遥远了。那么，我们的身边有没有这样的榜样？其实，我班就有不少同学不仅找到了自己的"支点"，而且还一直坚守着，最终创造了奇迹。

- 周同学的故事

教师： 周同学在高一时是一个"小胖妹"，因为对自己的外形不满意，想让自己拥有更健康的身体，她就以此为"支点"，每天坚持在校园里晨跑，如今不仅成功减重25斤，而且还在校运会女子800米赛跑项目中勇夺冠军。现在，请她与同学们分享她的心路历程——她遇到过哪些阻力，又是怎样坚持下来的。

- 韩同学的故事

教师：我班班长韩同学，为提高同学们的学习主动性和自律性，每学期的寒暑假都会在班级群里组织大家开展小组学习活动。从发倡议信、写计划书，到每天早晚打卡、开复盘会总结当日得失，她都坚持下来了。她还撰写课题方案，持续深入研究提高学习自律性的方法。她在自己进步的同时，又带动着全班同学一起进步，因而深受同学、老师和家长的好评。现在，请她谈一谈，在这一过程中，是什么样的信念支撑着她的。

教师：听了两位同学的故事，大家说说她们的支点是什么？

教师（小结）：周同学在校运会上夺冠的场面，我至今还历历在目。两年前，没有人觉得她能做到，可最终她用自己创造的奇迹告诉我们，守住支点，贵在一份坚持！（板书：坚持。）韩同学为班级的付出，令我十分感动和钦佩。当下社会，有太多"精致的利己主义者"，班长却能在自己进步的同时，无私地带领着大家共同进步。我们要感谢班长，她让我们明白，想让支点发挥作用，除了坚持外，还在于一份"守护"，要守护我们的初心。那是一份更为远大的情怀。这样的支点，能带给我们更大的能量，从而创造更大的奇迹。（板书：守护。）

<u>**设计意图**　教师用身边同学的真实故事传递榜样的力量，使学生明白"支点"的力量，来自"坚持"和"守护"。</u>

4. 齐商共议，探寻有力的支点

教师：比起一些已经找到支点并正在坚守的同学，我发现还有一些同学很困惑、很迷茫："我的支点在哪里？"大家来读一读甲、乙、丙三个同龄人的求助信，你有没有和他们一样的烦恼，又想对他们说些什么？

学生甲：我大概到了"拖延症"晚期，没得救了！每个寒暑假前，我都会暗自发誓，这个假期一定要过得不一样！每天早晚，各刷两小时题，每天背50个单词，一定要提前把规定的假期作业做完，留点时间梳理知识点。

可是最终，还是逃不掉开学前赶作业的命！我这种人，大概干什么事都会半途而废、一事无成吧！

学生乙：我已经这么努力了，比班上很多同学都睡得晚，为什么还是不行？他们每次默写，好像看一遍就记住了，我明明背了半个多小时，最后还是没有他们默写得好。我是不是智商不行？这次物理又没考好，我是不是根本不是这块料？早知道这样，当初选文科也许还轻松点，可是现在换科肯定来不及了，真是一步错，步步错啊！

学生丙：我觉得自己前进道路上的最大绊脚石是我爸妈，我每天在家里苦命刷题，他们就坐在沙发上刷手机，还说自己上了一天班很辛苦。难道他们有我辛苦？下班后他们就没事了，而我放学后还要做作业。我爸老说他吃亏就吃在书没读好，要我好好念书。可我看他过得挺滋润啊，还整天说家里拆迁以后分到的房子，将来都是给我的，收收房租也能过日子了。他都这么说了，我还那么辛苦读书干吗？

教师： 大家看了这三封求助信，最想帮谁找一找支点呢？（学生小组讨论并交流。）

设计意图 <u>三封求助信反映出学生中比较普遍存在的一些迷茫和困惑，有的是因为动力不足，有的是因为方法不对，也有的是因为对学习的意义和价值认识不清。教师让学生在思辨中再次明晰，给自己的人生找到"支点"，这样才能目标明确，有坚持下去的动力。</u>

5. 班主任总结

这节课上，我们探讨了"人生的支点"，它是让人在挫折面前如磐石般不动摇的强大信念，是值得我们悉心守护、不断践行的远大理想。我们要做好这样的准备，一路上必然会经历挫折和磨难。在挫折面前，有的人轻易地退缩了，也有人能坚持下去，创造奇迹。现在，大家正处在高三这个需要内心强大、不断坚持的阶段，希望每个同学都能树立远大的目标，让自己有不断前进的动力。不妨想一想：如果今天的我没有坚持自己的理想，那么明天的我会怎样？未来，大家还可能遇到更大的困难或磨难，也许会有撑不下去的时候，到那时候，希望人人都会对自己说："给我一个支点，我能创造奇迹。"

五、后续拓展

教师： 大家给同学甲、乙、丙三人中的任何一人写一封回信，帮助他找到"人生的支点"。

设计意图 教师要引导学生回顾这节班会课讨论"人生的支点"过程中得到的启示，并在回信中也为自己寻找"人生的支点"，从而坚定自己的理想和信念。

六、班会反思

围绕理想和信念教育开设班会课，我总觉得这一主题过于宏大而无从下手。原本就迷茫、没有方向感的学生，也容易在"课上谈兵"后，一如既往地迷茫。所以，与其空喊口号，从要求学生树立远大目标、坚定信念着眼未来，不如先让他们说说当下的困惑、一时难以摆脱的迷茫，再让他们在事实与思辨的交互中真切体会到对信念的"坚"和"守"，一个在于意志力，一个在于行动力，两者相辅相成，方能助力成长。要做到这一切，虽然看似艰难，但凡事皆有可能，因为榜样就在身边。

这节主题班会课从伟人案例切入，引申到学生身边的同伴，我一直试图引导学生用一种假设思维去思考问题。从"如果钱学森面对重重阻挠时放弃了这个'支点'，结果会是怎样的"，到关于个人的思考"如果今天的我没有坚持自己的理想，那么明天的我会怎样"，希望通过这样一种反向思维让学生体悟到信念的强大力量。总体来说，这节主题班会课的目标达成度较高。

（作者：上海市青浦高级中学　王　洁）

评析

　　"给我一个支点，我能撬起整个地球。"这一句古希腊物理学家阿基米德的名言，早已家喻户晓。这节班会课的主题，也由此引出，以调动当代青年的激情与自信。这样的设计富有感染力，传递正能量。班会课的整个进程以"支点"为关键词，通过创设情境，引发学生对自己的人生进行思考，并引用钱学森的故事，让学生感受科学家的家国情怀，激励学生志存高远，将个人理想和祖国的未来紧密结合，可谓立意深远。课上选用的大量事例，真实性强，可信度高，引导学生在领会其本质的基础上，明白"支点"的作用，以及在遇到迷茫时如何寻找自己的"支点"，并投入行动。对高三学生来说，面临高考会出现一些应激性变化，为此，教师可以引导每个学生寻找合适自己的"支点"，积极应对，迈好人生的关键一步。

第 三 编

带班方略
——基于学生立场的班集体建设

> 专业指导

班集体特色创建丛谈

一、班级，应是学生的成长家园

心理学家罗伯特说过："人离开环境，便无行为可言。"班级，不仅是学生知识学习的场所，还是学生精神成长的家园——心灵在碰撞，智慧在丰盈。班主任作为"家园"中的成年人，要用爱心去经营它：让班级充满滋养生命成长的阳光和空气，让学生像种子那样在班集体里萌芽与生长。

1. 班级管理问题透视

在传统教育观念中，班主任被认为是班级的管理者、组织者和监督者，拥有很大的权威，却忽略了他们也应是学生的良师益友和合作伙伴，与学生共同承担班集体建设的任务。因而，班主任对班级的管理偏重于专断型、程式化，缺失学生的立场。本课题组对区内班主任工作现状的调查显示，传统班级管理的弊端主要表现在以下几个方面。

- 班级建设观念滞后

由于考试与升学的压力，班主任在班级工作中注重学生的学习成绩，尤其是考试分数。在这种观念影响下，班级日常管理基本上采用"圈养式"，班主任对众多班级事务往往不和学生沟通，便以教师权威要求学生无条件地服从。班主任这种以统一指令扼杀学生主体性、忽略学生自主性培养的程式化管理，导致班级死气沉沉，学生只能被动地接受。

- 班级建设目标偏离

由于班级建设观念滞后，班级建设的目标便发生偏离，聚焦于建立严格的秩序，以有效控制学生，保证知识学习正常进行。平时，班主任担心的主要是管不住学生，学生学习成绩出了问题；班主任高兴的，是班级学生在学科学习上进步大，学生在一些竞赛中成绩突出。这种班级建设目标定位上的偏差，对学生的长远发展是不利的。

- 班级建设基点错置

在班级建设中，不少班主任只是按上级指定的"规定动作"被动执行，未从学生立场出发，研究学生群体的特点和个体差异，以及学生发展的要求，并据此思考自己的优势条件等。由于对学生的实际情况把握不准，不少班主任只能盲目地跟从、效仿别人的做法，从而导致班级建设基点错置，班集体缺失生命的活力。

- 班级建设方法循旧

受传统教育观念影响，班级建设的方法总是因循守旧。很多班主任把班级管理的权力牢牢地握于手中，从班委选拔、班规制定、学生评价到日常管理，都是自己一手包办，学生无从参与。即使是班干部，也只是班主任命令的执行者，得按班主任的吩咐去做。他们即使有意见，也不敢向班主任提出。

上述班级管理中的问题，至少说明班主任以自己的良好意愿代替了学生的自主参与、自主体验。学生成了被动的接受者，他们的成长需求被遮蔽了。显然，这样的班级管理模式阻碍了学生的个性发展和全面发展。

2. 让学生当班级的主人

现代教育理念主张以学生为本，强调确立学生在班级中的主体地位，让学生真正成为集体的主人，突出他们在教育教学活动中的参与。因此，班主任要放下一直以来的成人立场，转向学生立场，充分关注学生生命成长的需要，挖掘班级这个同龄人家园的育人功能，鼓励学生积极参与班级活动及其管理，让每个学生的情感都得到激发、激活，思维都得到绽放、丰盈。只有充分发挥学生的主体作用，才能使学生成为班级的主人。这一认识可以从众多的思想理论中找到依据。

- 新基础教育的主张

华东师范大学叶澜教授倡导的新基础教育，经过20多年的实践研究，创生了自己的教育理论：把课堂还给学生，让课堂焕发出生命的活力；把班级还给学生，让班级充满成长气息；把创造还给教师，让教育充满智慧的挑战；把精神发展的主动权还给师生，让学校充满勃勃生机。这四个"还给"的教育主张，彰显了学生的主体地位。

- 陶行知的"学做主人"理念

陶行知的教育理念强调要培养学生"学做主人"，认为生活、工作、学习倘使都能自动，则教育之收效定能事半功倍。他用毕生的教育经验告诉教师，一个已经开始接受正规化教育的孩童，应该可以培养其自觉的行动，努力养成他们自主、自立和自动的意识；教育要确保每个人做主人，做自己的主人，做社会和国家的主人。因此，教师就要基于学生立场，培养学生的班级主人翁意识，自觉、积极地参与班集体建设。

- 苏霍姆林斯基的"自我教育"理论

苏联教育家苏霍姆林斯基非常关注学生的自我教育。他深信"只有能够激发学生去进行自我教育的教育，才是真正的教育"，并且认为自我教育是学生能否真正接受教育的关键因素。在此，他既指出了教师的主导作用，激发学生而不是靠学生自发，又明确了教师的外因地位：只是激发学生进行自我教育，而不是灌输，更不是去代替。苏霍姆林斯基不仅在理论上为自我教育做了奠基性准备，而且在实践中探索了培养学生自我教育能力的各种途径、方法，为人类教育留下了丰富的思想遗产。

- 现代人本主义心理学理论

美国心理学家亚伯拉罕·马斯洛认为，人类所有的行为都是由需要引起的，需要被满足的状况不同，人的行为也就不同。由此，他提出了著名的追求自我实现的需要层次理论，将人的需要分为最基本的生理需要、安全需要、社交需要、自尊需要和最高层次的自我实现需要（即成长需要）五个层次。基于学生立场的班集体建设中，教师可以将这一需要层次论作为心理学基础，引导学生成为自己所期望的人，做与自己能力相称的事，最大限度地发挥个人潜能，满足自我实现的需要。

综上，为改变传统的班级管理模式，本项目旨在引导班主任基于立德树人理念，从惯常的成人立场转向学生立场，以创建班集体特色为抓手，研究如何改善与优化班级教育与管理，通过不断创生班级新生活，促使班级群体和群体中的个体健康成长、主动发展。

二、中小学班集体建设的价值意蕴

1. 聚焦立德树人

培养什么样的人，怎样培养人，是关系到国家未来发展的根本问题。党的十八大报告指出，要把立德树人作为教育的根本任务。据此确定，为谁培养人——为党育人，为国育才；培养什么样的人——德智体美劳全面发展；如何培养人——实行全员、全程、全方位育人。立德，就是坚持德育为先，通过正面教育引导人、感化人、激励人；树人，就是坚持以人为本，通过合适的教育塑造人、改变人、发展人。

2. 坚持学生立场

坚持学生立场就是在班级建设与管理中，班主任要在以下几个方面提高认识。

- 深谙学生立场之"根"：认识学生的成长需求

班主任深谙自己的学生，知道他们和别的班级、别的学校的学生有何不同，他们有哪些成长的烦恼和快乐，有什么愿望和需求，这些都关乎学生成长之"根"。现实中，很多班主任对此可能一知半解、不甚了了。因此，班主任要花时间和精力去研究自己的学生，把握其年龄特点及成长需求，将学生当下的认知、情感、思维方式、行为方式，作为设计班级活动的起点和提升教育针对性的预设参照，寻求适合学生的教育内容和方式。

- 读懂学生立场之"魂"：教育要面向每个学生

在应试教育驱使下，班主任关心成绩好的学生，喜欢听话的学生，似乎已成常态。由此表现出对学生的狭隘的爱，班级里总有一部分学习成绩不怎么样的学生得不到教师的赏识。教育不能面向全体学生，就难有其"魂"。因此，班主任要确立学生立场，关爱每个学生，尊重每个学生，欣赏每个学生，让班中所有学生有困难能得到帮助，有烦恼能得到化解，有成绩能得到鼓励，有才华能得到展现。这样，学生的个性能得以充分发展。

- 把握学生立场之"本"：让每个人在班级中找到合适位置

把握学生立场，班主任要将班级管理自主权交还给学生，引导学生自理、自助、自律，逐步实现自己的干部自己选、自己的事情自己做、自己的同学自己帮，并放手让学生干部独立开展工作。在学生自主活动中，班主任可通过适时点拨，培养他们的组织能力。所以，坚持学生立场就是以学生发展为本，让每个人在班级中找到自己的合适位置。班主任可根据学生的成长需求和个体差异，指导其设计和开展富有创意的活动，从中获得锻炼和提高。

- 彰显学生立场之"体"：让学生在班集体中得到归属感

归属感是个体对群体的一种认同，对班级有归属感的一个重要表征是学生意识到自己在这个集体中占有的位置与拥有的价值。增强学生的班级归属感，除了赋予学生管理服务岗位，集体活动也是很好的载体。集体活动不仅可以消除学生的思想困惑，活跃班级氛围，还可促进学生团结，让人更喜欢这个集体。为彰显学生立场之"体"，班主任要根据学生的成长需求，创新活动形式。每次活动可有不同主题，同一主题可采取不同方式，让人人各展其才、各呈异彩。

三、基于学生立场的班集体特色建设基本内涵

1. 概念阐述

立场，指人在认识和处理问题时所处的地位和所持的态度。

学生立场，指站在学生角度，以此作为教育活动的出发点，去观察事物，处理问题。

基于学生立场，指让学生处于教育活动中心，一切为了学生、服务学生，即设身处地地体察学生的愿望和处境，真心实意地满足学生当前与长远的身心发展需要，重视学生的兴趣、爱好与已有经验和主动精神，不以成人的愿望代替儿童的愿望。

班集体特色建设，指从班级自身实际出发，在先进教育思想指导下，经过较长时间的创新实践，使班集体充满人文精神和人文关怀，凸显学生的主体地位，形成稳定的、与众不同的、具有鲜明个性特色的班级风格。

班主任立足学生立场，意味着承认学生是班集体建设的主体，尊重学生的成长规律，将学生身心发展现状作为班集体建设的出发点，将学生的成长视为所有工作的价值追求。

2. 内容挖掘

在班集体特色建设中，班主任可基于以上概念，挖掘如下内容。

- 构建民主自治的班级管理模式

建立以"自主、合作"为核心的岗位责任制管理模式，让学生在班主任指导下，用自我教育的力量管理班级，践行"人人是主人，人人有其责"的管理理念。这种集体化操作，调动了学生自主管理的能动性，体现了民主自治的管理理念。

具体内容包括民主制定班规、班干部轮换制、人人有岗位、班级民主生活会等。如岗位责任制的运行就有一个设置、竞聘、履职、考评、轮换的过

程，其中每个环节都在实践研究的基础上进行整体设计。班主任可据此提出按需设岗、自主竞聘、注重过程、多元考评和定期轮换等实施原则和推进策略，放大每个岗位对班集体建设、对学生发展的作用，放大每项工作对增强服务意识和发展个体能力的功能。

- **创设班级活动，有序推进自主化管理**

班级各项活动以《中小学德育工作指南》为依据，以体验式主题教育为主要形式，通过系列化设计，用丰富多彩的载体培养与锻炼学生的自主意识、管理能力。

活动内容可分为两大方面：一是聚焦班级日常生活，开展各项特色活动。班主任可让学生设计、主持相应活动，引导学生全方位、多角度地亮出自己的观点和看法。如组织班级名片设计赛、小才艺达人秀、寻找班级最美之星，举办"我当值日班长的演讲词""赞一赞我身边的同学""我的岗位我负责"征文比赛等活动，由此引导学生关注现实生活，从细节做起，把小事做好，在活动中增强自主管理的意识和能力。二是针对现实需要，举行系列主题班会。内容可以涉及理想信念、社会主义核心价值观、中华优秀传统文化、心理健康、生态文明等，各类教育活动可与学生实际生活紧密结合，以师生协作探讨的方式开展，从而促进学生情感交流、思维碰撞，在自主管理中体验和感悟自身思想品德的提升。

- **面向全员育人，形成协调一致的教育合力**

创建班集体特色，班主任首先不能单兵作战，除履行好自己的职责外，还要依靠班级任课教师、学校有关领导，统合这些力量，发挥各自的作用。其次，要关注家庭环境对学生的影响，重视目标引领，使家庭教育在方向上与学校协调一致。最后，要深入社区，了解社会教育资源，据此带领学生走出校门，参加社会实践活动，促使学生开阔视野、丰富知识、了解社会、增长才干。

采取的方式有：开展家访活动，密切家校沟通；开好家长会，加强家教指导；利用社区资源，对学生进行相应教育等。具体如班主任定期或不定期地召开班级学情通报会，邀请全体任课教师参加，共同分析学生学习情况，明确教育思路，研究工作方案，探讨管理策略，使全体教师达成共识，心往一处想，劲往一处使，结成步调一致的教育共同体。

- 用发展的眼光看待每个学生

学生的个性，没有好坏之别，关键在于教师怎么去教育与引导。好的评价方式，不仅有助于学生更好地体验自身成长中的进步和成功，还有利于其进一步认识自我，建立并保持充分的自信。为此，班主任要遵循学生身心发展规律和教育规律，尊重学生个性，努力挖掘学生身上的闪光点，建立一套健全、多元、行之有效的激励机制，运用自评、互评、组评、师评等多种手段，给予正强化激励。如此评价有利于学生个性的健康发展和潜能的充分激发，培养学生的创新精神和实践能力，为他们以后踏上社会打下基础。

具体措施有，开展班级小岗位能手、每周感动班级人物、班级每月风云人物、班级年度代表人物等的评选。如评选每周感动班级人物，先由各小组提名，以表彰班级里的好人好事。这种评选获奖人数较多，一般不发奖品，但可通报家庭，让家长获知孩子的在校表现。同时，利用班级的黑板报、墙报予以表彰。班级每月风云人物评选，将评出一个月内表现最令人瞩目的学生（小组或某个群组），是一种综合性奖励。学生在某个阶段、某些活动中表现抢眼，或因做了一件引起较大反响的好事，可被推荐为"班级明星"。这项活动的评选机制要灵活，奖励也要及时。每个月产生的表现突出的学生，则为评选班级年度代表人物打下基础。年度人物的评选是全方位的，不限于学习成绩。

四、立足学生立场的班集体特色建设运作策略

1. 建构整体框架

本项目围绕立德树人根本任务，坚持基于学生立场的班级教育与管理理念，以创建班集体特色为抓手，提炼与积累班集体建设过程中的基本思路与有效策略，构建班集体特色建设的操作框架，包括育人理念、班情分析、特

色定位、目标确立、实践举措、预期成效等，为班主任设计创建活动的整体架构提供有针对性的行动方案和具体环节，并借此提高班主任的建班育人能力。

2. 拓宽实施路径

- 课堂教学融入学生立场

课堂教学中的学生立场，是指教师教学要贴近学生的学习生活，贴近学生的生命成长。其中，教学设计要针对学生的年龄特点和已有基础，多从学生生活实际出发，让现实生活能更多地进入教学情境。课堂实施中，教师要尊重学生此时此地的生命感受，促使学生主动参与教学，引导学生融入教学情境，并通过教学活动激发学生生命成长，而不能居高临下、主观臆断，把学生当成完成教学任务的工具。当然，秉持学生立场绝不意味着可以放任或迎合学生，而是基于学生天性，引导学生体验生命乐趣，激发其真善美的情感。

- 教室环境彰显学生立场

教室是班级的生存空间，教室布置要把握以学生为主的原则。教室布置中的学生立场，是指让学生通过同学之间的人际交流、合作创新、成果共享等活动，培养自主能力，实现班集体建设的目标。如新学期开学时，班主任可指导班干部召集学生开会，共同策划教室布置主题，通过全班讨论，确定布置主题；然后群策群力，自主谋划、自主设计、自主实施、自主评价，让人人都能为布置教室留下自己精彩的一笔。教室布置的内容，要显示学段特点，如小学可用童话故事展现自然与生活，初中可彰显走向青春的生命成长特色，高中则宜强调对人生价值的认知与追求。

- 班级活动呈现学生立场

班级活动中的学生立场，指向活动目标与计划制订、活动内容和方式选择、活动过程的组织管理等。这些任务可让班干部和学生自己承担，以最大限度地调动每个人的积极性，让大家在活动中施展才华，体验成功与快乐。这样的班级活动是进行学生自我教育的有效途径，并能提高学生的自主意识和创造能力。如在一次"我为班级献金点子"活动中，有的学生提出建立班级活动竞标制，有的建议教室里设置每天学习任务提示板等。班主任据此指导学生干部收集整理这些金点子，并组织全班讨论，再通过投票选择大家认同的提议，作为班级活动主题。这样不仅增强了学生的主人翁意识，挖掘了每个人的潜能，而且使学生通过奉献自己的才智，感受到集体的温暖和友谊，丰富自己的情感，锻炼和提高自己的能力。

- 实践体验再构学生立场

实践体验，是新课程的一条重要实施途径。实践体验中的学生立场，是指在了解学生知能基础的前提下，班主任设计形式多样的社会实践活动，引导学生走向自然、走向社会，培养综合实践能力。一是让学生在实践活动中通过亲身经历、亲自感受，获得直接经验，如春秋游学活动。二是让学生在模拟情境中扮演角色，以一种新的身份开展活动，在角色体验中增长学识和本领，如"我是家务小达人""我是社区小主任"等活动。三是引导学生开展小课题研究，或参加项目化学习，让学生在自主探究中发现问题、提出问题、分析问题和初步解决问题，从而获得科学研究的体验，激发对问题的探究兴趣。

- 日常管理渗透学生立场

日常管理中的学生立场，是指以学生的"自主、合作"为导向，探索班级管理模式。如根据实际情况设立学习部、宣传部、礼仪部、文艺部、纪检部、劳动部、卫生部、体育部等班级职能部门，分管具体事务。每个部由4~6人组成，人员组合注意性别、学习基础以及性情、爱好、特长等的搭配，充分发挥不同学生的互补性，部长则在自荐和推荐的基础上产生。职能部实行部长负责制，以强化自主管理机制；部长试行轮流制，每周或每两周一次。

- 家校联动重申学生立场

班集体特色建设中，班主任要用好家庭教育资源，通过协调家校关系，激发家长的责任感和合作育人的积极性。在家校联动中重申学生立场，指班主任要强调家长教育子女应尊重孩子人格，并向家长传播先进家教理念，提供科学育儿方法。如引导家长了解孩子身心成长规律，帮助孩子理性规划未来发展，关注孩子思想情绪的波动，适度安排家务劳动，不盲目送孩子参加校外培训。平时开展亲子阅读，倾听孩子心声，做孩子的朋友，帮助孩子排忧解难，指导孩子合理安排时间，加强体育锻炼，督促孩子按时就寝，确保睡眠充足。

上述每条实施路径都有其适用范围，班主任选择时可对此进行比较，从中确定最合适的路径，即考虑班集体建设的具体任务、班级学生当时的情况、每条路径的特点及可能存在的局限性。

五、凝练班级特色，构建带班育人方略

方略即"方针"与"策略"："方"倾向于方向、方针，引申为基本理念；"略"倾向于策略、路径，引申为具体措施。

带班育人方略，指班主任在立德树人工作中，以秉持的教育理论理念、育人方向为指导，所采取的具体化、系列化、特色化的班级教育与管理措施。它是在班集体特色创建的基础上厘清班级发展计划与实施策略。界定带班育人方略，涉及班情分析、育人目标、带班理念、策略做法、预期成效等方面。班主任要设计一个成体系、有实效、有创意、有特点的带班育人方略，可采取本项目在实践研究中形成的这一思路：要把学生带到哪里去——基于教育的纲领性文件；为什么要把学生带到那里去——基于社会发展与个体成长需求；如何把学生带到那里去——基于具体的实践方式；怎么确定已经把学生带到了那里——基于可量化或外显的成绩。

1. 如何提炼带班育人方略

南京师范大学教育科学学院班主任研究中心主任齐学红教授对此提出了如下建议。

- 整体思维：体现带班育人的计划性和系统性

带班育人方略要求体现班主任带班育人的针对性、计划性、系统性、操

作性及创新性，体现班主任对于班级教育问题解决方法与策略的系统思考，它不是一系列活动的简单堆积，更不是预设性的方案设计。班主任要从学生身心发展规律出发，确立班级育人理念，确定班级发展的长期、中期、短期目标，并通过主题化、系列化的教育活动加以具体实施，进而达成良好的教育效果。

- 问题意识：指向青少年的社会性学习与发展

带班育人方略应具有明确的问题意识和指向性，其形成来源于班主任对个别学生发展和班集体发展状况的综合分析与判断，体现面向个体与面向集体的教育的有机结合。缺少基于学生立场的同情心、同理心，势必无法写出有针对性的学情分析，也无法形成清晰的育人目标和带班理念。班主任应自觉成为儿童研究专家，深入研究不同年龄阶段学生身心发展的规律和特点，准确把握青少年认知、情感、社会交往的特点及世界观、人生观、价值观的形成规律，充分认识班级在青少年社会性发展中的作用与影响，据此制定针对性、系列性、阶段性的班级发展目标，进而发挥班集体的育人作用。

- 课程领导：整合班级教育资源的意识和能力

带班育人方略的形成集中体现在班主任整合班级教育资源的意识和能力上，即班主任的课程领导力。班主任除了面对学生及其家长，还承担着建设班级教育团队的责任，需要沟通与协调班级任课教师的教育力量，形成家校共育的教育合力。当面对班级个别学生或班集体中出现的问题时，班主任不是单枪匹马、孤军作战，而要善于向家长、教师甚至学生借力。为此，班主任应树立整合教育资源意识和课程开发意识，将班级学生客观存在的问题转变为教育资源，善于发挥班级教育团队的力量。

2. 提炼带班育人方略需注意的问题

河南大学教育学部党委副书记、基础教育研究院院长蔡建东认为班主任要注意如下几点。

- 高度重视班情，分析逻辑起点

每个班级都有自己的"个性"，带班育人方略要体现出班级的针对性。

现实中，不少有经验的班主任有过"砸"在一个班级手里的经历，就因为犯了经验主义错误，对所带班级学情分析不足，继续沿用老办法。从某种意义上说，带班育人方略无定法，贵在得法，是否有实效，关键在于班情分析是不是到位。

- 注重体系化的同时，更要注意逻辑自洽

体系化是对带班育人方略的基本要求。体系化是指从班情分析、育人目标、带班理念，再到策略做法，有主线贯穿而形成体系。这条主线的重点是在班情分析基础上、育人目标和带班理念框架下所形成的一套策略做法。每一条策略做法都应该是对班情、育人目标、带班理念的实践回应。

- 注重从更广泛的视角构建班级协同育人机制

带班育人方略把重点放在学生身上是正确的，但带好一个班仅从学生着手是远远不够的，还需要充分发挥班主任的纽带作用，协调各种教育资源，从任课教师、学生家长，以及学校相关科室、社区等更广的维度，构建班级的协同育人机制。

- 直面社会关切的教育热点、难点问题

教育热点、难点问题反映了广大人民群众的普遍关切。当然，有些问题不是班主任考虑的，但有些问题确实需要通过班级来具体落实，如"五项管理""双减""延时服务"等。带班育人方略可以对一些教育热点、难点问题有所回应。事实上，不少优秀的教育创新典型案例就是在班主任带班育人方略微创新的基础上形成的。

六、初步成效

1. 班主任的育人观念发生转变，育人方式在不断改进

在班集体特色建设中，班主任进行了实践探索，育人观念发生转变，育人方式也在不断改进。他们开始注重学生主体性的培育、学生潜能的发掘、学生主观能动作用的充分发挥。在班级活动中，班主任重视学生优秀道德品

质的养成、正确思想方法的掌握和良好行为习惯的学得，以及它对个体成长的重要价值；强调内在的、品质的、个性的、情感的、意志的、能力的培养，以及对学生全面发展的作用。在班级管理中，更重视工作的规范化、系统化、制度化、特色化。因此，班主任在引导学生健康成长的同时，也进一步提升了自身的建班育人能力。

2. 学生的成长需求得到满足，个性特长在逐步发展

参与本项目的一线班主任，在班集体特色建设实践中，坚持"立足学生、突出主体，服务学生、关注差异"的教育理念，为学生的成长发展提供合适的平台，让学生的智慧充分发挥，个性特长逐步发展。班主任通过组织各项班级活动，使学生意识到自己在集体中的地位，提升自我价值；通过丰富学生的实践体验，使每个人都成为班级的主人，从而增强主人翁意识和自尊意识，并推动学生关心班级、热爱集体。从实际成效看，这些班主任所带的班级，学生阳光乐观，活动组织能力强，师生关系融洽。

3. 班主任建班育人能力逐步提高，良好班风在逐渐形成

众多班主任在参与实践探索中，逐步感悟到自己的角色有了明显变化，从传统的教育者与管理者变成了育人的研究者。他们不仅研究班集体如何形成，还研究不同学生的需求，直至班级教育规律。在班主任建班育人能力逐步提高的同时，良好的班风也在逐渐形成。

总之，班主任的带班方略意识，是在认清、反思、重构自我的过程中，去思考"我是什么角色，我要将这个班级带向何方，我用什么办法去实现"，意即在主动而为、用心研究、专业成长中明晰自身的岗位职责，由此确立明确的班级目标，规划适切的带班育人方略，助力学生健康成长。期待更多的班主任不断实践创新，不仅带好班，更要写好方略。

本编汇集了10个班主任带班方略的实践经验。我们从中可以感受到，班主任是怎样从班级建设目标、建设内容到实施过程，对这些经验进行系统性、有针对性的梳理的，进而找到把班集体凝聚在一起的"支点"，形成带

班育人策略。当然,这些文本还可以随着班集体特色的进一步建设而不断完善。

参考文献:

1. 袁文娟,李家成.学生立场的理解与践行[J].班主任之友(小学版),2012(6).

2. 袁文娟.教育需要坚守"学生立场"[J].中国教育学刊,2017(9).

3. 张向众,叶澜."新基础教育"研究手册[M].福州:福建教育出版社,2015.

4. 关影红.创建特色班集体的思考与探索[J].小学德育,2011(4).

5. 贾永春.让班级成为师生的精神家园——特色班集体建设的实践探索[M].上海:华东师范大学出版社,2018.

(注:本文系2021年上海学校德育"德尚"系列研究课题"立德树人视阈下,基于学生立场创建班集体特色的实践与研究"的主要成果。)

案例及解析

"毓见"最美自己，创建自信班级

一、育人理念

"毓见"最美自己，指教师通过美育，引导学生赏识美、内化美，推动学生求真、向善、尚美品格的形成。育美，与诸育相辅而行，是育德、促智、健体的教育，是帮助学生获得情感体验、习得艺术技能的基础性教育，是培养学生积极向上、充满自信的良好品格的有效途径。

二、背景分析

1. 政策背景

《中小学德育工作指南》指出：引导学生形成积极健康的人格和良好心理品质，促进学生核心素养提升和全面发展。2016年，习近平总书记在五四青年节前夕强调："心中有阳光，脚下有力量，为了理想能坚持、不懈怠，才能创造无愧于时代的人生。"

2. 学情分析

我校是一所以外来务工者随迁子女为主要对象的九年一贯制公办学校，我带的班级共有35名学生，其中男生23人，女生12人，男女比例严重失衡。学生全部为外来务工者随迁子女，来自全国 11 个省份。因父母工作不稳定和升学政策的影响，学生的流动性很强。高流动性使学生常常面对亲朋分离、学习生活环境转变、教学方式不适应、多个地区文化差异等困境，学生行为习惯较差，自信度普遍不高，彼此之间存在较大的认知差异。

三、班级发展目标

1. 总体目标

基于"让每一个学生充满自信和希望，使每个学生快乐成长"的校训，我以"育美"系列活动为载体，依托课堂主渠道，强化学生良好行为习惯的培养，让学生在育美过程中体验成功，树立信心，成为劳动美、仪表美、语言美、举止美、心灵美的最美接班人，进而建设一个充满自信的班集体。

2. 分段目标

聚焦良好行为习惯的培养，构建学生、班级、家校一体化教育网络，通过"遇美""亲美""爱美"三种主题育美活动，引导学生知美、识美、赏美、护美、展美、创美；同时，搭建学生自主管理平台和家校合作共育桥梁，造就劳动美、仪表美、语言美、举止美、心灵美的"五美"学子。

基于"低起点、小坡度、分阶段、分层次"的操作原则，我把小学五个年级分成低、中、高三个不同学段，再根据各学段学生的年龄特点和身心发展规律，研制分段目标和具体要求，构建螺旋式递进的内容体系。

学 段	主 题	细分目标	具体要求
低年段（一、二年级）	遇美：知美、识美	劳动美	（1）学会整理、叠衣服和袜子等个人物品；（2）学会摆放碗筷、扫地等小型家务；（3）认领班级里的小岗位，学会小岗位的劳动技能。
		仪表美	（1）做到每天穿校服上学，并保持整洁；（2）上学穿运动鞋，不穿拖鞋；（3）平时勤洗手，保持手部清洁。

续 表

学 段	主 题	细分目标	具体要求
低年段（一、二年级）	遇美：知美、识美	语言美	（1）不打架，不骂人，不说脏话、粗话；（2）不给别人起侮辱性的绰号；（3）会使用简单的礼貌用语。
		举止美	（1）不乱丢果皮、纸屑；（2）不追逐打闹、大声喧哗；（3）上下楼梯靠右走；（4）不在桌椅、墙壁上乱涂乱画；（5）外出、回家时要和家人打招呼。
		心灵美	（1）不欺负比自己小的同学；（2）不欺骗老师、家长和同学；（3）未经主人允许，不随便动用他人的东西；（4）借别人的东西要爱惜，及时归还，损坏东西要赔偿。
中年段（三年级）	亲美：赏美、护美	劳动美	（1）学会养护小型绿植；（2）学会给长辈做早餐或简单菜品，并学着照顾弟妹，积极参加力所能及的家务劳动；（3）坚持垃圾分类，并用自己的行动影响身边的人。
		仪表美	（1）每天上学穿校服，并保持整洁，佩戴好红领巾等；（2）上学穿运动鞋，不穿拖鞋；（3）勤换衣，勤剪指甲，勤洗头、理发。
		语言美	（1）会用礼貌用语，待客热情大方；（2）向人问候要大方得体；（3）尊敬师长，关爱同学，善待他人。
		举止美	（1）不乱丢果皮、纸屑，不追逐打闹，不大声喧哗；（2）上下楼梯靠右走；（3）不在桌椅、墙壁上乱涂乱画，看到杂物主动清理；（4）节约水电；（5）合理使用电子终端产品。
		心灵美	（1）未经允许，不乱动用别人东西；（2）主动与父母沟通，学会关心父母；（3）学习上不懂就问，不能不懂装懂；（4）不抄袭同学的作业，不搞假签名；（5）答应别人的事要尽力做到，不能做到要及时说明原因，并表达歉意。
高年段（四、五年级）	爱美：展美、创美	劳动美	（1）学会换洗被套等家务劳动；（2）学会小型家用电器的使用与保养，并注意自我保护；（3）尝试管理家庭一周开支；（4）热爱劳动，积极参加力所能及的家务劳动、志愿服务和公益劳动。
		仪表美	（1）穿戴整洁，朴素大方；（2）不烫发、不染发、不佩戴首饰；（3）男生须短发，发型不怪异，女生头饰不宜过于花哨，长发不得披散。

续 表

学　段	主　题	细分目标	具体要求
高年段（四、五年级）	爱美：展美、创美	语言美	（1）使用文明语言；（2）说话注意场合，不打扰别人的工作、学习和休息；（3）说话和气、文雅、谦逊、有礼貌。
		举止美	（1）看到杂物主动清理；（2）节约水电，不用饮用水洗餐具；（3）遵守公共秩序，在公共场合不喧哗、拥挤；（4）遵守交通法规，自我保护意识和安全意识强；（5）合理使用电子终端产品，健康上网。
		心灵美	（1）孝亲敬老，尊重师长，关爱同学，善待他人；（2）诚实守信，答应别人的事尽力做到；（3）尽最大努力学习，不让师长担心；（4）用多种方式来表达对师长的感谢；（5）遇到挫折时，积极寻求解决的方法。

四、实践过程

1. 自主管理，促进自我发展

大量实践证明：让学生自我管理，就能激发他们更大的动力，形成积极向上的良好风气。于是，我注重搭建学生自主管理平台，发挥班委组织的作用和小岗位制的功能。

• 发挥班委的"火车头"作用

俗话说，火车跑得快，全靠车头带。我采取班级自主设岗、学生才艺展示、公开择职等方式，选拔出老师认可、同学满意的班委干部；再通过加强培训、适时指导，鼓励干部以规范的行为、良好的风范、优质的素养，发挥带头作用，成为全班学生学习的榜样。

• 不断完善班级小岗位制

每学期初，通过学生自我推荐、民主评议等方式，我不断落实班级每个管理小岗位的责任人，使学生至少负责一个岗位，定期为班级服务。每学期，对小岗位做到有轮换、有评比、有奖励，形成有效的管理机制。

我还引导学生将小岗位意识带到家中，让他们在家中也有一个岗位，帮助父母承担一些力所能及的家务，并定时更换。

小岗位制培养了学生的主人翁意识，强化了"班级是我家"的观念，推动养成教育落到实处。

• 增设流动岗位

班级设有值日班长制度，辅助班长管理班级事务。值日班长实行全员参与制，每日轮换，让每个学生都能当家做主，旨在锻炼学生多方面的能力，增强主人翁意识。

以上自主管理机制的有效运作，为学生创设了自我管理平台，让学生走上了自我锻炼、自我教育的道路。

2. 活动体验，感悟真正的美

为将行为规范教育融入每项德育活动，我根据学生年龄特点，有针对性地分年段组织行为规范教育活动。

• 遇美

低年段，围绕知美、识美，我加强适应期教育，引导学生在"遇美"中懂得何谓"美"，通过具体践行"五美"要求，养成基本的文明行为。

一年级学生，正处于幼小衔接的过渡阶段，活动体验的重点是适应学校环境和新的学习生活，懂得基本的一日常规。开学初，召开新生家长会，下发《一年级新生入学手册》，以取得学生家长的支持。我将班级一周作息安排和学生在校九项制度作为行为规范教育的基础内容，用一个月时间开设实践活动课程，强化行为规范训练。训练形式有各科教师的常规讲解、情景模拟、儿歌背诵等，并通过检查评比，强化落实。在班级开展行为规范儿歌创编活动，以通读易懂的形式让学生记住。如上课铃响了，学生便念："铃声响，进课堂；手放好，胸挺直；小嘴巴，不讲话；等老师，来上课。"二年级在此基础上，开展系鞋带、理书包、戴领巾、行队礼比赛，还利用入队仪式强化行为规范训练。

低年段的行为规范教育，要做到日评、周反馈。这种及时性评价有助于学生树立规则意识，养成良好的行为习惯。

- 亲美

中年段，围绕赏美、护美，重在培养规则意识。于是，我引导学生寻找并欣赏身边的"五美"形象，自觉维护美好的环境，通过天天亲近美、人人亲历美，在相互督促中初步形成规则意识和民主法治观念，养成良好的生活习惯。

学生学习《中小学生日常行为规范》，进一步明确生活规则，讨论制定班级公约和个人行为准则公约。利用班会、晨会、午会，通过榜样示范、情景体验、活动参与，我教育学生追求美、鉴赏美，并努力保护好身边的美。如围绕行为规范养成，开展专题教育、"我为班级形象代言"等活动，举办班规、班徽、班训、班级环境布置设计大赛。这些活动从不同侧面展示班级文化风采，让学生学有榜样、赶有方向，激励学生向校级"最美班级"评选进发。

- 爱美

高年段，围绕展美、创美，强调自主自律教育。于是，我引导学生辨析美的内涵，提升"爱美"的意蕴，并以适切的行为展示美的形象，创造最美的自己。

高年段学生已有一定的独立见解和行为能力，学校的行为规范教育要与学生的自我教育相结合，以充分调动学生的积极性、主动性。为此，我依托"班级小岗位"让学生开展自主管理，每学期定岗定责，将常规落实到班级纪律、安全、卫生、信息、财产等各个层面。如组织岗位小能手评选活动、开展"什么才是真正的美"微辩论等，引导学生强化道德认知，获得道德情感体验，提升自我教育能力。

3. 家校协同，凝聚教育合力

学校与家庭的有效沟通，对学生的教育是至关重要的。我班学生的家长大多忙于生计，无暇顾及孩子的生活和学习。很多家长对孩子没有明确要求，多数表示孩子能读到什么程度，上学就到这个程度，以后能干什么就干什么。面对现状，我不怨天尤人，而是想方设法寻找家校协同共育的结合点，并通过以下几种方式实施家教指导。

- 整合家长特长，壮大班级家委会队伍

我校学生家长都是外来务工者，工作地点变动频繁，家长委员会成员的流失便成为常态。面对这一情况，为保证家委会正常运作，我结合本班学生家长的工作特点，整合家长特长，对家委会管理岗位进行"划区"，分为活动、卫生健康、后勤、财务以及家教指导五个区块。每个区块设1名负责人，这5名负责人即为家委会核心成员。同时，鼓励家长根据各自特长、喜好和空余时间，自愿报名相应管理岗位。这就壮大了家委会队伍，让班级活动有了稳定的后援，实现了"铁打的岗位，流动的家长"。为了发挥家委会的作用，我请求各位成员发挥自身优势，结合学校和班级活动，从学习习惯、学习方法、兴趣爱好、卫生健康、家务劳动、社会实践等方面着眼，设计并实施一系列促进孩子学习与生活的活动。如协助班主任做好家校协同育人宣传，传达正确的教育理念，传授科学的教育方法，并利用家长会进行家教指导，印发家庭教育手册供家长学习。

- 组织家长沙龙，建立家长学习共同体

聚焦家校共育核心问题，组织家长沙龙，共商对策，促成家庭教育问题的解决。在这一过程中，拓展学习模式，尝试运用"巴林特学习四步法"进行家教指导。由此建立家长学习共同体，引导家长和教师共同参与，通过互相倾听、互相指导，发挥家长、教师的双主体作用，从而改变单纯听讲座、阅读家教资料等封闭、单向的指导方式。在家校共育叙事研究活动中，家长不仅是学习者，还担当了引导者、传播者的角色。第一轮学习共同体活动结束后，有成员还担任了第二轮的导师，孵化了更多的学习共同体，发挥了辐射效应。

- 开展亲子活动，协调亲子关系

亲子活动形式多样，如邀请家长做讲师向学生介绍自己的工作，组织亲子包馄饨、线上线下亲子共读、亲子科技节、"劳动最光荣"孝亲、家风家训展示等活动，以及实施家长开放日，由此引导家长关注孩子的成长细节，发现其中的闪光点和不足，提高家庭教育的针对性。

- 建立班级微信群，及时沟通无障碍

家长可以通过班级微信群，在百忙中第一时间掌握孩子在校的基本动态。同时，也可以通过微信向班主任发表自己的看法和建议，使家校及时沟通无障碍，相互协调较快捷，实现了协同育人。

4. 多元评价，发挥最美典型的示范作用

- 评选最美学子

结合学校"育美"系列教育活动，班级每学期开展"仪表美少年""卫生小标兵""语言美使者""管理小能手""行规示范员"等评选活动，并将评出的这些最美学子推荐参加学校评选，通过榜样的示范作用，引领学生向更高目标前行。

- 最美家庭评选

根据学校制定的《好家长条例》，班级开展知行美、陪伴美、健康美、勤劳美、情感美的"五美"家庭评选，推选出最美家庭，并参加校级评选，以此促进家校和谐。

五、特色与成效

1. 心系美好，自信出彩

通过系列教育活动，学生的言行举止发生了很大转变。课间追逐打闹没有了，取而代之的是聊天、散步。同学交往中即使产生矛盾，也看不到互相辱骂甚至打架的行为，而是彼此讲明心中所想，及时化解误会。走进教室，你会发现学生衣服得体，干净整洁，不追求另类时尚，也不攀比名牌，大家都明白衣服舒适才是美的。

在全体学生的共同努力下，班级风貌换新颜，团结一致，友爱向上。在学校各项评比中，我班屡获行为规范示范班、文明用语示范班、优秀中队等荣誉。学生则将"五美"内化于心，变得更阳光、更自信。他们积极参加各项比赛，取得不俗的成绩，如区"雏鹰杯"中小学生经典诵读综合艺术展演三等奖、上海市"美丽中国 壮我中华"中小学生影视征文（青浦赛区）小学组三等奖，以及校"六一"主题展演评比一等奖、十五届冬运会团体一等等奖等。

2. 家校携手，和谐共进

在五年的家校沟通系列活动开展过程中，家长对学校教育给予高度评价，自己的教育观念也改变很多。以前，有些家长认为只要供孩子上学，给孩子吃饱穿暖就是尽到了责任；还有些家长回家后只顾自己玩手机，也不愿花心思和孩子交流。现在，家长普遍重视亲子交流，愿意坐下来和子女说话，倾听孩子心声，而且懂得要尊重孩子，不把自己的意愿强加给孩子，习惯于征询孩子的建议。亲子关系融洽，家庭氛围和谐，学生的心理健康得到呵护，对学校教育也起到了促进作用。

家校携手中，我班也收获了些许荣誉：有两个学生家庭获校"五美家庭"荣誉，一名学生的父亲获校"优秀家长讲师"称号，我也被评为校"家庭教育指导优秀导师"。

3. 协同伙伴，专业成长

一个班级的教育与管理，仅靠班主任的力量是远远不够的。在全员育人的理念下，我努力做好班级导师和各科教师的联络员，取得了他们的信任。在教育活动中，我主动和伙伴们沟通，认真听取他们的建议，也从他们那里及时了解到学生的近况。大家心往一处使，共同做好学生的引路人。

在带班育人路上，我也在努力提升自己的理论水平和专业素养，如阅读专业书籍，总结带班经验，撰写多篇论文并发表。我还积极参加各项比赛，获得了区春晖奖、区班主任基本功大赛二等奖、市班主任基本功大赛三等奖等荣誉，锻炼了自己的专业能力。为进一步提升专业水平，我申报并成为了区班主任工作室主持人。在专家引领下，我和志同道合的伙伴一起，进一步提升班主任的育人理念和教育指导能力，促进自身专业成长。

（作者：上海市毓华学校　刘　晶）

评析

　　针对班级学生来自各地、流动性大、适应性差、自信度不高等特殊情况，在"育美教育"理念引领下，教师以培养"劳动美、仪表美、语言美、举止美、心灵美的最美接班人"为目标，建设了一个充满自信的班集体。实践探索中，根据小学低、中、高不同年龄段学生的身心特点，教师分别开展"遇美""亲美""爱美"三类依次递进的育美主题活动，引导学生从"知美、识美"到"赏美、护美"，进而走向"展美、创美"。同时，搭建学生自主管理平台，寻找家校共育结合点，创新活动体验内容，发挥多元评价作用，彰显了育人的全面性和独特性。不过，这一切教育行动与相应举措当以带班育人方略进行统辖，并对"自信班集体"的内涵予以明确概括。此外，标题中的"毓见"这个主题词也需在文章中有清晰解读。

建书香致远班级，育气质鹤美少年

一、育人理念

欧阳修说："立身以立学为先，立学以读书为本。"苏轼也言："博观而约取，厚积而薄发。"可见，阅读是一个人的修身之本。我结合自己做班主任工作的实践经验，从小学生的身心特点出发，以"崇德博观，书香致远"为理念，引领建班育人过程：通过开展丰富多样的读书活动，引导学生多读书、读好书、乐读书、善读书，创建书香文化，让班级成为有浓郁读书氛围、有凝聚力的书香致远班集体，让每一个学生快乐、幸福、欢悦地体悟阅读的魅力，成为知书达理、有高尚品德、有理想追求的气质鹤美少年。

二、背景分析

1. 政策背景

《中小学德育工作指南》在文化育人方面指出，推进书香班级、书香校园建设，向学生推荐阅读书目，调动学生阅读积极性，提倡小学生每天课外阅读至少半小时。习近平总书记在给首届全民阅读大会的贺信中提出："希望孩子们养成阅读习惯，快乐阅读，健康成长；希望全社会都参与到阅读中来，形成爱读书、读好书、善读书的浓厚氛围。"

2. 班情分析

- 学生特点：对读书感兴趣

本班共有 45 名学生，其中男生 22 人，女生 23 人。学生大多性格开朗，充满活力。学生入学一段时间后，全班经过讨论、投票，最终以"旋风"为班级命名。其中寓意，即每个人要像风一样无所不往，像风一样所向披靡，并能"旋"出自信人生。通过日常观察和调查，我发现旋风班学生有一个共同的特点，即对读书感兴趣。

- 家长态度：较重视孩子阅读

通过家访和平时接触，我发现多数学生的家长比较重视培养孩子阅读的习惯，希望孩子在阅读中积累知识、开阔视野，实现全面发展。有的家长经常向我咨询适宜孩子阅读的书籍，但也有个别家长表示自己"心有余而力不足"，不知道如何培养孩子的阅读兴趣，对孩子阅读也缺乏有效指导。因此，班级建设中，教师需要对家庭阅读给予指导、帮助。

三、班级发展目标

1. 总体目标

基于班情分析，我以"向阳悦读"为主题，构思书香致远班级的建设方案，旨在让学生在浓郁的班级阅读文化氛围中，快乐、幸福、欢悦地体悟阅读的魅力，由此引领学生积极、主动地参与读书活动，知书达理，提升能力，滋养品性，形成诗书于心的阅读品质。据此，我建设了一个积极向上、富有朝气的班集体，让每个学生都能享受书香人生。总体目标如下表所示。

四大模块	目　　标	活动类型
播撒悦读种子	激发学生阅读兴趣，引导学生理解"崇德博观，书香致远"的理念。	1. 十分钟队会：每周四举行，围绕读书主题，

续 表

四大模块	目 标	活动类型
点赞悦读之举	引导学生通过阅读挖掘古今中外的读书榜样,学习他们的读书之举;启迪心智、启发思想,提高自身涵养和素质。	学生自主交流,形成惯例,激发学生阅读的积极性。 2. 主题班会:按年级形成序列,进一步培养学生良好的阅读习惯。 3. 综合实践活动:活动形式不同,以锻炼学生能力。
练就悦读品格	指导学生学习多种阅读方法,善于读书,培养良好的阅读习惯,逐渐形成诗书于心、知书达理的阅读品质。	
展现悦读之美	鼓励学生修身读书,博观约取,厚积薄发,共同建设积极向上的班集体。	

2. 分年级目标

基于各年级学生特点,我进一步细化总目标,制定每个年级的分目标。班级发展目标分步实施,体现了书香致远理念的推进历程。同时,采取"一个为主,四个为辅"策略,让每个年级学生先着重落实一个目标,体现螺旋上升。历时五年,我班最终成为书香致远集体。班级发展分年级目标如下。

年级	"向阳悦读"主题	读书目标	活动列举		
			十分钟队会	主题班会课	综合实践活动
一	乐读书——勤于书卷,乐享其间	激发学生阅读兴趣,引导学生爱上读书。	我最喜欢的一本书	我读书,我快乐	读一读:绘本寓言 评一评:故事大王 画一画:读书插图 荐一荐:好书你读
二	多读书——读万卷书,行万里路	引导学生适当扩大阅读面,通过多读书,增加新知。	书籍告诉我	数数我的"书友"	读一读:成语故事 评一评:小书虫 诵一诵:中华经典诗歌 数一数:我的藏书
三	读好书——传承经典,好书共读	挑选适合学生阅读的书籍,阅读名家名篇。	同读一本书	书,我的良师益友	读一读:童话故事 评一评:经典诵读小明星 玩一玩:诗词飞花令 编一编:读书小报

续 表

年级	"向阳悦读"主题	读书目标	活动列举		
			十分钟队会	主题班会课	综合实践活动
四	善读书——读书方法,各有千秋	引导学生掌握阅读方法,养成良好的阅读习惯。	我的读书方法论	读书方法之我见	读一读:神话故事 评一评:优秀小作家 写一写:读书笔记 讲一讲:读书心得
五	书香致远——读书有味,人生有梦	引导学生逐渐形成诗书于心、知书达理的阅读品质。	今天,我们为什么读书	不负韶华梦,读书正当时	读一读:名家名篇 评一评:金牌编剧 演一演:舞台剧 辩一辩:读书论点

四、实施策略

1. 推荐年级阅读书目,让学生知道读什么

为了科学有序、有目标地培养学生的阅读习惯,提高他们的阅读能力,我和语文教师深入了解儿童的身心发展特点,把握语文新课标的相关要求。只有这样,班主任引导才有依据,学生阅读才有向导。

《义务教育语文课程标准(2022年版)》在"课程内容"的"内容呈现与呈现方式"部分,新设置了"整本书阅读"学习任务群,明确提出各学段应该读什么。

据此,我结合班级学情,从绘本、故事、儿童文学等类别中选取篇目,并将其整理成书单,分别向学生及其家长推荐各自必读和亲子阅读的书籍,让他们读得有依据、有方向、有层次。

2. 精心布置阅读乐园,发挥环境育人功效

环境对教育的影响是潜移默化而深刻的,书香班级建设要从书香环境打造开始。为引领学生在书的海洋中畅游,我十分注重班级读书环境的布置,着力以浓郁的读书氛围陶冶学生情操。

- 美化教室文化墙，让读书随处可见

要让班级环境有育人功效，就要让教室的每一面墙都会"说话"，让学生的学习空间每天都沾满书香、浸润书香。除了黑板报和手抄报外，我还在教室布置中加入了学生设计的书签。这一特色创意旨在鞭策学生爱上阅读、潜心阅读。有的学生设计了自己喜欢的书中的人物形象，有的设计了各种书的形状，还有的直接写上勤奋读书的名句格言。学生对自己制作的书签格外珍惜，完稿之后即存于图书角，彼此欣赏、品味、回顾。学生还把那些被评为"特色书签"的书签张贴在了教室墙上，更激发了自己的创作热情。

- 建立漂流图书角，让学生随手翻阅

教室图书角是全班的阅读园地，为学生课余阅读提供了丰富的资源，也营造了班级的读书氛围。建设书香致远班级，图书角不可缺位。我们为丰富图书角的藏书品种，除了用好学校下发的报刊、宣传手册外，还建起了漂流图书角，号召每个同学将自己读过的书放入图书角。这样，每个人贡献一本书，全班就增加了45本书，图书角的"馆藏"也就丰富了。

3. 策划创意阅读活动，营造浓郁读书氛围

阅读带给学生乐趣与智慧，主动展示更能让学生及时分享。为此，教师需要策划创意阅读活动以增强学生的读书体验，营造浓郁阅读氛围以激发学生读书兴趣，从而使书香文化如细水长流，润物无声，浸润学生心田。

- 主题班会系列化

在主题班会设计中，我根据小学生的认知特点，围绕读书主题挖掘教育素材，形成了读书主题的系列班会课。这一教育过程促使学生逐渐养成乐读书、多读书、读好书、善读书的好习惯，学会从书籍中得到心灵慰藉，寻找生活的榜样，净化自己的灵魂。书中的人物往往会成为他们学习的榜样，书中的道理也往往会成为他们人生的指南。

- 综合活动体验化

抓好班级中的综合活动，体现寓教于乐，让学生体验阅读的快乐。为此，我班开展了"诗词飞花令"朗诵游戏、舞台剧表演等活动，创设了"周

四微聊吧"栏目。如阅读完《三国演义》之后,我向学生提供了剧本的撰写格式,让学生将"草船借箭"的故事改编成舞台剧。然后,我又从中选出几篇较好的剧本,全班讨论、挑选角色,再分小组排练。演出中,搞笑的道具、夸张的表演、滑稽的动作,让台下观众捧腹大笑。演毕,学生纷纷表示不过瘾,还要改编舞台剧进行表演。这种综合性实践活动,让学生用书香涵养自己,读得快乐,读得有趣,既挖掘了潜能,又充分展示了自我。

- 亲子共读常态化

亲子共读面临的问题是家长不知如何培养孩子的阅读兴趣,缺乏有效指导方法。为此,我首先通过家长会、利用班级微信群,就亲子共读方法进行指导。如开始时不带任何任务,采取多种朗读形式,保护孩子的阅读兴趣。之后,逐渐提高阅读要求,如读前提出一个问题,让孩子带着问题去阅读;或读完一个故事,让孩子简单复述所读内容。就这样,逐渐培养孩子的阅读兴趣、阅读习惯、思考能力和表达能力。其次,请家长把亲子阅读作为家庭生活的一种生活常态,在时间上要有保障,如每天低学段孩子为15~20分钟,中高学段孩子为20~30分钟;还建议家长双休日多带孩子去书城、图书馆,增加共读时空。

4. 巧用打卡平台,促进阅读习惯养成

长期坚持阅读,养成诵读习惯,还能培养学生的形象思维能力和读书恒心。为此,我借助钉钉平台"阅读打卡"模式,帮助学生养成阅读习惯。阅读评价采用线上线下互融和打卡天数长短结合的形式,每周打卡排序则在下周一公布,打卡两天即可获"打卡小标兵"称号,坚持七天打卡的学生可被评为"打卡小书虫"。这样长短结合的打卡形式,有的放矢,从培养学生微习惯做起,重在激励学生建立自信心,坚持阅读。

5. 建立激励机制,用榜样力量感召人

- 积分排行,你追我赶

小学生参与竞争的热情高,我就经常组织各种阅读竞赛,让学生在你追

我赶的比赛中体验乐趣，进一步增强阅读的信心与兴趣。同时，在教室的墙上张贴积分排行榜。

每当有人读完一本书，或在阅读打卡中获选"打卡小标兵""打卡小书虫"，我便在积分排行榜上更新星星的数量。每月积分最高的学生，则被评为"读书小恒星"，不仅可以和老师一起为大家朗读，还能得到老师发送的电子绘本图书。其实，这些比赛活动的目的就是激发学生的阅读热情，使读书成为他们的一种兴趣爱好。

- 师声档案，暖心激励

阅读进步较大的学生，可以获得老师的声音档案。我在语音档案中，以古诗文或名人名言来激励他们。如某生近期读书积分在全班遥遥领先，我发给他的语音是："不积跬步，无以至千里；不积小流，无以成江河。这学期你每日坚持阅读，朗读也有很大进步，赢得了大家赞许，真了不起！希望你持之以恒，在书海中继续向前冲。"他收到我的鼓励话语后，阅读更加用心，并积极参与各类读书活动。这一活动在潜移默化中引导学生积累阅读收获，走向腹有诗书气自华。

五、育人特色与成效

1. 形成"五维"育人体系

随着阅读活动的开展，我班形成了由一体、两翼、三方、四模块、五阶段构成的"五维"育人体系：一体，以"向阳悦读"读书主题为载体；两翼，外铄和内发两翼齐飞；三方，班主任、学生、家长三方联动；四模块，播撒悦读种子、点赞悦读之举、练就悦读品格、展现悦读之美，四块组合；五阶段，乐读书、多读书、读好书、善读书、书香致远五阶段，梯次发展。这一体系运作中，班主任提前制定班级发展目标，持续组织阅读活动，结合课程育人、实践育人和家校协同育人要求，多方面促使学生发展。

2. 初步成效

- 班级文化基本形成，培养了学生良好的品性

"向阳悦读"读书主题系列活动注重全班参与，形成了"悦读"班级文化。学生亲近书本，喜爱读书，养成了乐读书、多读书、读好书、善读书的好习惯。全员阅读，促进学生自觉养成读书习惯，努力成为气质鹤美的书香少年。在青浦区"雏鹰杯"中小学生经典诵读综合艺术展演、诗词朗诵大赛中，我班多名学生得奖，整个班集体也被评为青浦区优秀动感班级。

- 促进了家校合作，提升了教师专业素养

家长的参与促进了家校合作，从而使家校双方找到了教育连接点，提升了合作效能。亲子共读，让父母与孩子一起思考，推动了人人读书社会风气的形成。作为班主任，我的活动设计能力、建班育人能力也得到了很大提升。

（作者：上海市青浦区白鹤小学　金怡雯）

评析

教师针对学生对书籍感兴趣，以及家长重视孩子阅读的班级现状，在"崇德博观，书香致远"育人理念的引领下，聚焦"建书香致远班级，育气质鹤美少年"的教育目标，以"向阳悦读"为主题，开展分年级、分目标的系列读书活动。在实践探索中，围绕播撒悦读种子、点赞悦读之举、练就悦读品格、展现悦读之美四个依次递进的活动模块，教师形成了具有自身特点的带班方略；进而细化为推荐阅读书目、布置阅读乐园、策划创意活动、巧用打卡平台、建立激励机制等实施策略，提炼出"一体、两翼、三方、四模块、五阶段"的特色育人体系。整个活动过程要素齐全、结构严谨、推进有序，并有创意。不过，上述内容与"书香致远"的目标如何在逻辑上关联，"气质鹤美"又以何界定，尚需有所阐述。

用"美"为青春扬起翅膀

一、育人理念

美,通常指向美好、漂亮,以及令人满意与骄傲的人、事、物。青春是美好的,有欢笑,有惊喜,有坚定,但也有惆怅。苏霍姆林斯基说,我们所有的教育规律之一,就是用美好的东西把邪恶、丑恶的东西挤跑。初中阶段,是学生从少年走向青年的关键时期。这个阶段,班主任应在学生心中种下认识美、欣赏美、辨析美、展示美的种子,培养他们用美的眼光探索生命、拥抱生活,成为人格健康、全面发展的人。

以青春之美,解青春之困,让学生在青春美的熏陶下,实现扬长发展、健康发展、和谐发展,成为最好的自己,这是我作为教育者的职责所在。

二、背景分析

青春期是个体由儿童向成年人过渡的时期,习惯培养是青春期教育的应有之义。《中小学德育工作指南》指出,初中阶段要教育引导学生掌握促进身心健康发展的途径和方法,培养学生健全的人格、积极的心态和良好的个性心理品质,而这一切都离不开好的习惯。

中学阶段是学生急速成长的时期,从体形、外貌到行为模式、自我意识、交往与情绪特点、人生观等,都脱离了儿童的特征而逐渐接近成人。这些变化常常会使青春期学生出现诸多烦恼，如男女生之间出现"三八线"，女生开始含胸低头走路，男生到了变声期不爱说话……与此相应，自我悦纳、异性交往、亲子关系、个性成长等一系列问题都在青春期集中爆发，学生不仅有困扰、自卑、不安、焦虑等心理问题，甚至会产生不良行为。

当然，青春期不是一个贬义词。青春期学生真诚坦率、热情四射，他们向往美好，充满浪漫主义色彩，是培养科学精神、健全人格、责任担当品格的最佳时期。因此，我选择如何引导学生顺利度过青春期、促使他们健康成长这个问题，探索青春期教育。

三、班级发展目标

根据班情分析，结合初中学生身心特点，我将总体发展目标设为：班级倡导仁厚之风，人人争做思想独立、人格健全、怀抱理想、温暖勇敢的仁人志士。据此，针对各年级学生的青春期特征，我制订了以下计划。

年 级	教育主题	教育重点	青春期特征及育人目标
六	识美，揭开青春序幕	认识行为美	青春期特征：学生进入一个新的学习环境，大部分人开始发育，出现第二性征，但身体各部分发展不平衡，在突然出现的内外变化下，学生对未来生活既有美好憧憬，又不乏行为困惑。 育人目标：引导学生面对青春期的变化，正确认识自己，悦纳自我，学会以仪容仪表展示行为美。
七	赏美，展现青春之魅	引导交往美	青春期特征：面对异性间的亲密交往，会有新奇感受，爱与异性接近，但出于对性别差异的敏感，戒备意识也陡然上升，人际交往中出现更多的回避、疏远、排斥等现象；同时，自我意识不断发展，反抗性变强，情绪变化较大。 育人目标：引导学生了解青春期性别差异的特点与和谐人际交往的重要性，正确对待青春期的交往困惑，学会沟通、学会欣赏，友善交往。

续 表

年　级	教育主题	教育重点	青春期特征及育人目标
八	析美，擦亮青春底色	增强人格美	青春期特征：对青春期出现的矛盾与压力，有的学生备受挫折，通过一己之力又很难自我调适和排解，以致产生厌学、沉迷网络等问题。 育人目标：引导学生正确认识挫折，培养抗挫能力和自信心，摆脱网瘾困扰；正确认识自我，塑造健康人格，激发学习动力。
九	创美，奏响青春乐章	提升素养美	青春期特征：学生经历初中三年学习生活，自信心焕发；面对更大压力，职业规划迷茫，产生自我否定和发展困惑。 育人目标：引导学生了解自己的特长，做好职业规划；感受身边榜样的力量，懂得责任，践行理想，培养抗挫能力，创造有价值的人生。

上述分年级目标，围绕总目标展开，并为总目标的达成服务。其中，教育主题、教育重点及育人目标的制定，都是针对学生的年龄特点和共性问题。由于学生个体差异和发展的不平衡性，四个教育主题和重点不是"一刀切"地单向分在某个年级，而是通过分层活动、个别教育、家校互助等形式综合实施。

四、实践过程

青春期教育的分层推进，着重抓以下四个方面。它们互为补充，共同作用，为学生的健康生活保驾护航。

1. 制定班级制度，打造美的文化

制度是文化的保障，打造班级美的文化需要一定的制度来维护与约束。为此，我班以"民主协商，责任细化"为原则，基于校纪校规，结合班情，通过班级大会讨论和表决，制定了师生共同遵守的若干班级制度，包括安

全、学习、纪律、卫生、劳动、能力考核、品德评价等方面，再针对各年级的教育重点，不断调整与完善有关制度，以保证青春期教育的常态化。

如六年级时，按照行为规范要求，制定班干部与班级管理岗位的聘任与评议制度、班干部议事制度、班级突发事件报备应对制度，还拟定了班训、班歌、班级名言，以彰显美的文化。制度上墙的同时，我们还通过主题墙报、电子班刊，宣传班级里的好人好事，开设"青春烦恼"专栏（信箱），让大家用平和的心态面对成长的困惑，感受问题解决的愉悦；又通过十分钟队会，开设"微课堂""微论坛"，使常态的青春期教育多元化，教育学生充分认识青春期文明守礼的行为美。

2. 召开主题班会，增强美的认识

教育只有在教育者和被教育者的心灵互相撞击时才会真正发生，班会课则是这种"撞击"发生的重要时机。因此，我围绕学生对"青春美"的认知，每学期召开主题班会，将思想性、哲理性、知识性和趣味性融入班会课活动内容，促进学生对个中道理的感悟。

如六年级下的"悦纳自己，与青春有约"主题班会课，针对青春期学生的憧憬和困惑，我设计了卫生讲座和知识竞答活动，让学生从中了解科学的生理知识，正确认识自己，拥有愉悦心情；又通过开展"我型我秀"活动，引导学生认识彼此身上的言行之美，悦纳自我，取长补短，形成昂扬的精神状态，走好青春期的第一步。在七年级下的"男生、女生，花季同行"主题班会课上，我设计了"社会广角镜""青春漫画像"活动，引导学生从关注性别差异开始，感受不同特质，学会欣赏和认同；还通过组织"角色扮演"活动，帮助学生明确好感与爱情的区别，做到友善交往、合乎礼仪。

3. 用好家校资源，开发美的课程

苏霍姆林斯基说："全面发展的和谐教育包含两个'教育者'——学校和家庭。"学生的全面发展有赖于学校和家庭双方发挥自身的资源优势，形成教育合力。为使初中学生更好地适应身心变化，青春期教育也需要家校双方协同进行。

由于学生个体身心发展不平衡，困扰与烦恼的产生不定时、不可预测，总有一些问题反复出现，因此，挖掘学校资源开展个别教育，将青春期教育渗透于学科教学很有必要。如在语文"爱情如歌"单元教学中，我组织了"爱情，我想说"等活动；在生理卫生课上，策划了让学生聆听卫生室老师专题报告的活动；利用十分钟队会时间，充分发挥学生学习积极性，让学生分享调适坏情绪的方法。每一次常态化的适时渗透，都是对班级青春期教育的有效补充。

家庭资源的开发，主要是利用学生家长的力量开设特色课程。如德育有"柿子树""慈弘"公益活动，由家长编写宣传文稿，提供志愿服务；智育有周末"慧"读书沙龙，家长一起推荐好书、交流方法、吟咏朗诵；体育有环湖"全马"跑，家长或全程、半程参与，或提供后勤服务，组成啦啦队；美育有茶艺社、创意糕点制作，家长指导孩子操作、展示；劳动教育有家庭值日岗，让孩子学做卫生保洁、杂务整理、买菜做饭、家庭记账等，每家都打卡上报。

4. 开展研学活动，感受美的魅力

研学活动不仅能丰富学生的社会知识，而且能锻炼青春期学生的意志。为此，我利用寒暑假和双休日，带领学生走进"三色练塘"，聆听田山歌，动手做炙糕，感受"古色练塘"悠久的历史文化；观看新农村景象，了解"绿色练塘"的环保理念；参观革命先辈的遗物，感悟"红色练塘"的热血情深。

学生在社区采访中，体会"上善青浦"邻里和谐，如水温润；畅游课植园，探索耕读文化之精髓，赏析楹联匾额之深意，领悟"课读之余，不忘耕植"的旨趣。寓学于乐的实践活动，让学生穿梭流连、席地而坐，切实感受祖国山川田野、人文历史之美，培养自己认识美、欣赏美的能力。

五、特色和成效

1. 建立系列化活动体系

在青春期教育中,我不断丰富并完善基于"美"的专题化、常态化活动,由此形成了系列化活动(如下表所示)。

年 级	教育主题	活动举例
六	识美	1. 氛围营造、文化滋养与文化行走:看·荐"三色"练塘。 2. 家长沙龙:转换角色,迈好初中第一步。 3. 主题班会:规矩与方圆;悦纳自己,与青春有约。 4. 心理卫生辅导:青少年生理心理变化。 5. 个别教育。
七	赏美	1. 家班共育指导:孩子青春期叛逆,家长可以这么做;沟通,营造良好亲子关系。 2. 主题班会:男生、女生,花季同行;怀宽容心,做个友善的人。 3. 性教育指导。 4. 个别教育。 5. 文化行走:畅游课植园等。
八	析美	1. 家长沙龙方案:孩子沉迷手机,父母怎么办? 2. 主题班会:用美,扬起青春的翅膀;你被"网"住了吗;我有一个小秘密。 3. 志愿服务和文化行走:寻访"上善青浦"、"魔都"之红色文化等。 4. 生命教育:我,很重要。 5. 个别教育。
九	展美	1. 家班共育指导:如何保护好孩子的学习动力;缓解焦虑情绪,增强成长自信。 2. 主题班会:读懂《共产党宣言》;我的梦想,我的追求——人人争做最美少年。 3. 职业体验活动。 4. 个别教育。

以上主题教育活动,基于学生身心发展特点和班情,以班级发展目标为导向,遵循青浦实验"情意、序进、活动、反馈"四大原理,优化分层推

进，以期让学生在自学、自省、自悟中反思进取，在互学、互助、互动中共同成长，实现认识美、欣赏美、辨析美、创造美的目的。

2. 形成良好的班风班貌

以中华优秀传统文化的学习，促进学生认识、探究、思考和理解自然之美、生活之美、文化之美，提升人文素养的同时，解青春之困，扬青春之美。

这里以班级制度建设和文化氛围营造的融合为例，印证班风班貌的形成。学生在六年级学了《论语》后，交流对"仁"的理解，大家都希望能成为有仁德之风、仁义之心的仁人志士，让我班成为一个有仁厚之风的好班级。然后，我引导学生认识到仁厚之风体现在人与人的交往中，有交往就要守礼义，这是"仁"的根本要求。于是，班级的中队名便取为"里仁"，寓意"仁者居处的地方"，倡导师生做到有礼、守义、诚信、友爱，成为"择仁处"的大智慧的仁人！

学生以平和的心境面对成长过程中的问题，感受问题解决的愉悦，不论学习还是其他活动，都乐于展示自我，表现得更积极乐观、自信自主，学风也更正了。

3. 建立"美少年"评价机制

为保障"美"的青春期教育顺利开展并有序推进，我以班级发展目标为导向，以自评与互评、问卷和访谈相结合的方式，创建"美少年"评价机制，促进与激励学生自主参与，通过自评、自省、自悟、自得，实现全面发展，并及时根据班级管理动态反馈信息调整专题教育内容。

其中，班级之星的评选坚持自荐与推荐，学期评价、总结表彰与周期性评价、方向性评价和研学实践评价相结合，注重过程指导，着眼学生全面发展，鼓励学生积极进取、挑战自我。评价结果表彰除了呈现量化数据外，还采用文字、照片等多种形式。

总之，青春期教育是一个宏大课题。面对复杂多变的个别问题，班级教育仍应遵循学生身心发展规律,尊重学生个体。班主任要用科学的思维、专业的能力解读学生,统筹思考,促进学生的生命成长。

(作者:上海市毓秀学校　陶芳琴)

> **评析**
>
> 针对初中生的身心发展特点,在总体分析并把握班情的基础上,教师确立了"班级倡导仁厚之风,人人争做思想独立、人格健全、怀抱理想、温暖勇敢的仁人志士"的发展目标,围绕"识美、赏美、析美、展美"这组关键词,制定了基于青春期特征的分年级教育主题、重点与育人目标,体现出用系统思维整体设计带班育人方略的思路。实践中,教师以制定班级制度、召开主题班会、用好家校资源、开展研学活动为抓手,有序推进系列化"育美"活动,引导学生在自评、自省、自悟中实现自主发展,凸显了带班育人的统筹措施。按文题,主要阐述如何将青春期教育与"育美"教育结合起来,以此作为带班育人的特色。由于其中又涉及了中华优秀传统文化的传承,教师需要再通盘梳理,亦宜将三者关系在题目中体现。

创建星光璀璨的班集体，让每个学生都发光

一、教育理念

美国教育家卡耐基曾说："使人发挥最大能力的方法，就是赞美和鼓励。"我国著名教育家陶行知"四块糖果"的故事，让人们明白了赏识的力量。赏识，意为认识到别人的才能或作品的价值而予以重视或表扬。赏识教育，是在承认差异、尊重差异的基础上产生的一种良好的教育方法，是帮助学生获得自我价值感的基础，也是发展自尊、自信的动力，还是积极上进、走向成功的有效途径。

处于初中阶段的学生，自尊心和虚荣心都比较强烈，并乐于接受他人对自己的赏识，且为得到赞美而朝着更好的目标努力。对此，班主任在日常教育中应善于以赏识的眼光看待学生，发现其身上的闪光点，多加鼓励，让每个学生都能成为因自信而发光的人。

二、背景分析

1. 理论依据

《中小学德育工作指南》在德育目标中指出：引导学生形成积极健康的人格和良好心理品质，促进学生核心素养提升和全面发展。2016年，习近平

总书记在五四青年节前夕强调:"心中有阳光,脚下有力量,为了理想能坚持、不懈怠,才能创造无愧于时代的人生。"

2. 学情分析

接手这一班级时,我对学生进行了家访,发现有部分学生不愿与教师进行眼神交流,低头咬唇,表情不自然。同时,也发现家长片面关注孩子的学业,重视知识,忽视能力,评价孩子以考试成绩为主,把"别人家的孩子"的优点盲目地和自家孩子的缺点进行比较。和学生进行深入交流后,又了解到由于家长期望过高,他们的心理压力较大。尤其是一些学习基础较弱的学生,更觉得己不如人,产生了离群感。

三、班级发展目标

结合校训"做更好的自己"的要求,我以"让每个学生发光"为班级发展目标。首先,引导学生正确认识自己、接纳自我,既正视自身缺点,又看到个人长处;鼓励学生表现得自信一些,感受成功的喜悦。其次,要求学生主动和同学交往,微笑面对每个同学,有问题就向同学请教,上课积极发言,声音洪亮。最后,指导学生制定符合实际的个人发展目标,并为此努力拼搏,让个性在抗挫锻炼、成功体验中得到发展,成为阳光自信、关爱他人的时代好少年。

基于循序渐进的原则,在班级总目标下,我又确立了细化的年级分目标,内容安排上注意年级间的衔接。具体如下表所示。

年级	内容模块	分层目标	活动例举
六	寻找光源	1.引导学生了解自己身上哪些是优点,哪些是缺点,明白每个人都有优缺点。2.鼓励学生感受"我能行""我可以"的成功喜悦,激发学生在成功的体验中学会欣赏自我。	教室文化布置:我是小设计师;班级博客我来定。班会主题:认识自己,寻找方向;眼中有光,心房明亮。家长沙龙。

续 表

年　级	内容模块	分层目标	活动例举
六	寻找光源	3. 引导学生对现在的自己和过去的自己进行比较，学会正确评价自我。	
七	汲取光能	1. 引导学生理解博采众长、优势互补的重要性，明白学榜样可以激励自己成长。 2. 鼓励学生感受榜样的力量，激发希望和梦想，产生"青春正能量群体效应"。 3. 引导学生辨别他人的哪些长处值得学习，懂得从榜样身上汲取能量。	查阅资料、采访、调查；夸一夸身边的伙伴；制作伟人精神手抄报，举行故事讲演活动。 班会主题：追光少年，感悟温暖；追光少年，感悟力量。 家校活动。
八	积蓄光势	1. 引导学生接纳"不完美"的自己，明白挫折是人生不可或缺的一部分。 2. 鼓励学生以积极的态度面对挫折，激发学生坚持进取的精神和意志。 3. 引导学生发挥自身优势，保持良好心态，不断完善自我，厚积薄发。	探讨、感悟、书信"悄悄话"。 班会主题：找准方向，确定目标；不断践行，完善自我。 家校活动。
九	展现光彩	1. 引导学生明白：只要努力，一切皆有可能；相信自己，就会创造奇迹。 2. 鼓励学生感受"我为人人，人人为我"，激发学生的社会责任意识。 3. 引导学生积极投身社会实践活动，制定未来职业规划，做更好的自己。	争章活动；社会实践活动研究报告。 班会主题：志愿活动，爱心先行；理性思考，拥抱未来。 家校活动。

四、实践过程

1. 打造班级文化，潜移默化影响人

班级文化是一个班集体中师生共同认可并遵守的价值观念和审美取向，它潜移默化地影响着学生的人生观。

- 建设班级制度文化

建班之初，在师生共议下，本班取名"星河湾"，寓意全班每个人都像

星星那样闪光发亮，照耀天空；又定《夜空中最亮的星》为班歌，"班级因我而发光"为班级口号，"眼中有光，心中有爱，目及所至皆是星辰大海"为班训。班干部实行轮换制，让学生都有展示自己的机会；开展挫折教育，锻炼学生生存发展必备的心理素质。

- 让每一面墙都能说话

我发动学生设计了"个人风采录""榜样在我身边""梦，启航的地方""爱拼才会赢"等栏目，并将它们上墙，让墙壁说话。在教室里，我会在墙上布展学生的优秀习作、书画作品，以此张扬学生个性、表现自我。在教室黑板的左上角，我会留一处空白，由值日生写下"心之语"，旨在提醒、激励同学，传递积极向上的人生态度。

- 开通班级博客，展示个性风采

借助互联网，我开通了班级博客，使之成为对外宣传的窗口、对内交流的平台。班级网页维护按学生特长设立岗位，如擅长写作的负责文字编辑，喜欢摄影的负责图片采集和剪辑，做事细心的负责校对，精通电脑的负责版面编辑。这样安排有助于增强班级凝聚力，丰富班级文化活动，为学生想象力和创造力的培养提供机会和舞台。

2. 开发主题班会，榜样引领启迪人

为更好地促进学生成长，我们的班级教育从实际生活出发，整合学生需求，利用身边资源，设计班本课程，开发了以下班会课，引领学生发现身边同学的闪光点，学习生活中的好榜样，启迪学生用伟人精神培养爱国情怀，朝着光的方向前行。

第一学期	第二学期
主题：认识自己，寻找方向 1. 夸夸我自己 2. 风采我来"秀" 3. 我的小目标	主题：眼中有光，明亮心房 1. 你好，同学 2. 我眼中的老师 3. 爸爸妈妈，谢谢你们

续 表

第一学期	第二学期
主题：追光少年，感悟温暖 1. 阅读分享 2. 文笔下的一代伟人 3. 我们身边的党员老师	主题：追光少年，感悟力量 1. 走访陈云纪念馆 2. 影像中的革命先辈 3. 我想对您说
主题：找准方向，确定目标 1. 认识成长的内涵 2. 谁才是偶像 3. 我可以……	主题：不断践行，完善自我 1. 正确面对挫折 2. 解忧杂货铺 3. 我爱我班
主题：志愿活动，爱心先行 1. 敬老爱老活动 2. 环保宣传活动 3. 当个场馆讲解员	主题：理性思考，拥抱未来 1. 收获的季节 2. 给同学的一封信 3. 我就是那一束光

3. 拓宽教育途径，实践体验锻炼人

《中小学德育工作指南》指出：德育实施途径要与综合实践活动课紧密结合，开展有益于学生身心发展的实践活动，不断增强学生的社会责任感、创新精神和实践能力。

班级据此开展"爱我班级、美丽校园"活动，鼓励学生参与"校园文明小纠察""广播站百灵鸟""爱心义卖"等活动，在校园中传递爱和责任；开展"服务社区、幸福大家"活动，引导学生争做"社区啄木鸟"，发现有破坏绿化、乱贴小广告、乱倒垃圾等行为，勇敢地及时制止和说服；开展"美化城市，文明相伴"活动，组织学生自主走上街头，参加一日"随手捡"活动，同时向市民宣传垃圾分类和创建全国文明城区的常识；开展"奉献社会、收获成长"活动，发动学生利用假期到青浦博物馆、陈云纪念馆做志愿者；开展"阳光暖夕阳"活动，要求学生走进社区养老院，慰问老人。

通过一系列实践活动，学生的生命活出色彩，思想也得到了升华，学会了与人沟通，也学会了关爱他人，进而深刻领悟生命的意义。

4. 强化家班协同,共育推进成就人

《中小学德育工作指南》指出,要加强家庭教育指导,建立健全家庭教育工作机制,统筹家长学校、家长会、家访、家长开放日等各种家校沟通渠道,丰富学校指导服务内容。家长沙龙是家长会的形式之一。为有效开展家庭教育,促进孩子健康发展,我在班级中开设了如下主题的家长沙龙。

年 级	活动主题	活动目的
六	初中学习适应期生活	引导学生通过自我激励和在家长的协助下,正确认识自己,顺利度过适应期。
七	世界那么大,和孩子去看看	通过探究活动,增强亲子情感,引导学生向榜样学习。
八	爸爸妈妈和你在一起	通过交谈式对话,引导家长重视孩子的心理健康教育,培养孩子的抗挫能力。
九	尊重、理解、信任、支持	引导学生明确未来发展方向,鼓励家长尊重孩子,支持孩子,让理想发光。

家班协同下,家长带领孩子采访社区暖人事迹,用生活榜样打动孩子,引导孩子从身边的小事做起,学会关爱他人;亲子携手探访家乡的红色文化、生态文化和"枢纽文化",立志为家乡建设做贡献。

5. 建立激励机制,评选表彰发展人

著名作家冰心说过:"世界上没有一朵鲜花不美丽,也没有一个孩子不可爱。"每个人都可以经过不懈努力,发出自己独特的光芒。人只有在自己预期的行动有助于达成某一目标的情况下,才会得到充分的激励。建立班级激励机制:一是实施目标激励,引导学生制定由小到大、从近到远的发展目标,以激发学生潜力和热情,让他们阳光自信。二是实施责任激励。班级设立绿植养护员、节能监督员、飞毛腿速递等岗位,实行岗位责任制,让学生依据自己的特长,发挥自身优势。三是实施竞争激励,通过异质分组开展小队竞争,引导学生扬长补短、团结合作;通过开展礼仪章、环保章、创造

章、孝敬章、友谊章评选活动，鼓励学生相互竞争，培养学生的学习技能、生活技能、合作技能，并基于积分推选出"周周星""月月星"。四是实施榜样激励。榜样来自本班学生，说服力和号召力更强。

上述过程遵循以人为本的理念，根据学生的不同特点，努力为他们创设理想的成长环境，最大限度地发现学生身上的闪光点，以此创建星光璀璨的班集体。

五、特色与成效

1. 形成特色

- 解决当下问题，符合学生实际

学生当下存在的不自信状态，会影响他们的心理健康与成长进步。结合班级教育现状，教师开展"光系列"集体活动，符合学生的心理发展需求，使一颗颗"小星星"在成长路上发光发亮。

- 注重内容衔接，遵循成长规律

依据学生成长规律，围绕寻找光源、汲取光能、积蓄光势、展示光彩四环节，整合学生需求，利用班级资源，教师设计了"光系列"教育活动，开设了班本课程，做到内容互相衔接，并组织了呈现班级特色的家长沙龙。

- 开辟多种途径，形成教育合力

在以"光系列"为特色的班集体创建活动中，教师融合文化育人、活动育人、实践育人、制度育人、协同育人等多种途径，积极联手家校社力量，为学生搭建发展平台，有效促进学生健康快乐成长。

2. 初步成效

- 心有仁爱，果然出彩

通过系列教育活动，学生增强了认识自我、完善自我的意识，学会了用理性的态度对待他人评价，从而发现自身优点，明确奋斗目标。班里有一名沉默内向的学生，非常自卑，不愿与同伴交流，曾几度想辍学。在班集体中，他找到了自身的闪光点——热爱劳动。班级学生经过投票，一致推选他为劳动委员。我班多次被评为行为示范免检班级，与他的表现关系不小。收获信任和自信的他，在毕业留念册上写道：我就是我，不一样的烟火，而你们，就是我的那片天空。

- **尊重信任，温和坚定**

四年的家校沟通，各项系列活动的开展，让家长对学校教育给予高度评价，对孩子的态度也改变很多。家长学会了尊重孩子的个性差异，接纳了孩子的"不完美"，愿意坐下来耐心倾听孩子心声，和孩子说说心里话。在家长沙龙中，一位父亲眼含泪水地说：女儿是他的心头肉，他愿意给她买最好的东西，哄她开心，但不知道从哪天开始，她不愿意搭理自己了。今天听到她的心声，自己才知道父母给孩子的，不能只是物质上的满足，更要有精神上的滋养，用欣赏的眼光看孩子，不把自己的人生遗憾和愿望强加给孩子，接受孩子的不完美，也是在悦纳自己。

- **团队协作，专业成长**

教育学生的同时，我也得到了专业成长，并和任课教师建立了较好的信任关系。为开展教育活动，我主动与任课教师沟通，认真听取他们的建议，组成"金点子"团队，协调安排好活动时间，和课程实施无缝衔接，做到心往一处使。几年来，各科教师紧紧团结，彼此支持，共同努力培养学生成为更好的自己。

荀子在《劝学》中说："君子性非异也，善假于物也。"班主任要善于发现、挖掘、运用学生的闪光点，因势利导，就能创造出意想不到的教育成效。带班四年，我努力引导学生靠近发光的人，由此汲取精神养分。然后，让他们也成为明亮的发光体，影响和温暖家庭、社会以及身边的人。我相信每个学生都能发光，自己也愿成为一束光，照亮学生的成长道路。

（作者：上海市毓秀学校　龚赛华）

评析

　　基于初中生自尊心、虚荣心比较强等特点，教师以赏识教育理念为引领，聚焦让每个学生都能成为因自信而发光的人，开展带班育人探索。实践中，通过架构"寻找光源、汲取光能、积蓄光势、展现光彩"四阶段分目标活动体系，教师形成了"打造班级文化、开发主题班会、拓宽教育途径、强化家班协同、建立激励机制"的操作体系和"潜移默化影响人、榜样引领启迪人、实践体验锻炼人、共育推进成就人、评选表彰发展人"的策略系统，彰显了"解决当下问题，关注内容衔接，开辟多种途径"的带班育人思路，并用具体事例印证实际效果。整个过程思路清楚、理念先进、内容翔实、经验可鉴。需进一步思索的是，赏识学生的目的在于激发其自信，而让学生"发光"是另一回事，问题是两者如何建立内在联系。

让戏剧照亮人生

一、育人理念：不宵微芒，造炬成阳

《义务教育课程方案（2022年版）》提出："聚焦中国学生发展核心素养，培养学生适应未来发展的正确价值观、必备品格和关键能力，引导学生明确人生发展方向，成长为德智体美劳全面发展的社会主义建设者和接班人。"

我认为，学生的核心素养中，应包含远大理想的价值观，保持奋勇进取的创新精神、学习能力、探究能力和审美情趣。为此，在建班育人中，我根据学校"教思想方法，育人生自觉"的要求，以戏剧活动为载体（附带发挥个人在这方面的特长），践行"不宵微芒，造炬成阳"育人理念，注重培养学生的耐力、毅力等，并依托此举集聚班级正能量，建设具有凝聚力的、特色显著的班集体。

二、班情分析

1. 基本情况

2018年9月入学的23名学生，来自8个居住区域，其中男生15人、女生8人，性别比差距较大。学生给人的总体感觉是充满活力、聪明活泼、开朗乐观、兴趣爱好广泛，且表达欲、表现欲较强。

2. 入学适应

经过入学一段时间的观察，我发现学生有以下情况。

- 行为习惯

在为期两周的行为规范指导后，全班学生都能主动向教职工问好，绝大部分学生能较好地遵守校规与班级公约。

- 学习气氛

班级整体氛围尚好，但也存在学习气氛不够浓厚，以及学生无法静心学习、上课起哄开小差、下课在走廊奔跑等问题。学生很少有去班级图书角阅读的习惯，读书角的作用没有很好地发挥出来。

- 学习适应

入学两周中，有四分之一的学生适应不良，其中男生占多数。主要表现为不能适应初中的教学节奏，上课无法集中注意力，学习兴致不高。大多数学生能完成教师布置的作业，但缺少学习方法。班级里未出现热爱学习的氛围，学生中也未见自发学习、自觉学习的现象。

- 其他问题

学生的个人行为表现虽属良好，但其关注的是自己在班集体中的定位。在与同学相处时，有将近三分之二的学生习惯以自我为中心，缺乏尊重他人、聆听他人说话的意识。

3. 家庭教育：差异较大，成效参差

通过家访、家校对话、问卷调研等方式，我了解了每个学生家庭的基本情况。其中，55%的学生的家庭教育由父母中的一方承担，另一方因工作忙等较少陪伴孩子。分析家庭教育的方式，其中40%的家长重视并乐于听取孩子的声音，为民主型；20%的家长坚持个人对孩子的安排，为控制型；30%的家长能照教师的要求做，为被动型；另有10%的家长，无法配合学校工作，为放任型。

三、班级发展目标

1. 总体目标

"不菲微芒，造炬成阳"的意蕴，是指不排斥一点点小小的光亮，积攒微芒成炬火，最后变得如骄阳般明亮耀眼。全班学生以此为愿景，经过集体讨论，为班级取名"骄阳"，由此确立总目标：让戏剧照亮学生人生道路，打造一个具备强烈集体责任感、荣誉感的班集体，形成自我服务、自我管理和自我教育的良好班风。

在班级建设过程中，我逐步集聚戏剧要素，从向美、明德、启智、笃行四个方面提升学生核心素养，培养学生具备良好的自我管理能力、智慧的学习方法、活跃的创新精神和创造能力，成长为对生活有独特思考力、德智体美劳全面发展的人。

2. 年级分层目标

在总目标的统领下，秉持"不菲微芒，造炬成阳"的观念，结合学生的心理特点和成长需求，我制定各年级需达成的目标。

六年级适应奠基期——"微芒"初现阶段：养成良好的学习习惯，行为更为规范；有较强的集体意识和班级荣誉感；树立正确的审美观念，热爱班级文化。

七、八年级成长发展期——"炬火"集聚阶段：养成自我管理、自主学习的行为习惯；有强烈的集体意识和班级荣誉感；提升审美能力和人文素养，助力班级文化建设。

九年级拓展创新期——"骄阳"普照阶段：养成自主管理、智慧学习的行为习惯；集体意识和班级荣誉感强烈，能为班级建设出谋划策；具有自我创新、多元发展、终身学习的意识。

四、实践过程

为使学生明晰个人与班集体的发展目标，亦即"向美而生"（美育）、"明德修身"（德育）、"启智善学"（智育）、"奋楫笃行"（体育、劳动教育），明晰个人成长不是一蹴而就的，而是"积跬步，方能至千里"的渐进式发展过程，班集体建设中，我从特色文化、管理创新、特色活动、多方协同四方面着手，分层次开展。

1. 特色文化建设

- 创设班级名片

班级名片是班级文化的意象凝聚，是展示班级形象的综合载体，体现班级的个性特点和自我形象。创设班级名片，是在班级文化建设中落实立德树人根本任务的时代要求，也是班级开启特色建设路径的第一道工序。

在班级组建后的第一次班会课上，学生四人一组，尝试设计班名、班歌、班规以及班级的图腾和口号，以呈现班级独有的特质。通过互评、共商，我们得出如下班级文化的关键要素。

班名：骄阳班。学生自取，寓意赤诚热烈的少年，拥有自立、自信、自省的生活态度。

班歌：《骄阳》。拟定班名后，宣传委员带领文娱骨干改编《骄阳》歌词，用普通话演唱。

班风：向美，明德，启智，笃行。班会课上，有学生提出班级应当有自己的闪光点，教师引导学生提炼出这四个词组，指向骄阳的四束光芒。

学风：踏实，智慧，专注，创新。它们与班风应运而生。

- 布置教室环境

环境布置除装饰要美观外，更要讲究实际功效，让学生在充满温馨的教室中养成规范的行为和良好的学习习惯，在良好的班风、学风中突破自我，全面发展。

班级文化环境力求风格统一，并以小型剧院为设计参考。如在教室门框上设计薄型帷幔，进出者需伸手掀撩。又如墙上张贴标语"进入教室保持安静"，在潜移默化中培养学生遵守班规。教室里设置的书架及画报架，陈列剧目、剧本供学生借阅。学生也可自行创作百字剧、千字剧，放在此处让大家提出修改意见。

环境布置理念与班级名片设计一样，是在学生的互动中酝酿产生与完善的。这代表了学生对初中学习生活的期许，体现了他们对班集体建设的愿景。

2. 班级管理创新

班级管理按学生四年学习中的三个阶段，形成相应的机制。其中，班级的常规管理贯穿始终，成长发展期建立"模拟话剧中心"，拓展创新期建立"编剧孵化中心"。特定机制的设计，配合班级系列化特色活动的开展，使班级管理从班主任主宰到班主任引导与学生自治相结合，并通过设岗定责，使学生从人人找岗位发展到柔性流动。

- 人人找岗位

班级组建之初，我就打破以往的管理模式——由学生竞选班级管理岗位。于是，我们开启了一项长达一周的任务——找找班级中有哪些必要的岗位，你觉得自己能胜任哪个岗位。这两个问题在建班第一天提出，征集至周五止，接着在全班开展"这个岗位我来站"竞聘活动。很快，每个学生都在班级中找到了属于自己的工作岗位，这些岗位涉及范围极广。这一活动能让人觉察到，学生除了对班集体的归属感得到提升外，更有了主动适应初中新生活、调整个人行为习惯的良好愿望。同时，大家也通过一周时间的观察与相处，初步确定了班长、副班长、学习委员等岗位的合适人选。

- 设立特色职能部

基于学生认知水平及核心素养发展需要，我在班级管理体系中设立了与特色活动相适应的各个职能部。如在七、八年级阶段，我根据班级戏剧活动的需要，提出建立"模拟话剧中心"。学生依据个人在"模拟话剧中心"的所见所闻和观剧经历，结合班级管理需求，拟定要设立的职能部门。为避免学生自主建立的岗位机制流于形式，我引导学生对众多的岗位进行恰当分类，根据主题进行整理。

- 鼓励岗位柔性流动

随着管理岗位的调整与优化，大部分学生逐渐完成了自我选择和内化，并形成了一定的管理能力。针对这一情况，从第三阶段拓展创新期的"编剧孵化中心"特色活动开始，我就通过自主创设管理模式，引导学生进行岗位之间的柔性流动，着力关键能力的培养和进阶。对此，我大胆放手，鼓励学生理性评估自身的长短板，以提高个人素养为导向，做到"人人有岗位""人人清晰班级管理环节"，从而提高自我管理效果，使学生能在愉快、民主、和谐的氛围下实现个体的自我管理和班集体的自主管理。

班级管理从常规到尝试变化再到自主运行的过程，也是从向美、明德到启智、笃行的过程，其中蕴含着学生个人管理能力从"微芒"到"炬火"再到"骄阳"的集聚过程。

3. 特色活动开设

基于学情及学生的兴趣爱好，结合教师自身特长，我在学生完成学科学习任务的前提下，充分利用课余、寒暑假时间，组织他们有序开展戏剧活动，带领学生逐步明德修身、启智善学、向美而生、奋楫笃行，螺旋式提高自身素养。特色活动内容如下表所示。

学 段	活动主题	活动列举
六年级 适应奠基期	微芒： 翻开剧本， 小读者	世界读书日：交换剧本——戏剧读书会/推介会。 妇女节：我与家人看沪剧《挑山女人》、蒲剧《山村母亲》。 母亲节：小百花献唱越剧《游子吟》。 在线图书馆一日游：我与戏曲学院图书馆。 新年：和家人一同看春晚小品。 （注：活动中的剧目均由学生依照节日特点拟定。）
七、八年级 成长发展期	炬火： 走进剧院， 小观众	模拟话剧中心：观剧礼仪沉浸式培训。 附中读书节：观赏学校戏剧社团表演。 戏剧进校园：上海话剧中心巡回演出原创话剧观赏。 走进真实剧院，观赏话剧表演。

续表

学 段	活动主题	活动列举
九年级 拓展创新期	骄阳：拿起笔，小编剧Action！小演员	编剧孵化中心：学科协同育人，联动统编教材语文九年级第二学期"活动·探究"戏剧单元，经过项目式学习和实地观察，用戏剧表达对生活的感悟。 附中家庭录像：最后一学期，学生利用学科、班级活动中所学的知识，自主撰写剧本，回忆初中生活，记录美好生活，表达个人意志与情怀，形成不会消逝的班级集体记忆。

在此以九年级为例，叙说特色活动的开展过程。学生经过前两个阶段的储备，已具有一定的"读剧""观剧"经验。为培养学生的创新能力，让学生拿起笔来参与戏剧活动，我联手语文学科教师、联系校艺术社团成员，共同策划一个项目式学习任务，核心内容是拍摄"骄阳家庭"录像。为完成这一学习任务，学生自发组成几个编剧小组，启动自主管理模式，将原任务分解为具有逻辑关联的若干环环相扣的任务群。如从"活动·探究"单元了解剧本撰写要素，从班级活动中梳理集体记忆，选取特色素材，在小组讨论中评议、完善剧本，从艺术社团中学习剧本排演、合作表演方式等。

4. 多方协同合作

为建设班级文化，创建丰富且有价值的实践活动，我将班集体的建设范围拓展至家庭、社会，推动多方协同合作。

一是广求学生家长的支持与配合。如在主题班会中开设"家长讲堂"，征集家长的"骄阳记忆"，邀请家长参与教室环境布置等班级文化建设。家长甚至作为特邀"演员"，参演学生编剧的作品，或参与编剧工作。

二是构建学校与社会的合作平台。如邀请专业演员来校，利用班会课时间进行戏剧表演培训，其中一位居住在赵巷大居、出演过多部热播剧的专业演员被特邀作为校外辅导员。上海话剧中心将戏剧《废物联盟》搬进校园，让学生充分认识到进行垃圾分类的必要性以及有哪些观剧礼仪。

三是给予学生更优质且更利于全面发展的参与机会，从而培养出明德、启智、向美、笃行的优秀初中生。如报名参加上海话剧中心主办的中小学生戏剧节及上海写作学会组织的"君子养成"原创剧本征集活动等。

协同育人下的一场场演出、一次次比赛，都会给学生带来独特的实践体验，其教育作用是多元的，也是可持续的。

五、特色与成效

1. 育人特色

以班级戏剧文化建设为主线，以"骄阳"精神为鹄的，由此形成的带班育人方略具有以下几个特点。

- 求变求新，培养学生的主人翁意识

为促使学生将班级主人翁意识自觉地贯穿于日常学校生活中，骄阳班的班集体创建遵循"不啻微芒，造炬成阳"的发展思路，引导学生从完成岗位任务到自设特色职能，再到实现岗位柔性流动，达到"人人有岗位""人人清晰班级管理环节"的效果，从而使学生在愉快、民主、和谐的氛围中实现个体的自我管理和班集体的自主管理。

- 实践体验，鼓励学生自我发掘

班集体建设，除了班主任的适当引导外，更需要学生在实践过程中的自我学习，体验和感悟人生，从而达到自我服务、自我管理和自我教育的理想状态。设计活动时，要在不同阶段安排可操作性强、难易度适宜的，由学生个体或集体完成，鼓励每个学生自我发掘，实现个人价值。

- 情境选择，搭建有效教育平台

实践活动以学用戏剧文化为主线，协同家、校、社多方教育资源，致力于为学生构建"学习不止于学校，才华不止于才艺"的成长氛围。活动的设计、组织，不刻意寻找单纯输出类的表演舞台，更倾向于选择能有效达成教育目的的两类情境：一是让学生走出校门，学到书本以外的知识；二是让学生直面现实生活，激发个人知识经验，运用智慧自主解决或合作解决问题。

2. 育人成效

四年来，班级戏剧文化建设中，我带领学生朝着"骄阳"班集体的目标努力前行，实现了师生共同发展。

- 促进学生全面发展

在班集体中，每个学生坚持挖掘自己及同伴身上的闪光点，自主或互助培养关键能力和必备品格，促使我班保持不断学习、持续进步的奋斗精神，在各类活动中展示出全面发展的风采。2022年中考，班级中的不少人凭借自身的综合能力升入理想的高中，其中一人作为市级艺术团成员被复旦附中提前录取。

- 形成良好班集体

班级呈现积极向上、踏实进取却不失灵动活泼的良好发展状态。师生、生生和睦团结，互相督促，共同进步，整个班集体充满了自我服务、自我管理、自我教育的活力与动力。由班级自编、自导、自演的戏剧作品获三项市级奖、两项区级奖。2019年，我班获青浦区优秀"动感中队"称号。在学校的运动会、歌会和文创类项目比赛中，我班也多次取得佳绩。

- 班主任走上专业化之路

四年的班集体建设，我注重顶层设计，坚持实践推进，不断思考改进，育人理念得以优化，专业能力得到提升，曾获上海市班主任基本功竞赛初中新苗组一等奖、校优秀班主任称号。

我坚信，骄阳从来不是一蹴而就的，只有积聚微芒，方能成炬、成阳。因此，班主任应胸怀"骄阳"精神，在带班育人路上不断奋进。

（作者：上海市青浦区教师进修学院附属中学　金世慧）

评析

基于学校"教思想方法，育人生自觉"的教育要求，教师确立

"不菖微芒，造炬成阳"的育人理念，以自我服务、自我管理和自我教育为核心内涵，着力打造一个具有强烈集体责任感和集体荣誉感的班集体。结合不同阶段学生的心理特点和成长需求，教师建构了"微芒"奠基、"炬火"发展、"骄阳"创新的带班育人"三进阶"模式。通过特色文化建设、班级管理创新、特色活动开设、多方协同合作等途径，教师推进系列活动，形成了以班级戏剧文化建设为主线、以"骄阳"精神为鹄的的带班育人特色，在四年实践中取得了一定成效。从整个带班方略构思看，"戏剧照亮人生"的内涵尚待深度挖掘；如与本文倡导的育人理念关联，更有继续开发的可能。而且，戏剧的观看、编导、表演，整个过程都应有丰富的教育价值。

建"尚善"之班，育"上善"少年

一、班情分析

在班主任工作中，我认为建班育人首先要基于班情分析，育人理念的提出以及具体的实践做法皆是针对本班具体情况展开的。基于此，我通过"线上+线下"的形式，以问卷调查、研读学生档案袋、日常校内观察的形式对我班的情况进行了调查分析，具体情况如下：

类 别	具体分析
基础信息	2019级5班学生共38人，其中男生18人，女生20人。
学业基础	学生学业基础较好，学习习惯较好，钻研精神尚不足；整体学风较强，学生兴趣爱好广泛。
性格特征	大部分学生性格活泼开朗，做事热情热心，具有很强的表现欲，但以自我为中心现象不少，合作意识尚不够。
行为习惯	有正确的思想认识、道德标准、整体行为习惯良好，但规则意识尚不够。主动积极参与活动。
家长期望	步入中学后，家长对孩子的学业成绩片面关注，重视智育的培养和成绩，忽视过程性评价及对孩子的综合能力的关注。

综上，我班学生的品行、学业基础较好，性格活泼，爱好广泛，但也有着青春期学生的一些共性问题：个性有余，协作不足；自身聚焦，奉献不足；想法频现，钻研不足；热情充沛，笃行不足。

师生关系和睦； 整体学风较好； 家长配合度高。	**S** **W**	集体意识有待提高； 对家乡和祖国的了解有待更深刻全面。
区域整体文化滋养； 社会研学机会增多； 家庭提供育人契机。	**O** **T**	初中关注学业居多； 如何将社会资源合理转化为育人资源。

整体班级情况（SWOT 分析）

二、育人理念

习近平总书记指出："向上向善的文化是一个国家、一个民族休戚与共、血脉相连的重要纽带。"作为中华优秀传统文化的核心和精髓，"善"文化在中国源远流长，是中华民族的一种重要思想。中华文化崇尚"与人为善""以善为美""上善若水"等理念。

我校位于江南水乡"上善之城"，这里孕育着别具一格的人文精神，如水般无形地滋养着这里一代又一代的青少年。在建班育人过程中，我始终从初中生身心健康发展的特点出发，借"上善之城"丰富的区域教育资源，用"建'尚善'之班，育'上善'少年"的理念引领我的带班育人方向。

三、班级发展目标

1. 发展总目标

秉承"建'尚善'之班，育'上善'少年"的育人理念，围绕"尚善"为主线，建设"知善、崇善、行善、扬善"的班集体，培养"四爱、四守、四有"的新时代"上善"好少年。

2. 分阶段目标

发展阶段	班级建设目标	学生发展目标	目标解读
播种期	播撒"尚善"种子，建设"知善"班集体	爱伙伴 守规则 有计划	树立得当的人际交往与规则意识，学会欣赏他人，确立目标前行。
育苗期	锻炼"尚善"品德，建设"崇善"班集体	爱集体 守责任 有自信	树立集体意识和班级责任感，在活动中增强班级凝聚力与自信心。
拔节期	滋养"尚善"情怀，建设"行善"班集体	爱家乡 守公德 有行动	树立家乡认同感与归属感，遵循社会公德，践行"上善"活动。
结果期	担当"尚善"责任，建设"扬善"班集体	爱祖国 守使命 有志向	树立民族自豪感和自信心，升华爱国情怀，明确使命与报国之志。

四、实践做法

1. 播撒"尚善"种子，建设"知善"班级

建班之初，基于育人理念与班情，营造伙伴之间的"善文化"，向学生播撒善的种子，引导他们树立正确的交往意识和规则意识，并且有目标地前行，开启中学生涯。

- 知善守善——共同制定"班级公约"

首先，我在班中搭建公共话语平台，开展"我的……我做主"系列化主题班会课。在《我的班级我做主》一课中，我激发每一个学生都能以主人翁的姿态参与班级管理，构建一个自主共享的班级成长共同体。通过师生共商议，我们基于区域特色，明确了"四善"的班级建设目标，并且共同制定了"四爱，四守，四有"的班级公约。

- 明确方向——订制专属"计划书"

学期初：制订计划。踏入初中，一个崭新的开始，每个学生脸上都写满了信心与希望。我们一同协商决定，将心中的希望落于纸笔，完成一份自我"计划书"，包括每周、每月、每学期的时间维度，以及德智体美劳五个方面的内容。我特意在教室的后墙上开辟了一个"计划栏"，把学生所书写的个人计划与班级计划都挂在了上面。很长一段时间，这个地方成了孩子们经常聚集的地方。我看到38颗希望的种子已悄然种下。

学期中：坚定前行。阶段性地对计划的完成度进行复盘和反馈。一段时间过去了，有的学生也渐渐淡忘了自己所制订的计划，这是意料之中的。但"计划书"还是能发挥它独特的作用。找准时机，班会课上，我让学生重读自己的"计划书"，有学生哑然失色；有学生羞愧地低下了头；当然更有学生露出了自信的微笑。重读之后，我看到，孩子们眼眸中泛起了亮光，他们将继续坚定前行。

学期末：再上台阶。回顾"计划书"进度，并开启新学年的"计划书"。

随着学年接近尾声，学生们回顾着自己的"计划书"开展进度，审视自己这一段成长之旅，发现自己变得更自信、坚韧，这些都是珍贵的收获。我借此告诉他们：要成功，首先必须制订计划，然后集中精神坚定前行，之后，会有更高的台阶等着你们！

```
                    我的计划书
         每周计划    每月计划    学期计划
   德    _____    _____    _____
   智    _____    _____    _____
   体    _____    _____    _____
   美    _____    _____    _____
   劳    _____    _____    _____
                    自我评价
   我遇到什么困难：_____
   我是如何解决的：_____
   我的收获有哪些：_____
```

- 嘉言善行——积极实行"点赞卡"

为了使班级学生更多一份懂得欣赏、悦纳他人的心，我班实施开展了"点赞卡"活动。活动之初，首先明确学生要用一周的时间细致观察，然后在班会课上，同学们将发现的伙伴的闪光点写在"点赞卡"上。最后，学生上台进行朗读分享，在此过程中感受欣赏、尊重他人以及被欣赏、被尊重的幸福感和自豪感。同学们点赞的行为十分细致，点赞的对象也非常广泛，不仅是同学之间，还将校园中的伙伴教师、校园保洁员、树上的小鸟都写了下来。被这些温暖、真挚的文字感染，活动之后，同学们学会了关爱伙伴，主动养成了"嘉言善行"的好习惯。

"点赞卡"活动备受欢迎，每周如期进行，并且在每学期、每学年末形成"集赞"，被点赞最多的伙伴将被评为学期、年度"榜样之星"。我们依托赏识教育与朋辈效应，为同学们树立"尚善"的榜样。

这一阶段，我们通过班级公约、计划书、点赞卡，浸润着学生的日常点滴，使班级学生爱伙伴、守规则，有激情地前行。

2. 锻炼"尚善"品德，建设"崇善"班级

在前期基础上，我们更加优化班级文化建设与制度管理，凝聚集体力量，共同奔赴班级建设。

- 尚善环境——优化班级布置

为了增强班级文化建设，增强集体归属感，我们利用好班级的每一面墙壁和每一个角落，我和学生不断进行思维碰撞，使环境文化发挥"润物细无声"的作用。我们布置了多种文化区域，各区域功能明晰，使得学生在自己的劳动成果熏陶中树立起主人翁意识，对班级产生强烈的归属感、向心力。

文化区域布置	区域功能说明
尚善公告栏	张贴班纪班规、课程表、班级职位表、奖惩制度、社会主义核心价值观和班级意见箱。
尚书阁	老师和同学一人捐一本书，大家共同建成尚书阁，设置图书管理员进行编号、整理、分类、借阅记录等工作。
嘉言善行"点赞卡"	用彩色的卡纸自制打印"点赞卡"，让学生学会赞赏他人，对伙伴的溢美之词随时可见。
善行榜样榜	细化"评优方向"，包括集赞之星、纪律之星、助人之星、阅读之星等，让每个学生都有机会被夸奖，让大家向优看齐。
作品展示墙	学生作品择优在展示墙上进行宣传；利用后黑板以打印、拼贴、绘画、书写的方式将学生查找的资料和图片制作为知识拓展墙。
计划栏	张贴学生书写下的计划书，使得个人与班级计划都清晰可见，促使学生坚定前行。

- 善职尽责——建立自管机制

（1）组建职能部。我们在班级里组建六个职能部——学习部、卫生部、宣传部、活动部、纪律部、文娱部，在自荐和推荐的基础上产生各职能部部长，实行以职能部为单位的"部长负责制"；引导学生人人寻找小岗位，明确岗位职责，并在课桌上亮身份名片，时时提醒每一个人尽心尽力履职。

（2）推行小队制。学生自主组成6个小队，各小队自行选举小队长，提出小队的名称和口号，制定小队的阶段性目标。我们依托小队积分制来进行量化的评价。评分机制更注重与自身进行纵向比较，并在横向小队与小队之间，将进步的离差作为比较依据。因此，同学之间形成了队内互帮互助，小队之间积极竞争的良性循环模式，为小队的进步与收获尽自己的一份努力，一份责任。

牛牛队
口号：勇敢牛牛，不怕困难！

魔仙堡队
口号：梦想上天空，快乐向前冲！

团结队
口号：团结一心，勇往直前！

书海拾贝队
口号：搏击风浪，智慧远航！

学霸队
口号：遨游书海，门门满分！

阳光队
口号：插上梦想的翅膀，沐浴知识的阳光，展翅翱翔！

小队名称	德	智	体	美	劳	本周积分	上周积分	离　差
牛牛队								
团结队								
学霸队								
魔仙堡队								
书海拾贝队								
阳光队								

- 凝心聚力——团队展现精彩

团队精神是良好的品德，也是班级的灵魂。为了打造积极的团队，我班先后开展了多项团体活动。比活动成果更重要的是大家的积极参与和投入。每次一起排练都是磨合的过程，在这个过程中发现问题、解决问题，锻炼了同学们的责任与担当意识，团结协作，共同进取。当然，作为班主任，我也会参与其中，和学生一起充分享受舞台，展现自我，更添自信，绽放青春。

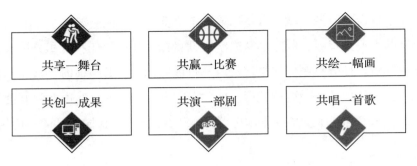

这一阶段，我们通过优化环境、善职尽责、凝心聚力，培养学生爱集体、守责任、有自信的品质。

3. 滋养"尚善"情怀，建设"行善"班级

结合五育融合教育理念，我们注重活动的开展与家班携手，借助家长的力量让班级同学在教育中了解家乡丰富的美食、风景和文化。在此过程中构建具有"家乡认同感"的文化体系，让同学们建立起对家乡的自豪感、归属感和文化自信。

- 家班携手——了解家乡

对家乡的认识是爱家乡的起点。我们鼓励学生争做上善美少年，弘扬优秀品质，将家乡文化与家校共育相结合，开设了家乡系列的家班亲子实践活动。结合"尚善"育人体系，以协同育人为指导，构建系列化活动，加强学生对家乡的美景、美食、文化、历史的印象，更进一步地了解家乡。

活动主题	活动形式	活动内容
脚步下的家乡	旅游打卡	家庭打卡家乡景点，以照片、视频的方式发在微信群，让大家以"云游"的方式了解家乡。
舌尖上的家乡	美食制作	家庭成员做一道家乡美食，将家乡美食与劳动教育相结合，对家乡的美食有了更具象的体验。
翰墨中的家乡	书写书法	在家中书写一幅有关描绘家乡的书法作品，感受中华传统文化和家乡历史文化的博大精深。
书籍里的家乡	阅读书目	家庭共读一本主题为家乡的书，分享、交流读书心得。
plog/vlog 中的家乡	图片视频	将以上的家庭亲子实践活动的资料用图片、视频的形式制作心得与成果分享。

- 研学实践——探究家乡

每个地区都富有浓厚的文化底蕴,伴随着一代代人的成长,其中的故事和文化需要我们不断探索。我们开展了对家乡"上善"之城的主题研学活动,用脚步丈量家乡的风土人情、历史文化,培养学生爱家乡的情感。例如,学生在陈云纪念馆的红色研学活动中,更进一步了解了红色历史,钦佩于老一辈革命家的奋斗精神;学生在太北村用茭白叶编织了不同的好物,在实际动手操作中体验了珍贵的非遗文化。这些,都让学生对家乡的自豪感油然而生。

研学目的地	研学内容
重固福泉山	福泉山遗址文化
陈云纪念馆	革命教育、红色历史
课植园	江南水乡的园林文化
金泽镇古桥	不同的桥梁建筑
崧泽博物馆	崧泽历史文化
练塘镇太北村	体验非遗：茭白叶编织

- 多维行动——回馈家乡

我组织班级以小队为单位,开启"我的家乡我做主"系列活动。通过家乡环境小卫士、家乡主题演讲比赛、家乡传统游戏系列微电影拍摄等多样的方式来开展活动,有的负责收集家乡周围环境的照片,有的负责收集家乡的童谣,有的负责学习家乡的方言等。在活动中,学生对我们"上善"之城更多了一份自豪,并增添了一份用实际行动爱护家乡、为家乡做好宣传,以青春力量参与家乡点滴建设的力量。学生发表感言时说,"家乡那么美,我要去多看看""原来家乡这么值得我深爱"。

我们在行动中,认识家乡、探究家乡、回馈家乡,培养了爱家乡、有公德心、有行动的少年。

4. 担当"尚善"责任，建设"扬善"班级

这一阶段，我们通过情感培育、思想淬炼、励志逐梦，坚定学生爱国情怀、未来志向，铸就为祖国做贡献的担当。

- 情感培育——聚焦红色主题

课堂作为教书育人的主阵地，应充分融入红色教育资源，提升教学效果。我们组织了主题班会"明史立志，弘扬奋斗精神""冰雪长津湖，炙热爱国心"等。通过分享为社会、为国家的奋斗者的事迹，激发了学生向这些真正的英雄与偶像学习的热情。学生们在观看了电影《长津湖》后，便前往档案馆查阅资料，并亲自拜访了一位本区的抗美援朝老兵。在老英雄的真实讲述中，学生们深刻领悟到抗美援朝的艰苦和战士们的英勇奋斗。我将这次党史教育以"观影分享会"的形式呈现在课堂上，使学生在系列活动的引领下，对爱国情感有了更加立体和深刻的认知，坚定了他们对国家和党的信仰。

- 思想淬炼——辨析时事话题

家事国事天下事，事事关心。我班在公告栏设置了"今日热搜栏"，由时下热搜的新闻为线索。有时，班里学生作为小主持人，端庄地站在"今日热搜栏"旁播报新闻，让大家关心国家时事，紧跟时代脉络。我们不仅可将"热搜"内容转为作文素材，更能倾听祖国脉动，感受大国气场，淬炼关心国家大事的家国情怀。有时，我们就一新闻话题开启一场辩论赛，用思辨的思维、发展的眼光看待问题的两面性，不仅培养了学生的口才，更培养了学生理性思维、全面思考问题的能力。

- 励志担当——逐梦强国有我

这一阶段的励志成长目标是为了引导学生在学校生涯的高峰阶段不仅追求个人成长，还积极参与社会活动，为强大的祖国贡献自己的力量。这一期，我们开启了"我的未来我做主"的主题班会课，学生进行"强国有我"感悟分享，并且，我组织学生写下《逐梦青春 强国有我》励志书。满腔的热情与坚定的志向，令人动容。

这一阶段,我们铭记历史、关注时事,培养了爱祖国、守使命、有志向的少年。

五、特色与成效

1. 特色

 • 架构"四爱、四守、四有"育人体系

基于班情与育人理念,我确定架构了多方位、多维度的以"四爱、四守、四有"为培养目标的育人体系,旨在培养"爱伙伴、爱集体、爱家乡、爱祖国""守规则、守责任、守公德、守使命""有计划、有自信、有行动、有志向"的"上善"好少年,这一体系已初步形成。

 • 探索将社会资源转化为带班育人资源

教育部等十三部门联合印发的《关于健全学校家庭社会协同育人机制的

意见》指出，学校要把统筹用好各类社会资源作为强化实践育人的重要途径，积极拓展校外教育空间，着力培养学生社会责任感、创新精神和实践能力。我的班级建设也遵循于此，基于区域本土特色"上善之城"的文化，我以"上善"为启发，在建班过程中，我探索将社会资源再利用，家班携手打造系列化活动；社会资源再优化，开展"上善"研学实践活动；社会资源再创编，传承家乡文化，树立家国情怀。这些加以融合，形成我们"尚善"班的带班育人资源。

2. 成效

一草一木皆风景，一班一品均育人，在教师、学生和家长的三方共同努力下，我们的班级已经形成了独具特色的"尚善"育人理念，培养了"上善"好少年。

- 形成了"知善"的规则与计划力

营造了温馨友爱的班集体，学生们理解了"什么是善""怎么样善"，掌握了人际交往技巧，学生之间团结友爱、互帮互助的风气已蔚然成风。

- 树立了"崇善"的责任与自信心

学生的集体意识和班级责任感与日俱增，每个学生的个性在集体中得到了充分发展，阳光自信的笑容洋溢在脸上。

- 养成了"行善"的情怀与行动力

学生们在丰富多彩的体验活动中，认识家乡、了解家乡、爱护家乡，树立为家乡做贡献的坚定信念。

- 激发了"扬善"的志向与使命感

从家乡到家国，学生们的民族自信心和自豪感油然而生，增强了社会责任感与使命感，树立了远大志向，升华了爱国情怀。

学生的健康成长与班级的良性发展相映生辉、相得益彰，学生周某某获得市级"新时代美德好少年"称号，学生蔡某某获得区级"上善好少年"称号，班级获得"全国优秀动感中队"等各级荣誉，更多的学生在不同的舞台上展现"尚善"班级的新风尚。这一路，我们通过播撒"尚善"种子，锻炼

"尚善"品德，滋养"尚善"情怀，担当"尚善"责任，润物无声地培育了"上善"学子。

教书育人，征途漫漫。"向上向善"的文化将永远是我们的纽带，我们共同传承，一路前行，在这座"上善之城"绽放青春，书写未来。

（作者：上海市青浦区豫才中学　盛喆烨）

评析

建怎样的班，育怎样的人，是班主任的重要工作。本方略在充分分析和把握班情的基础上，依托学校江南水乡"上善之城"的地域资源优势，传承中华优秀传统文化"上善若水"的思想理念，形成了"建'尚善'之班，育'上善'少年"的带班育人理念。围绕"尚善"这一主线，通过播种、育苗、拔节、结果四个阶段有侧重的实践探索，通过校内外教育资源的挖掘、利用、优化和创编，以及家班携手系列化活动的开展，努力打造"知善、崇善、行善、扬善"的"尚善"特色班集体，在播撒"尚善"种子、锻炼"尚善"品德、滋养"尚善"情怀、担当"尚善"责任中，培育学生成为有"四爱、四守、四有"的新时代"上善"好少年。建议将带班育人目标对标"三有"时代新人，做进一步优化完善，特色会更聚焦与凝练，真正彰显"尚善"的内涵与特色。

扬生态素养之帆，做上善美少年

一、育人理念

推动绿色发展，促进人与自然和谐共生，是党的十九届五中全会提出的重要任务。《中小学德育工作指南》指出，要对学生进行生态文明教育，"引导学生树立尊重自然、顺应自然、保护自然的发展理念，养成勤俭节约、低碳环保、自觉劳动的生活习惯，形成健康文明的生活方式"。中国古代儒家提出的"天人合一"思想，主张尊重自然、保护自然。

生态素养是关于生态知识、生态意识和生态行为能力的综合素养。培育学生生态素养，即培养学生获得生态知识、探究生态现象、解决生态问题的能力，养成珍惜生态、保护生态、优化生态的良好品格，形成人与自然、与他人、与社会以及与自我和合共生的价值观念。这一教育过程，旨在培养学生具有长远眼光和可持续发展的理念，锻造学生的责任心、创造力和使命感。

构建以生态素养培育为特色的班集体，即引导学生走进自然、爱护自然，与自然和谐相处；尊重他人，学会合作，与他人和谐相处；融入学校、服务社区，与社会和谐相处；提升自我，树立梦想，与自我和谐相处，由此成为"上善之城"青浦的美少年。这是我的带班育人目标。

二、班情分析

我校是青浦城区一所公立完全中学,我所带教班级的学生,多数在比较优渥的物质条件中长大,他们关注个人较多,家庭及社会责任感较弱。通过访谈和问卷,我了解到很多学生平时关注的范围只限于和自己密切相关的环境,对社区、家乡的现状知之甚少。对于生态自觉、生态素养的理解,不少学生也只局限于认为不破坏绿化。但学生又表示很愿意学习更多的知识,以实际行动保护环境,希冀家乡会因为自己的努力而更加美好。

三、班级发展目标

1. 总体目标

学生在个人、学校和社会情境中,能秉持生命共同体的价值观,运用相关的生态学知识,表现出与自然、与人、与社会和谐共处的态度和能力;能有全球意识和开放心态,关注人类社会面临的挑战,理解人类命运共同体的观念;能将生态知识和技能应用转化为自觉自愿的、有利于生态保护和可持续发展的生活方式与行为习惯;能发展生态素养,做上善美少年。

2. 分层目标

六、七、八、九年级分层目标如下。

年级	主题	成长目标
六	初建班级生态圈,走进生态环境	培养生态环境意识,懂得环境保护的重要性,较为全面地了解校园、社区、家乡的生态面貌。
七	研发班本课程,了解生态知能	学习并掌握环保方面的知识与技能,懂得利用科学知识助力改善生态环境的重要性。

续　表

年级	主题	成长目标
八	协同家校社，践行生态理念	宣传并践行环保理念，着重关注人与自然、人与社会的关系。
九	争做上善美少年，弘扬生态文明	调整规划，制订保护环境、完善个人的生态成长方案，树立提升社会担当的责任意识。

四、实践过程

1. 初建班级生态圈，走进生态环境

• 打造班级生态品牌

建班伊始，围绕本校"生态德育"主题，全班学生集思广益，确立班级名称——青源。"青"字契合家乡地名青浦，也表达了学生渴望助力家乡绿色发展的愿望；"源"字展现了青浦河道纵横的鱼米之乡的地理特征，也蕴含了家乡是每个学生发展的力量源泉。同时，还设计了"绿草蓝天，筑梦青源"的班级口号和蓝天碧水为底、小舟扬帆远航的班徽。

• 推进生态小组建设

基于双向选择原则，班级初建生态小组，再按组内异质、组间同质的要求进行调整，最终全班 37 人组成 6 个小组，分别命名为青桐小队、衔青小队、碧洲小队、闻溪小队、岸舟小队、清尧小队。随后，我指导各组设计自己的名片，鼓励他们努力形成有纪律、有目标、有情怀的团队。学生开展头脑风暴，制定小组公约，约定生态环保履行条例，设计座右铭。这些兼具个性和生态理念的小组名片被张贴在教室内的"青源之家"展示栏，以增强学生的集体归属感。

• 开展生态主题探索

基于许多学生对家乡面貌知之甚少的现状，在发动学生共同研讨的基础上，我设计了以"保护环境，走进生态"为主题的综合活动（见下页表），组织学生以小组为单位，通过查阅资料、实地考察等途径，较为全面地探索

周围的生态环境。将学生置于动态、开放、多元的探索情境，是希冀当代初中生的心理能与生态德育产生共鸣，从而引导学生发现问题、提出问题、探究问题，激发学生助力生态环境建设的动力。

主题活动	自然生态系列	认识校园植物群落	了解曲水园植物群落	探索青西郊野公园生态群落	探索淀山湖生物群落
	文化生态系列	青浦水文化	青浦红色文化	青浦文明印记	青浦名人启示录
班级生态科技节：身边的科学		校园植物篇	校园动物篇	社区生活篇	家乡生态篇
实践体验		生态场馆巡游	生态基地考察	环城水系探访	街道社区走访

- 布置教室生态角

青源班教室的墙角边放置了很多青翠欲滴的盆栽植物和色彩斑斓的鲜花，呈现一派生机盎然的景象。这些盆栽植物，有的来自花鸟市场，有的来自学生的家院、阳台，不少还刚刚被种下。每盆植物的标签上，写着小主人的名字。课余，大家围绕植物角，认识花卉，呵护有加，由此提高环境保护意识和责任担当意识。一块展板，就是一个宣传阵地，最受欢迎的是"景之美——照片集锦""水之韵——小报展览""青之语——感悟分享"三块生态展板。教室里的宣传板块，每月出一期专题，学生竞争做块长。有的发挥个人特长，有的通过小组合作，以绘画、诗歌、散文等形式设计小报，其中有青浦环城水系、金泽古桥文化、蟠龙古镇的旧貌新颜等精彩内容。

2. 研发班本课程，了解生态知能

我校开发的生态学通识教育系列课程，旨在激励学生对生态学知识、技能学习的欲望，培育学生运用生态学思维方式理解、探究、解决生态问题的能力。在此基础上，我整合多方资源，研发了七年级生态班本课程群，含八个主题（见下页表）。学生据此学习知识、亲近自然、动手制作、展示成果，既乐在其中，也培养了生态意识。

第一学期	第二学期
9月主题：青青校园 课程1：绘制校园绿色地图 课程2：提供生态校园建设改进方案	3月主题：垃圾分类 课程1：垃圾分类知识竞赛 课程2：变废为宝——环保手工制作
10月主题：魅力落叶 课程1：认识校园树木，收集落叶 课程2：制作落叶书签、落叶画	4月主题：绿色饮食 课程1："垃圾食品危害大"知识科普 课程2：舌尖上的"淀山湖"，家乡美食我来做
11月主题：清清河道 课程1：防治水污染知识科普 课程2：绘制家乡最美河道图	5月主题：绿色消费 课程1：主题班会——对一次性用品说"不" 课程2：编辑家乡绿色商品宣传册
12月主题：低碳出行 课程1："无车日"知识抢答 课程2：设计青浦绿色出行路线规划	6月主题：青浦桥文化 课程1：走进青浦的古桥 课程2：小木棍制作古桥模型

3. 协同家校社，践行生态理念

学生的全面发展，需要学习多方面的知识，参与多种实践。为鼓励学生立足生态文明建设，树立生态文明观念，坚持用智慧和行动节约资源、保护环境，我通过盘活多方资源，将班级、校园、家庭、社区变成学生践行生态理念的重要阵地。

• 班级层面：巧用云平台，普及生态知识

疫情防控期间，学生自主制作的"晨间八点档"节目（线上晨会课）激发了大家的参与热情，每周一次的"生态大讲堂"（普及生态学知识）很受欢迎。从选题、制作PPT，到确立单日主持人和客座嘉宾人选，大家在互相讨论中思维碰撞、情感共鸣，也迸发出不少金点子，使得晨会内容丰富，让学生在积极应对挑战中健康成长。

• 学校层面：浸润美校园，培养生态意识

我校校园的植物覆盖率高，品种丰富。青源班学生响应学校号召，认领养护校园东首篮球场一侧的一棵高大的梧桐树。通过设计护绿标语、撰写观察日记、捡梧桐叶制作书签，很多学生慢慢对这棵树产生了感情。午休时，有学生会坐在树荫下休息，看着陪伴自己班级的树木枝繁叶茂，既是一种爱惜生命的体验，也是一份爱绿护绿的承诺。那里，也是班级全员导师会面的地方。

一年一度的"爱心义卖"活动，是学校的传统。以往，学生都是拿出自己家里闲置的书籍、文具、玩具等物品来参与。虽然热闹，但没什么特色。我班学生升入八年级后，我想正好引导他们结合七年级所学"垃圾分类"班本课程，举办"变废为宝"创意活动，让每人在实际体验中牢固确立"垃圾分类，低碳环保"的生活理念。经过探讨，全班学生决定以小组为单位策划本班的这次义卖活动，并且认为围绕同一主题，小组成员之间可以分工合作，这样每个人都有展示的机会。很快，"变废为宝，环保手工制作"爱心义卖方案顺利出炉（见下表）。

活动意图	强化垃圾分类行为，增强环保意识；积累可回收垃圾，通过二次利用和探索，培养学生的制作能力和创新意识。
人员分工	巧手组：主要负责利用废弃的彩色纸、塑料瓶、易拉罐等物品，加工成工艺品或其他日用品。 设计组：设计义卖展板和宣传海报，给教室里的垃圾桶设计有个性、有特色的分类标志，帮助"巧手组"收集可利用的废旧物品。 参谋组：策划具有班级特色的爱心义卖地布置方案和义卖活动方案。

- 家庭层面：打通课内外，分享生态美食

学校生态大棚培植香菇、木耳、生菜、草莓等蔬果，学生在拓展课上感受着现代种植业的智慧。在大棚里，书本中的知识一下子立起来了：棚内有烟雾，那是香菇正在扩散孢子。香菇、木耳生长周期短，收获次数多，学生能经常收获自己的劳动果实，并为家人烹饪木耳炒蛋、香菇炒肉丝等生态美食。家长也忍不住在微信群里上传孩子做菜的照片和全家分享美食的喜悦。种植、采摘、烹饪，系列化劳动将课堂延展到家庭，很好地提升了学生的劳动能力。

- 社区层面：宣传进小区，推广生态理念

在每年的学雷锋活动中，我班学生根据学校安排，作为"弘扬雷锋精神，争做时代新人"的志愿者，前往大盈公寓等社区，清理小区公告栏上的各类招贴，捡拾屋前园后藏着的垃圾，传播公益环保思想，倡导社会文明新风。学生大力推广生态理念的同时，也培养了自己服务社会的能力。

4. 争做上善美少年，弘扬生态文明

- 以评价激励点燃环保热情

我班实行的"争做生态小达人"评价激励机制，以水草、鱼虾、小舟为标记，根据每人为班级、家庭、学校、社区生态文明建设服务的情况，奖励学生写有自己名字的水草、鱼虾、小舟图标。获得5个水草图标，可以换一个鱼虾图标；获得5个鱼虾图标，可以换有青源班班徽的小舟图标。班级借助这一评价"生态小达人"的激励机制，点燃学生的环保热情。

- 榜样力量树立绿色梦想

学生升入九年级，即将迎来中考。面临人生的一次重要抉择，不少学生会表现出焦虑和彷徨的情绪。对此，我除了通过专题讲座和日常谈心去化解，还邀请优秀毕业生为学弟学妹答疑解惑，帮助他们认清方向、鼓起信心；同时，发动学生用一句话总结自己四年来学习生态知识、弘扬生态理念的心得，撰写自己的梦想清单，并引导他们细化行动计划，以实际表现为未来筑梦。

五、特色与成效

回顾带班育人方略的实践过程，我从以下两方面总结亮点。

1. 线上线下结合，推进特色小组建设

围绕生态主题，我设计了小组名片，制定了小组公约，使小组特色建设初具雏形。在综合探索活动和班本课程开发中，各小组合作参与，分享资源，团结互助。疫情防控期间，我依托网课，进一步完善了小组建设策略：制度护航——制定云端小组公约；竞争激励——每周摘星榜PK；文化浸润——小组云活动展示；组间互助——组长群热互动。这些丰富多彩的小组活动既充实了组员的课余时间，也让大家在活动中彼此欣赏，增进友谊，提

升能力，借助"云端"平台抱团取暖，共同进步。小组建设的不断推进，有效地激发了学生的探索兴趣，提高了学习效率，培养了综合能力，也有助于增强学生的集体归属感。学生从校园百树认领到社区志愿服务，从垃圾分类到废品再利用，彰显生态理念的行为处处可见。学生从班级走入校园，走进社区，走向社会，逐步成为生态文明建设的践行者、推广者。

2. 多方资源整合，建设班本特色课程

借助青浦生态环境资源，依托校本生态课程，我以激发学生兴趣、提升学生综合能力为出发点，设计了七年级生态特色班本课程和与之匹配的综合探索活动。实施结果表明，这套课程内容丰富，实践性强。学生在生态主题引领下，进一步认识周围环境，学习环保知识，并以实际行动践行环保理念。这一过程也培养了学生的表达能力、思辨意识和探索精神。我在四年的带班实践中发现，真正从班级实际出发，建设属于自己班级的课程，能更有效地促进师生共同发展；创造性地利用本地区、本校、本班的教育资源，发挥"本土生态"优势的班本课程，更有助于促进班级整体良好发展。

经过四年的教与学，师生都有不少收获。学生的生态知识不断丰富，在最近一次本校生态素养课程的知识测试中，我班学生的优良率超过90%。2023年学校生态科普知识竞赛中，我班有三人得二等奖，两人被评为"生态小达人"。我本人也被评为学校生态素养教育特色教师、青浦区优秀班主任。有关青源班学生培育木耳、在大棚中学习知识的文章，曾刊登在《东方教育时报》上。

诗人艾青说："为什么我的眼里常含泪水？因为我对这土地爱得深沉。"青源班学生也因为对青浦这个由绿网和水网交织而成的水乡爱得深沉，所以心中有光，踏梦前行，聚力生长。四年的时间很短也很长，看着学生逐步树立生态自觉意识，逐渐成长为生态卫士，是我作为教育工作者最幸福的事。愿青源班学子永葆这份关爱环境的情怀，坚守初心，以实际行动建设美丽中国。

（作者：上海市青浦区第一中学　朱晨媛）

评析

　　面对新时代生态文明建设的需要，基于学校培育学生生态素养的育人目标，教师确立了带班育人方略，旨在培养学生与自然、与他人、与社会以及与自我和合共生的价值观念。它立足生态与环保结合，有利于锻造学生的责任心、创造力和使命感。四年带班实践中，教师整体架构了以生态素养培育为核心的分年级发展目标，设计了"走进生态环境、了解生态知识、践行生态理念、弘扬生态文明"四个依次递进的推进阶段，形成了系列化活动策略和实践操作经验，营造了良好的班级育人生态。整个过程思路较清晰，成效也明显，带班方略的内容充实，促进了学生生态素养的有效提升。文题既然取"扬生态素养之帆，做上善美少年"，则需对"扬帆"之举的行动框架、"上善"内涵在此的行为表征，有明确的诠释与界定。

相亲相爱一家人
——基于随迁子女生源的"家文化"建设带班育人方略

一、育人理念

家,既是身心的寄所,又是心灵的港湾。在中国人的心目中,家有着特殊的、丰富的内涵。

家是中华民族最深沉、最稳固的情感依恋地,也是最容易让学子认知、认可、认同的诉求寄托处。古人强调"修身、齐家、治国、平天下",对家的理解,可以延伸为家族,连接到国家乃至天下。一个集体,无论从任何角度、任何范围观照,只要有"家"的概念,成员间就会形成牢不可破的情感纽带。他们目标一致,精神集聚,互相信任,彼此接纳,呈现一种博大的胸怀。

班集体建设中,运用"家文化"理念,以"爱"为核心,引导学生爱自己的班级、爱自己的学校,就是爱自己国家的具体表现。"家文化"的内涵,源于学生的学习态度、行为习惯。"爱"的教育,重在引导学生形成积极、主动、竞争的学习态度,养成负责、稳重、自律、有序的行为习惯,努力实现"让别人因为我的存在而感到幸福"的价值观念,并在培育爱的能力的基础上,实现对理想的追求。

构建以"家文化"为特色的班集体,是我带班育人的目标指向。

二、班情分析

我任教的学校，是上海远郊的一所公办初中。学生中，外来务工者随迁子女接近90%。我带过的班级，这一比例达到90%以上，甚至是100%。

这些"小候鸟"来自全国不同省份，有着完全不同的家庭背景、生活习惯和个性特点。他们有的生在上海、长在上海，与本地学生有着不同的口音、生活习惯和性格特征；有的小时候跟着祖辈生活在农村老家，直到上幼儿园或小学、初中时才被父母接到上海，从此开始尝试融入上海这个完全不同的城市。因考试政策的限制，这些随迁子女只能报考上海的中专或职校，不能参加普通高中统一招生考试。故而，每个学年结束时，班级里总弥漫着浓厚的离别的氛围，很多成绩不错的学生马上转学回家乡就读，准备考高中。

那么，如何让这些羽翼未丰的"小候鸟"，面对分别、面对新的学习生活、面对不一样的学习环境，能怀着满满的自信，带着充实的情感，走向未知的生活呢？对此，班主任要未雨绸缪。

基于以上分析，以"家文化"为班集体特色，努力将班级打造成温馨家园，让学生能感受到家的温暖，并在此基础上构建和谐的班集体，引导学生拥有自信，明确未来的发展方向，便成了我建班育人方略所需达成的目标。

三、班级发展目标

学生在班级"家文化"的氛围熏陶和情感润泽下，从个体成长到彼此共生成长，再到实现集体成长。这一发展过程的总体目标是：打造好学、文明、朝气、和谐的班集体，培养爱学乐学、谦逊有礼、自尊自强、善于团结的肖中学子。在此基础上，遵循学生身心发展规律，确立如下分年级发展目标，让学生在班级这个大家庭中，从六年级的自信，到七年级的自律，再到八年级的自学，最后到九年级的自尊，逐渐成长、不断完善，也使班级呈现螺旋上升的发展态势和成熟和谐的文化氛围。

年 级	发展分目标
六	认识新同学、新老师，逐步适应中学生活，努力使自己成为积极、活泼、好学、上进的自信少年，构建文明有序、彼此信任的班级"家文化"氛围。
七	积极参与学校各项活动，争做负责任的班级小主人，努力使自己成为积极、有朝气、团结、负责的自律少年，构建团结友善、乐学善思的班级"家文化"氛围。
八	主动参与学校及班级的活动和管理，做校园文明的维护者，努力使自己成为主动、谦逊、善学、大气的自学少年，构建阳光朝气、合作有序的班级"家文化"氛围。
九	努力做一个目标明确、敢于拼搏、敢于直面困难的自尊少年，构建互助、坚毅、踏实、和谐的班级"家文化"氛围。

四、实践过程

1. "家"有所居：打造班级的外在形象和文化标识

建设"家文化"，离不开班级外在形象的设计和教室文化环境的布置。接任每一届新班级，我就和学生一起商量教室文化环境的布置，共同设计体现班级精神的文化标识。

• 民主确定班级文化标识

学期初，我通过宣传发动，向全班学生征集班级名称。梳理出候选名称后，召开班会，全班师生一起参与投票，产生最终的班级名称。在投票之前，我先让学生对被提名的候选名称进行解说。采取这样的方式，旨在尊重学生的民主权利，发挥学生的主体作用，强化学生对班级的服务意识。

在班级名称确定后，再鼓励学生积极动脑，为班级设计班徽、班训、班级吉祥物等。如2018届六年级学生选择"曙光"作为班名，设计的班徽是一群人站在群山之前呐喊，背景是一轮即将绽放耀眼光芒的初升旭日，班训是"拼搏、奋斗"，班级吉祥物则是一只特别可爱的独角兽。此外，学生还给班级起了一个别名——"希望小筑"。

学生设计的标识，难免有些稚嫩，有些简单，但在遴选、制作的过程中，他们积极参与，充分发挥了主观能动性，既体验到自己真正成了班级的主人，又锻炼了能力，对班级也有了归属感。

- 合力打造教室文化环境

确定班级标识的同时，教室文化环境的布置也同步开展。环境布置充分融入了"家文化"的内涵，教室四周的墙面分别被命名为"家国栋梁""家喻户晓""书香世家""万家灯火"，用来展示或介绍班级荣誉、学生优秀作品、推荐书目、学生风采，营造班级文化氛围。为美化环境，我会根据每届学生的不同要求，调整教室的布置。如曙光班教室的黑板上，就增设了"生日祝福栏"，让学生感受到家的温暖。

2. "家"有所规：确立班级各项制度

俗话说，"国有国法，家有家规"。班级初建时，我发动学生共同制定"温馨家规"，要求人人遵守这些约定，为建设良好家风奠定基础。

- 民主制定班规

班规制定过程充分遵循以学生为主体的原则，先由部分学生骨干和教师共同起草班规草案，经全班会议讨论，再修改完善，然后公布施行。

- 健全各项制度

为营造积极上进的班集体文化，班级管理制度建设不能放松，需要不断健全。如曙光班除了不断完善班级常规外，还有学生干部评议、学生优秀作业展示、班级小岗位轮换等制度，以激发学生活力。此外，为了解学生的学习基础，帮助每人制定适合自身需求的学习规划，班级还创新构建了"学习激励升级系统"，在全班形成你追我赶的向上氛围。在规范的家规建设中，良好的家风逐渐形成。

3. 情有所寄：开展班级特色活动

人的情感要有寄托，班级学生之间凝聚爱的情感，需要依托一系列的班级活动。七年级的班级"家文化"建设中，我根据学生年龄特点，充分利用节庆日、学校开展的德育活动，设计了一系列的班集体文化活动、社会实践活动，努力为学生营造一个凝心聚力的"家"。

- 注重情感交融，营造爱的氛围

生日活动，对于凝聚学生、拉近彼此的心理距离，有着特别的作用。为此，我将集体庆祝生日作为班级的一项常态活动。集体庆祝生日不在于形式，注重的是每个人的心意。如曙光班每个月为在该月过生日的同学举办20分钟的集体祝福会，大家向小寿星们送上祝福和礼物。班主任精心挑选礼物，也鼓励其他同学自发准备。礼轻情意重，生生之间、师生之间的关系由此更融洽了。除了集体庆祝生日外，我们还会组织其他活动，如父母长辈生日的家庭感恩会，教师节给老师写感恩贺卡，父亲节、母亲节向父母说说心里话等。

情感交融需要时间，也需要契机。以上活动为学生搭建了彼此沟通的桥梁，让所有人的心走得更近了。

- 结合节庆文化，设计特色活动

每逢中华民族的传统节日，班级会举行"美食盛宴"，如端午的粽子、中秋的月饼、冬至的饺子等。这些食材，有时来自购买的成品，有时是学生在家动手制作，再带来与大家一起分享。中国家庭对"吃"的钟爱，在班级里得到了延续。此外，我引导学生不仅参与体验饮食文化，还鼓励他们据此开展文化创作，如中秋节要求学生基于月饼的故事创作文艺作品。在这些动手动脑的体验中，学生不仅尝到了美味的食物，而且收获了与老师、同学共同创作的美好回忆，以及和亲人一起分享的美好瞬间。

4. 爱有所言：促进情感沟通表达

学生升入八年级后，青春期特征表现得愈加明显。这时候的他们，独立意识进一步增强，而且敏感、内敛，与同龄人交往多，却不愿意和家人沟通，亲子关系面临着严峻考验。爱，是需要说出来的。班集体建设的一项重要任务，就是营造浓浓的爱的氛围，引导学生通过各种途径、运用多种方式，努力和积极表达自己对同学、对家人、对班级、对学校的爱。

- 班级十件大事评选：分享感动瞬间

班级活动是同学之间增进情感的有效途径。要让活动在学生记忆中扎根，让处于青春期的他们真正感动，就需要给学生创造一定的机会。因此，我在学期结束前就向学生征集"令我印象深刻的班级十件大事"，再根据学生的推荐整理出30件候选大事，并通过学生投票最终选出十件大事。当一张张PPT播放出学生的成长景象，他们或会心一笑，或难掩兴奋。学生处于十四五岁这个花季，他们的心房被敲响的那一瞬间，真诚的爱就这样自然地产生了。

- 共同打造班级博客：了解每日动态

很多家长反映，孩子进入初中，尤其到了八年级后，回家和父母基本上就没话可说了。亲子沟通遭遇挑战，家长不知道孩子的在校情况，孩子又不愿意当面对父母说。那么，学校一方能否为亲子沟通提供机会？对此，我与学生一起商量打造班级博客，并邀请家长参与。于是，我们一起用班级名申请博客，撰写博客文章，并且每周更新。家长通过博客了解孩子的在校表现，还撰写了评论。学生回家后，亲子之间也有了共同话题。爱，在彼此了解中被感知、被表达。亲子之间即使一时相坐无言，那也是在缓慢地传递一种柔情。

- 书信来往互诉衷肠：促进情感交流

十四五岁的学生，也许正处于不愿表达心声的年纪。无法用口头语言直抒胸臆，那就用书信来表达情感吧。有时候，文字表达要比言语更动人。有时候，阅读也能带给人更多的体验和思考情感的时空。在班级集体庆祝学生十四岁生日活动中，我提请家长给孩子写信，也鼓励学生给父母写回信，由此表达各自的想法，真诚地互诉衷肠。当然，教师也可用书信与学生沟通。学年结束时，我发给每个学生一封手写信，带着满满的诚意，说说自己的心事。

5. 学有所指：创设积极奋斗的场域

学生的成长发展，不仅需要"家"的情感支持，更需要自己的拼搏与努力。为此，在学生升入九年级后，我充分利用各种活动机会，激励学生增强对班级、对学校、对社会、对国家的责任感和使命感；在班集体的"家文化"建设中，我注重释放学生能量，培养他们拼搏、奋斗、负责的人生观、价值观。

学期初，班级举行"你好！同学"颁奖会，目的就是定目标，用奖励激发学生在新学期要有新奋斗、新成长。学期末，举行"加油！同学"总结会，对学生一学期来的表现进行评价表彰，查漏补缺。平时，利用午会、班会等举办各类打气会，如鼓励外出比赛的选手，鼓励参加模拟考试的学生，对他们进行心理辅导，以缓解压力，做好自己。

五、带班育人特色

这些年来，以创建"家文化"为特色的带班育人方略具有以下几个特点。

1. 活动贴近实际，符合校情与学情

我校 90% 的生源为随迁子女，这一情况决定了班主任在带班时必须考虑这个群体的特殊需求，顾及学生的情感认同。开展"家文化"创建活动，旨在构筑师生交流、生生互动、亲子沟通的情感桥梁，用丰富多彩的活动走进"小候鸟"们的心灵世界。它贴近教育实际，符合校情与学情。

2. 鼓励表达爱意，注重情感交流

爱，是"家文化"的不变主题。如何表达爱，如何接受爱，如何更好地爱别人，这些是学生从懵懂少年向成熟青年过渡所必需的教育训练。以"家文化"为特色的班集体创建活动，能够引导学生通过多种途径克服中国人的内敛性格，在情感交流中敞开自己的心扉，学会大声表达爱，懂得与他人分享爱。

3. 坚持学生为本，培育主体精神

家，不只是享受爱的暖屋，更是要付出爱的平台。创建班集体的"家文化"，就是坚持以学生为本，引导学生学会做班级的主人，主动参与各项活动，积极发挥自己的主观能动性，为班级文化发展建言献策，为自己和班级的发展，努力奋斗、拼搏；在增强班级凝聚力、归属感、责任感的同时，提升自己的成就感与凝聚力。

4. 采取多种形式，构筑教育合力

以"家文化"为特色的班集体创建活动开展以来，在实施过程中，我融合了文化育人、制度育人、活动育人、实践育人、协同育人等多种教育方式，通过积极发动、努力用好各方面的力量，构筑学生活动的支持、保障框架，为班级"一家人"的成长发展搭建有效的教育体系。

六、主要成效

以"家文化"为特色的班集体创建活动，是符合时代要求、学校特色、学生实际的育人探索，在实践中获得了很好的德育效果。

经过几年的历练，学生逐渐懂得如何去爱，懂得什么是谦逊有礼，懂得怎样担责与分享。学生之间、师生之间、亲子之间的情感都在锻炼中得到升华。班级通过爱消弭隔阂，用互相尊重、理解重构人际交往，帮助随迁子女学生更快融入本地生活、适应学校学习，由此树立自信，收获成功。多名学生中考后被中高职一贯通学校录取，继续深造；返回老家就学的学生，也频频传来喜报。留在本地考取中职校的学生，同样绽放出自信的笑容，决心在各行各业闯出自己的天地。

班级在几年的创建中不断成长，多次获得区、校温馨班集体，以及校优秀中队等荣誉。校运动会上，我班获得年级总分第一的优异成绩；校艺术节上，我班奉献了一场精彩活泼的表演。难能可贵的是，即使在大量优秀学生转学的情况下，班级学生的精神面貌依然昂扬向上。

教学相长，班集体建设也推动了班主任的专业化发展，给我带来了不少荣誉。如 2016 年，我被评为区优秀班主任，2018 年获上海市"闵行杯"班主任基本功大赛初中组一等奖，2018 年、2021 年连续两届被评为区卓越教师培养工程"优秀骨干教师"，2020 年被评为上海市育德之星。

如今，我依然是班主任，依然带着一群随迁子女学生，但心境比过去更清明、更爽朗了。因为身心安处是吾乡，爱在哪里，家就在哪里。教师和学生，永远是相亲相爱一家人。

（作者：上海市奉贤区肖塘中学　黄河双）

评析

基于随迁子女学生占绝大多数的班级生源现状，教师确立了"相亲相爱一家人"带班育人理念，致力于以"家文化"为内核的班集体建设；构建了"'家'有所居、'家'有所规、情有所寄、爱有所言、学有所指"五进阶的带班育人方略，并据此开展系列活动。在多年实践中，教师逐步形成了"活动贴近实际，符合校情与学情；鼓励表达爱意，注重情感交流；坚持学生为本，培育主体精神；采取多种形式，构筑教育合力"的基本经验。整个过程围绕"爱"这一核心概念层层展开，思路比较清晰，凸显了带班育人的主体参与、合作互动、循序渐进、注重过程、兼顾差异的实践原则，叙述中还不时倾注了教师特有的教育情意，难能可贵。需思考的是，如本文略去"随迁子女"一词，这个班集体的创建过程是否也一样？

让小荷露出尖尖角

——"青荷班"带班育人方略

荷，又称莲花，水生植物，根系植于温暖的平静浅水，它向上生长，生机勃勃。诗人李商隐写道："惟有绿荷红菡萏，卷舒开合任天真。"可见荷花代表着纯洁高尚、圆满美好的品性。从古至今，人们不仅陶醉于其美丽的外观和芬芳的香气中，更是从中领悟其所蕴含的深刻意义。

一、蓬勃青荷：启发我的带班理念

教育大家叶圣陶先生说："教师之为教，不在全盘授予，而在相机诱导，必令学生运其才智，勤其练习，领悟之源广开，纯熟之功弥深，巧为善教者也。"学生需要关怀，渴求文化滋养。他们像一颗颗种子，潜藏着无穷的生命力量。

基于对荷花生态的认知，我以"荷文化"立班。荷那雅致高洁的内涵，象征了宁静致远的传统文化。班名定为"青荷班"，意味着引导学生永葆青春朝气，将荷的品格扎根心中，成为日常行为的道德指南。

以"青荷"为班名，旨在将荷花纯洁高尚、圆满美好的品质融入班级教育，让每个学生像一朵朵青荷，在学校这块湖塘中自由生长。在"青荷班"里，学生学荷品、做荷人，坚守初心，砥砺前行，为实现中国梦努力向上。在"青荷"理念浸润下，学生敢于面对挫折，不惧困难，成为"自主、自律、自信、自强、自豪"的当代高中生。

在班级工作中，我坚持践行"春播莲种，夏开荷花，冬藏莲果"三位一体的带班理念，固学生之本，养学生之性，励学生之志，打造"青荷"班级，培育谦谦君子。为此，我确定了"创蓬勃班风，育青荷学子"的带班育人理念。

二、班情分析

高一入学时，36名学生的总体学业情况处于全区的中等水平。学生学习目标不明确，学习主动性也不强，而且对未来没有明确的规划。一部分学生觉得，才经历初三的拼搏，进入高中后可以歇一下。还有一部分学生不明白今天的学习是为了什么，看到别的同学在玩，自己也不由自主地跟着一起玩。学生们消极懈怠的情绪，令人担忧。在家访中，我还发现有些家长只注重孩子的考试成绩，亲子矛盾较突出。

三、班级发展目标

如果把学生看作一朵朵"青荷"，那么班级就是一方"荷池"。班级以"青荷"精神为引领，根据学校育人要求和学生特点，分三个阶段确定发展目标：春播莲种，构建有爱有序的美好环境；夏开荷花，激发自主成长的发展动机；冬藏莲果，多维提升个体的生命境界。

在班级目标的框架下，我将培养博学、美好、雅致、高尚的"青荷学子"作为学生个人目标。分年级发展目标如下。

年级	目标	具体内容
高一	春播莲种	**构建有爱有序环境** 莲种代表未来和希望，包含着全班共同的目标。班级将努力构建一个有爱有序的美好环境，让每一颗莲种都蕴藏希望与梦想，让这些希望和梦想就像盛开的荷花，绽露笑容。

续 表

年　级	目　标	具体内容
高二	夏开荷花	激发自主成长动机 凝聚每一朵青荷的力量，让班级更有生命的活力。积聚个体的涵养，让班级的"荷文化"更加丰富，让每个学生在自己的领域都展现独特的花容，让个人融入集体，共生共荣。
高三	冬藏莲果	多维提升生命境界 荷韵满庭，学生不仅具备丰富渊博的知识，也具有莲荷一样的品性。一颗求知的清纯之心，在学习和成长中提升生命的境界，保持开放的姿态，成为一名真正对社会有用的人才。

四、实践过程

1. 春播莲种，构建有爱有序环境

- 建青荷文化，创幸福班级

班级文化是一个班级的灵魂，良好的班级文化会产生春风化雨、润物无声的教育效果。学生一旦置身班集体的文化氛围，他们的思想观念会受到潜移默化的影响，在日积月累中形成一种与班级文化相契合的学习观、价值观。学生就像一朵朵待盛开的青荷，班级则是一个小小的荷园，班主任作为园丁，责任就是引导学生建青荷文化，创幸福班级。

- 现青荷之美，筑美好环境

我充分利用教室的每一面墙壁，使其成为班级文化的载体，展现青荷之美，引领全班学生茁壮成长。墙壁上，挂着学生自己制作的青荷贴画，写有积极向上的格言；图书角，学生用青荷图装饰，命名为"青荷书苑"。在窗台和教室外侧，将其布置成植物廊，摆放学生种植、培育的莲花，意味着播下种子，收获希望。这样的布置，让教室的各个角落都呈现出纯洁美好的气息，让青荷陪伴和激励学生成长，使班级充满活力与生机。

- 建青荷模式，探特色管理

满塘青荷，连片生长，借天借地，和谐竞争，各得其所。这种自然景象

容易让人联想到新课程理念提出的小组协同学习。于是，班级管理也尝试建立"青荷模式"：探索小组合作竞争机制，发挥学生的主观能动性，让学生在自主管理、自我教育中，达成合作共赢的目标。学习小组建立后，学生共同制定组内相关细则，包括如何监督、如何竞争、如何激励。同时，研讨组间互相分享、全班共同学习相关规定，并从课堂发言、作业完成、学习效果到个人卫生、仪容仪表、文明行为、体育锻炼等多方面进行考核，促进学生全面发展。

2. 夏开荷花，激发自主成长动机

- 开特色班会，扬青荷精神

班会课聚焦青荷精神，设立系列主题，通过微辩论赛等形式，引导学生形成人与自然、人与社会、人与自我共生共融的价值理念，为学生终身学习、终身发展奠定基础。

年级	第一学期	第二学期
高一	主题：认知自我，启航高中 课程1：认识新朋友，融入新团队 课程2：奔流不息的民族魂 课程3：养成好习惯，做个好学生	主题：自我约束，责任担当 课程1：做时间的主人 课程2：做自己情绪的主人 课程3：电脑网络，喜忧参半
高二	主题：民主参与，和而不同 课程1：民主与自由 课程2：理解与尊重 课程3：小组再建设	主题：凝心聚力，和谐发展 课程1：严以律己，宽以待人 课程2：共筑诚信，互拥瑰宝 课程3：韬光养晦，有所作为
高三	主题：面临毕业，正视自我 课程1：职业规划 课程2：目标、计划、措施、行动 课程3：放飞希望，成就理想	主题：磨炼意志，和合共生 课程1：团结、拼搏、奋进 课程2：静心苦读，水到渠成 课程3：厉兵秣马，蓄势待发

- 建优质课程，育青荷学子

高中三年，"青荷班"基于学科育人和"五个统筹"的要求，积极建设优质课程，引导学生树立正确的价值观、坚定的信念、强烈的社会责任感，形成健全的人格。

政治课程在思想教育中占有学科优势，其中的辩证唯物主义内容是马克思主义哲学的重要组成部分。学生理解并认同"一切真知来源于实践"，就能更好地掌握正确的真理观、价值观和人生观。学生只有确立实践第一的观点，才会自觉地投身实践。由于社会活动经验不丰富，加上现代社会互联网高度发达，学生认为足不出户也能获得知识，因而对"实践出真知"的认识存在误区。有鉴于此，教师改变单纯在课堂上讲述的做法，让学生走出校门、走上社会，亲身感受一切真知来源于实践，并将小组实践活动的成果引入课堂，以此逐步树立马克思主义的实践观。学生在考察活动中获得了不少内容丰富、生动形象的感性认识，在材料整理、总结的过程中，又上升到有一定高度的理性认识。最后，通过课堂展示，共享学习收获。教学方式的转变，使学生的所学所知得到深化。

- 借各项活动，助青荷成长

校园活动传递爱与责任，推动学生个性化成长。每年的校运会，学生积极参加比赛，为自己班级争荣誉，表现可圈可点。在每年悦读节的"生态市集"义卖活动中，学生筹集善款用于帮困助学。在"百树认养"活动中，学生用心照顾班级认养的小树，积极践行学校的生态教育理念。

在生态文明建设的志愿服务活动中，学生走出校园，作为参与者和推动者，走向街头、社区、乡村，积极履行责任，开展垃圾分类、环保税开征、节能减排等公益宣传。学生从知识习得走向行动体验，在身体力行、知行合一的实践中，将生态知识、技能、理念向社会辐射，并由此彰显学校"和合共生"的生态理念。经过各类生态文明建设实践活动的历练，学生的综合素质也有明显提高。

- 家校同携手，共塑青荷形象

开展"家长进课堂"系列活动，有的家长利用职业所长，给学生上心理健康教育课；有的家长为让孩子领略家庭美食的魅力，专门给学生上了一节"颠覆传统，创意美食"体验课。这些活动既满足了学生对课外知识的渴望，也向家长和教师提供了互相学习、增进理解的机会，从而促进构建和谐的家校关系。

为全面了解学生的家庭成长环境等情况，班级定期召开家长座谈会，在家校之间构筑起心灵通道，形成教育合力。双方共同促使学生明确学习目标，树立刻苦钻研意识、敢于竞争意识、勤奋刻苦意识、自觉守纪意识、在竞争中求生存求发展意识。

家校合作中，班级充分发挥各软件优势，利用微信中的"小打卡"功能，构建线上的家，并将其分为四个板块。其中，"云学习"用于督促学生合理利用双休日完成学业任务，提高学习效率；"微时光"让学生与家长共同回味身边的美好时刻，促进学生健康快乐成长；"悄悄话"构建师生情感交流的绿色通道，帮助学生与老师沟通；"共成长"用于推动亲子交流，增进父母与孩子的情感，助益孩子身心健康成长。

3. 冬藏莲果，多维提升生命境界

• 展青荷文化，欣赏丰收果

班级以"修身悦己、向上生长"展现了青荷文化的魅力，引导小青荷们在相互商量、携手合作中，培养自主发展的能力；在实践活动中，享受积极参与的乐趣，培养荣誉感。学生在欣赏和和美美的丰收果实中，学会宽厚待人、包容感恩，体验活力共生、持续向上。奉献价值的无穷尽展现，使学生变得阳光灿烂、自信满满，从而培养责任担当的品质，增强不断前行的动力。

• 播青荷理想，点燃凌云志

班级持续开设职业导向课程。学生通过案例分析、小组讨论和角色扮演等活动，对不同职业产生好奇心，点燃内心深处蕴蓄的凌云志向。课堂上，学生热情奔放，纷纷探索火箭航天、现代医学、文学艺术、社会公益等领域的魅力、奇迹、挑战和机遇，想象各种职业的丰富旨趣。

班级不断开展职业探知系列活动，带领学生踏进企业大门，目睹真实的工作环境，参与实习体验，感受工作的琐碎与繁复；组织学生与各行各业人士面对面交流，感受他们孜孜不倦的努力，感悟他们的智慧火花，汲取他们的从业经验。

班级还邀请校友、学生家长和专业人士参与相关活动，分享他们艰辛而又写满人生意义的职业经历。嘉宾以自己的亲身经历和真实故事，启迪与鼓励学生追寻自己的梦想。这些珍贵的经验进入学生的内心深处，让他们如小青荷般在理想的池塘中绽放出自己的芬芳。

三年中，教师伴随着学生的成长，为他们指引职业道路，确立职业理想。可以相信，当学生沿着未来的航向远行，在治愈人类痛苦、关爱社会弱者、创造艺术奇迹、颠覆科技边界时，那一片片"青春的荷叶"正神奇地承载着高中时期播下的梦想与希望，每朵青荷也能展露出属于自己的色彩。

五、青荷盛开：特色与成效

1. 带班特色：碧波荡青荷

- 班级发展目标的系统性

为了让每个学生都能在良好的学习环境中成长，"青荷班"规划了一套独特的发展目标——春播莲种、夏开荷花、冬藏莲果，由此引领班级建设走向成功。

"春播莲种"象征着新希望的开始。这个阶段，班级将致力于构建有爱有序的美好环境。

"夏开荷花"体现出生机勃勃。这个阶段，班级将注重个体的茁壮成长和全面发展，进而激发学生的兴趣爱好，培养特长。

"冬藏莲果"意味着总结收获，沉淀成果。这个阶段，班级将对过去的经历进行整理和反思，让学生为步入未来做好准备。

"青荷班"这套初、中、远期目标规划引导着班级建设的方向。无论面临什么样的困难和挑战，全班师生将怀揣希望和梦想，紧密团结在一起，共同追求卓越和进步，共同书写属于"青荷班"的辉煌篇章。

- 带班育人活动的系列化

叶圣陶先生认为：教师应该为学生的一生着想，要想想学生将来怎样一辈子做人，想想做一个社会主义的好公民应该具有什么样的知识品德。带班育人不仅是让每个人成为一名好学生，更是要让他们成为优秀的社会主义事业接班人。

为实现班级发展目标，我除了抓班级日常管理活动，还根据"青荷"的内涵和特色文化建设需求，设计并开展了班集体建设系列教育活动：高一年级，如班级制度我们定、青荷养育、如果我是班主任、当好值日班长；高二年级，如光照亮墙、云升旗仪式、红色寻访活动、中英文书法比赛；高三年级，如课本剧配音表演、爱国主义教育社会实践、职业生活规划。

2. 带班成效：梦想渐绽放

- 学生全面发展

"青荷班"建设中，学生通过深入理解社会主义核心价值观，提升了自我教育觉悟。他们的目光不仅着眼于学科知识的学习，更重视全面发展。教师在指导学生学习文化知识的同时，不断发展学生适应社会需要的核心素养，培养他们成为社会所需的人才。

- 班级凝心聚力

全班发展状态良好，凝心聚力，学习氛围浓厚；学生身心健康，人际关系融洽，学习习惯良好。在青荷文化激励下，学生不仅学会了学习、学会了团结，更重要的是自主发展核心素养。学生热爱自己的班集体，无论是教室里的真实班级，还是线上的那个"家"，都已成为学生精神寄托的荷池。

- 家校齐心共育

家长越来越配合学校的管理，积极参与孩子的学习生活，在家里注重教育方式，不再一味强调考试分数，更看重孩子的全面发展、自主发展。家校齐心下，一个刻苦学习、努力锻炼、互相关心、求实向上的幸福班集体，正在努力形成。

为人之师，当以教育为本，甘做雨露，灌溉每朵青荷，使其沐浴阳光，茁壮成长，斑斓盛开。学校中的班级，亦当是阳光荷园。师教之于"荷"，宜用"纯洁"培育高尚班级；学生之于"荷"，宜用"盛开"回馈灿烂梦想。

（作者：上海市青浦区第一中学　沈秋艳）

评析

教师以"雅致高洁，宁静致远"诠释荷花意涵，解读对中华优秀传统文化的认知，并据此建设"青荷班"，确立"创蓬勃班风，育青荷少年"的带班育人理念，有新意。根据班级学生特点，教师将发展目标分为三个阶段：春播莲种，构建有爱有序环境；夏开荷花，激发自主成长动机；冬藏莲果，多维提升生命境界。通过固学生之本，养学生之性，励学生之志，教师打造"青荷"班级，培育谦谦君子，有特点。带班育人方略的实施过程，凸显立意有文化底蕴，目标有时代高度，能遵循德育的基本要求，注重思想道德的引领，创新育人实践的思路，彰显文化建班的特色。由此提炼的经验，可供借鉴学习。文本的语言表达，虽经修正，仍有需要完善之处。其中"小荷尖尖角"的物象表征，更有待深入演绎与提炼。

建"三立"集体，助"禾苗"成长
——职业学校"禾穗班"建设方略

都说教师是园丁，无论寒冬盛夏，都耕耘在校园里，呵护着一朵朵鲜花。至于我，更青睐职业学校这块园地，在前辈指引下，做一个栽禾育穗的农人，松土植苗，莳秧抽穗。

一、育人理念

从教七年，我收集了大大小小的农具。面对学生，我从满是担忧到充满信心。肩上的责任，让我无数次思考，今天的禾苗需要什么？他们如何汲取养分，抵抗风寒？于是，我为自己的班主任工作定了标准：以学生为主体，聚焦品德、自信、职业素养，厘定培养目标，像校训期待的"向上、向善、向好"那样，帮助学生重塑自我价值。为此，我以爱的名义进行浇灌，让全班18名学生像禾苗一样互助生长；以欣赏的方式进行陪伴，为每株秧苗扬花抽穗提供能量。

二、背景分析

真正的教育是用一棵树去摇动另一棵树，用一朵云去推动另一朵云，用一个灵魂去唤醒另一个灵魂。

1. 政策背景

《上海市教育委员会 2022 年职业教育工作要点》指出：以习近平新时代中国特色社会主义思想为指导，全面贯彻落实《职业教育提质培优行动计划（2020—2023 年）》相关要求。根据《教育部人力资源社会保障部关于加强中等职业学校班主任工作的意见》和《中等职业学校德育大纲》，坚持"以人为本，追求卓越，成就学生"的理念。

2. 基本学情

21 级计算机应用班是我校首届中高贯通班，共有学生 18 名，其中男生 12 人，女生 6 人。学生中，来自单亲、二孩家庭的各有 4 人，还有 1 人来自低保家庭，家长学历基本上不高于高中。

学生的中考成绩，最高 505 分，最低 238 分。其中，美术特长生、体育特长生各 1 名。总体而言，学生学习目标不明确，学风不好。

行为习惯、身心发展方面，学生总体表现良好，但参加活动不积极，缺乏自信，敏感、自卑，害羞、内敛，缺乏主动性；遇事不会调节情绪，导致情绪波动较大；平时话题以游戏居多，但对手机无过分依赖，少部分学生热爱运动。

专业学习方面，全班学习氛围和学生个人素养较其他中职班稍好，有 90% 的学生希望能继续提升学业。学生对计算机专业的接纳度较高，但对本专业未来就业方向缺乏认知，选择本专业多半是听从父母的意见，认为工作环境舒适，薪酬较高。

家是温馨的港湾，也是能量的驿站。学生来自不同的小家，好似一株株刚脱离土壤、等待移栽的禾苗，丢失水分，缺乏生气。入学之初，学生做事不积极、不上心，内心自卑胆怯，又不善言辞，处于被边缘化的境地。针对以上群体共性问题，如何打造适合本班学情的良田，栽培这些"禾苗"，指导学生建立一个有爱、有温度、积极向上的班集体，成了建班的首要任务。为引导学生摆脱自卑，我首先向学生提供了具有安全感的人际环境，帮助他们打开心门，同时挖掘学生潜能，发挥学生特长。

三、班级发展目标

1. 班级总体目标

基于班情分析，对照中、高相互衔接的现代化职业教育体系构建宗旨，结合计算机应用专业人才培养方案要求，整合全班学生的发展愿景，在"向上、向善、向好"校训的指引下，我以"自信向好、尚德精业"为班级建设总体目标，开展"立品德、立自信、立职素"的"三立教育"，打造"禾穗班"，让全班18株禾苗茁壮成长，成为具有职业素养的计算机技能人才。

2. 分年级目标

基于青春期学生心理发展具有顺序性、阶段性、不平衡性和个别差异性的特点，我将上述总目标细化为"三立目标"，分阶段按年级实施。

阶 段	三立目标	教育内容与活动
护禾育苗（一年级）	立品德：树立正确的价值观。	明大德：引导学生了解热点事件，树立正确的道德观念。
	立自信：培养乐观的心态和积极向上的自信心。	突破自我：通过送你一朵小红花、同学互赞等活动，引导学生逐渐培养自信心。
	立职素：了解本专业的特点和发展趋向。	建行规：逐步培养学生对本专业的学习兴趣，尊重劳动、爱岗敬业。
养禾蓄能（二年级）	立品德：了解党史，开展德育实训。	守公德：通过班团活动，让学生遵守公德，养成规则意识。
	立自信：实践体验，建立自信。	集体共建：开展健身打卡活动，鼓励学生坚持体育锻炼，磨炼意志品质，在实践中建立自信。

续 表

阶　段	三立目标	教育内容与活动
养禾蓄能 （二年级）	立职素：基于学生特长，促进个性发展。	修知能：通过小组活动，培养学生把握角色要求的能力，在实践中强化规则意识，发挥各人所长，开展合作互助。
助禾抽穗 （三年级）	立品德：强化社会责任感和公民意识。	立正德：开展班级、学校、社区实践活动，引导学生参与志愿服务或社区公益活动，培养社会责任感。
	立自信：在参与服务活动中强化自信。	蓄力自信：利用所学技能，在班班分享中强化自信。
	立职素：在服务实践中，加强技能修炼和职业素养提升。	重实践：邀请企业导师举办职业导向讲座，参加师生座谈会，据此分享经验，促使学生加强职业技能的应用和职业素养的积淀。

四、实施过程

1. 班级管理制度化

为提高学生的责任感，我从赋予学生职责开始，让更多的学生有事可做、有责可担，进而在学生中树立凝聚班集体的责任意识。基于计算机专业的特点，每个工作岗位虽然职责不同，但分工并不影响彼此互联互通。因此，班级管理可以借用职业岗位的运行结构，班主任由主管者变为辅助者，为班级管理机构的运营维护做好引导工作。学生是班级的主人，他们将在三年的班级活动、小组活动、校外活动中承担内容策划者和规则制定者的职责，并在实施中不断完善自我。

"禾穗班"因人数少，学生干部要考虑均衡分布，班级管理结构也要合理布局。除了通常的班委会，班级另设外联部和运维部。班委会是班级所有活动的组织者，由班长负责，每月举行一次例会，总结、反思班级活动中的优缺点，合力制订下一个月的方案。外联部由全校竞选中产生的学生会干部和本班宣传委员共同组成，主要负责在校内提升班级形象，树立班级榜样，为班级参加全校性活动做好准备。运维部主要负责保障每个同学的在校生活，维护班级软装，打造班级文化角，监管班级正常运行。班委干部拥有提案权，学生皆享有审议权和表决权，"禾穗班"的行动口号是"人人为班，班为你我"。

2. 关注个体差异化

从教育心理学角度看，学生作为一个主体存在于学校、班级和家庭中，每个人都是独立的个体，有着不同的知能方向和性格特点。从计算机应用专业的培养目标看，学生未来就业面向的岗位是多样的，所需的职业素养也会有不同。有的注重团队合作，有的需要有较强的独立思考能力，有的对审美素养要求较高，有的主打逻辑推理。千差万别的工种，需要教师充分尊重学生个体的差异性，基于学生的性格特点，帮助他们找到适合个人的专业岗位。因此，班主任在班级管理中，应善于发现学生身上的闪光点，并有针对性地加以引导，促进学生全面、和谐发展。

3. 班级活动新颖化

标新立异，卓尔不同，是这一年龄段学生的普遍心理。他们的身体发育快于心智发展，从而导致内秀品质与体格生长不平衡，职业目标指向不清晰。因此，中职教育如何采用学生感兴趣的合理形式，引导学生"向善"发展，是三年班级活动设计要关注的重点。对此，"禾穗班"以培养学生意志特质为旨归，引领学生"三立"。如为了让学生稳定学习情绪，克服注意力散漫的问题，班级开展集体打卡活动，师生共同参与。教师以自己的行动陪伴学生，鞭策学生改善行为，坚持做一件有意义的事，坚持体育锻炼。这样的影响看似成效缓慢，但通过坚持不懈，能够帮助学生释放不良的身心压力。

班级开展的活动有：（1）以"每周来打卡"开启全班健身模式；（2）根据冬锻项目，利用中午课余时间及周末开展单人跳、双人跳、八字长绳、十人起跳、踢毽子、投篮等活动；（3）结合"送你一朵小红花"班级活动，同学之间彼此鼓励，互相发现各自身上的运动美、毅力美，以此蓄力，为运动加油，提升自信。

4. 中高贯通协同化

根据中高贯通的人才培养目标，参照计算机应用专业的德育要求，中职校与高职校通过合作，共同开发"专业德育"创新教育体系，依据中职校学生特点，将劳动教育、品德教育、自信激励与专业学习、志愿服务结合起来，使中高职教材无缝对接，实现"教、学、做"有机合一，培养学生精益求精的工匠精神和爱岗敬业的劳动态度。两校基于现有网络，开通中高职校的班主任对接渠道，搭建学生线上自主学习与师生协作交流平台，激发学生自主学习，鼓励学生发现问题，体现早规划、早努力、早受益的"三早"教育理念。

- 提供职业咨询与指导

这类服务包括个别辅导和职业规划讨论，通过与学生交流，了解他们的兴趣、能力和职业目标，为他们提供有针对性的职业建议。具体实施方案有：（1）定期与学生个别面谈，了解其职业兴趣、能力和目标；（2）举办职业咨询活动，邀请职业规划专家或行业人士来校指导；（3）由本校教师负责计算机应用方面的专业技能课，如软件开发、数据库管理、网络安全等，课程培训着重实践操作和技能证书考核实战，注重项目培训中的劳动教育和品德教育。

- 搭建职业发展平台

这一平台主要提供学习资源、学习任务和交流讨论的机会，用于两校推出的学生线上自主学习与师生协作交流。具体实施方案有：（1）指导学生制订个人学习计划，鼓励他们自主学习和发现问题；（2）教师定期与学生进行线上交流和指导，了解他们的学习情况和困难，提供个性化的支持和建议；（3）与对方校的班主任定期交流，探讨教育理念，分享经验。

通过以上协同措施，班主任可以在专业教育中有效衔接德育要求和职业规划，促进学生全面发展和专业成长。

五、特色与成效

1. 基本特色

"禾穗班"确立的"三立目标"不仅展现了教育理念的转变，更是体现了一种深情关怀。这里的立品德，是用深沉的爱和贴心的理解去浇灌每一株禾苗；立自信，是传递温暖的阳光，鼓励学生积极乐观地面对挑战，勇敢前行；立职素，旨在促进每一名学生充分了解所学专业的特点和发展路径，据此绽放独特的职业风采。为此，教师在教育中不仅看重技能的培养，更注重学生综合素质的形成。在活动和实践中，教师用真心倾听，用爱心呵护，培养学生的道德品质、团队合作精神和社会责任感，使他们成为内外兼修的人才。

个性化关怀是班级的特色之一，因为每一株禾苗都是独一无二的，教师应该悉心挖掘学生的特长，鼓励他们发挥所长，让每株禾苗在关怀与呵护中苗壮成长。

"四化"措施为班级营造了温馨向上的学习氛围，为建设特色班集体提供了有效支撑。制度化管理让班级有序运转，新颖化活动丰富了学生的校园生活，差异化关注让每株禾苗都苗壮成长，协同化贯通让学生的学习与实践相得益彰。

在校三年，"禾穗班"这个凝聚力强的集体让每一株禾苗在学业和职业生涯中都拥有了品德竞争力和专业发展潜力。

2. 初步成效

- **学生个性得到发展**

班级的民主管理，唤醒了学生的主人翁意识。他们共同制定班级公约，利用晨会课开展感恩、赞美等主题系列活动，借此锻炼了口头表达能力。在不断积累中，学生逐步提升自信心，树立了良好的个人形象。借助学校搭建的活动平台，学生通过实际操作，将所学知识、技能应用于实践，体会到了奉献的真正含义，又收获了肯定的评价，激发了学习热情。

- 班级和谐风气逐渐形成

班级通过丰富多彩的校园活动打造良好班风，促进全班学生在融洽的氛围中相互帮助、团结协作、共同提高，并由此建立起平等互利的人际关系和集体荣誉感，为职业生涯发展奠定基础。正如马卡连柯的平行教育理念所示，集体反塑个体。学生像禾苗那样凝聚在班级这块向善的良田里，努力建设一个有爱、有温度、有营养的上善班集体。"助人为乐、服务他人、奉献社会"的崇高美德，在"禾穗班"里已蔚然成风。

- 示范引领，师生共成长

作为班主任，我愿在班级这一集体里做个"平等中的首席"。教育学生要自信，我必先自信；激发学生积极向上，我必同他们一样热情；培养学生的意志力，我必与他们一道遵守纪律。与其说学生的进步是我带班的成果，不如说班主任是学生成长路上的伙伴。

（作者：上海市青浦区职业技术学校　李　忆）

评析

面对职业学校生源质量中的短板，教师能正确认识、分析班情，并将学生视为有待培育的禾苗，显示了师爱的本义。通过阐述"禾穗班"要义，教师提出"以爱的名义进行浇灌，以陪伴的形式进行欣赏"这一育人理念，有新意。实践中，秉承"向上、向善、向好"的校训，教师设计了"立品德、立自信、立职素"的"三立"育人目标和"护禾育苗、养禾蓄能、助禾抽穗"三个依次递进的培养阶段，内容到位。在引导学生突破自我、集体共建、蓄力自信中，通过建行规、修知能、重实践，教师要求学生明大德、守公德、立正德，凸显了带班育人方略的特色。在文本叙事过程中，教师个人抒情常跃然纸上，有感而发，自是理所当然。而若能恰到好处，面对主要问题的针砭、剖析，切中肯綮，再辅之以情动人，则更是锦上添花。